最新版

甲子園を狙える！高校完全ガイド

進学・観戦に役立つ872校情報！

「本当」の実態データ

手束 仁◆Jin Tezuka

廣済堂出版

はじめに

甲子園出場を狙うには、全国的な強豪校に進学することが近道なのかと言えば、必ずしもそうではありません。もちろん、毎年のように甲子園出場を重ねている有名校もあります。しかし、回数はさほど多くないものの、条件が揃《そろ》えば、確実に甲子園出場を実現している学校もあるからです。

また、日本全体で見てみれば、強豪校が多い大都市を抱える都道府県と、参加校数自体が少ない県とでは、「出やすさ」に差があるのが現実です。

ただ、全国に4000校近い高校の野球部があり、その中で、甲子園に出られるのは、春は30校程度。夏は50校程度。1年間で考えても、延べ80校程度で、単純計算で約2%という狭き門です。しかも、そのチャンスは、高校3年間で最大5回（春2回、夏3回）しかありません。

本書は、そうした確率の中でも甲子園出場を狙える872校を、進学面と観戦面の両方の視点で紹介するガイドブックです。最新戦力分析やレアデータ、各校の評価採点なども記しています。

実は、5年前の2011年の同じ時期に、本書の前身的な書籍『甲子園に出る！高校ガイド』（廣済堂出版刊）を刊行し、おかげさまでご好評いただきました。しかし、時間の経過とともに、高校野球の勢力図には大きな変化が生じています。

例えば、前著で、「甲子園未出場ながら、これからの有望校の1つ」という形で紹介した健大高崎（高崎健康福祉大高崎）は、同書発売直後の夏の群馬県大会をいきなり突破し、全国大会へ。16年春までの5年間に、春夏合わせて5回も甲子園に出場しています。

旧制中学の伝統を継承しながら頑張っているということで取り上げた彦根東は、それまで春のセンバツは3回出場していたのですが、その後の2013年に滋賀県大会を勝ち抜き、念願の夏の甲子園初出場を果たしています。

こうした例でもわかるように、高校野球の現場は常に動いています。前著の情報とデータはいささか古くなったところもありましたので、今回の最新版の刊行に至ったわけです。

入学選考に関しても、とくに野球部強化に力を入れている学校ほど、独自に様々な合格基準を設けるようになってきています。一般の生徒のように、単純に学力テストと内申点で合格か否かを判断するケースは少なくなっているように思います。

というのも、私立校の場合は、野球部の存在が学校経営に大きな影響を与えるからです。甲子園に出て勝ち上がっていくと、メディアなどに報じられる機会が増え、学校の知名度は著《いちじる》しく上昇します。東京に住んでいる人でも、遠く離れた関西や九州、北海道の野球強豪校の名前は知っているのではないでしょうか。それだけ高校野球、とくに春夏の甲子園大会は、国民の関心が高いのです。そして、野球を通じて知名度が上がったことで入学志望者が増えれば、より優秀な生徒を確保できます。相乗効果で、その後の大学への進学実績が上昇することも期待でき、さらに学校のイメージアップにつながるのです。

甲子園出場を狙うために、各高校は様々な方策をとっています。近年は、他校で経験豊富な監督を招聘《しょうへい》したり、中学時代に実績をあげた選手を全国から獲得したりして、一気にチーム強化を図る傾向が顕著になってきました。また、地域のOBや関係者の尽力もあって、地元の伝統ある学校に好選手を集結させる方針を打ち出し、チーム強化を図っている公立校もあります。

特待生制度も、多くの私立校で採用されています。費用負担が軽くなれば、高校進学を控えた生徒の学校選択の幅は確実に広がります。学業特待生の場合は、実質オール4以上の学業評価が絶対条件といった基準などもあったりしますが、中学時代に部活動やその他スポーツ活動などで顕著な実績をあげていれば、オール3でも特待生として迎え入れるという枠を設定している高校もあります。また、そのほかの特待生制度や奨学金奨励生制度を導入して、その高校ならではの入学条件を設定しているところも少なくありません。

スポーツ推薦入試という枠で、一般入試とは別に競技実績などを重視した入学選考を実施している学校も数多くあります。スポーツ推薦は、公立校でも実施されていて、毎年数人はこの枠で、高校へ進学しています。

というような情勢の中、本書では、甲子園出場を狙っている学校、あるいはその可能性がありそうな学校を厳選し、各校の歴史や特色、現在の状況などを2部構成で紹介していきます。特待生制度を採用している学校（私立）には、ひと目でわかるよう、**特**マークを表記しています。

第1部では、甲子園を狙える高校を、大学付属系列校、野球エリート育成校、文武分業進学校、共学化移行校（以上、私立）、旧制中学伝統継承校、地場密着商業校（以上、公立）などの9つに分類。各カテゴリーの特徴を解説しながら、代表的な有力校をピックアップし、最新データをからめながら紹介しています。合わせて、各校の甲子園出場の可能性を、新たな試みである「甲子園出場実現度」という形で、5段階評価しました。

さらに、第1部で紹介しきれなかった学校も含めて、各都道府県の高校野球界の変遷《へんせん》と、最新勢力図などを紹介したのが、第2部です。各都道府県に付記した「地区突破チャンス度」の5段階評価は、該当地区のレベルを示すのではなく、その地区の一般的な中堅校が「甲子園に出場できる可能性」を示したもの。採点の数値が高いほど、甲子園に出やすい都道府県ということになります。こうしたアプローチによる地区別評価も、今までなかったものと思います。

このような実験的な要素も含め、1915年夏の第1回大会から100年を超えた高校野球のさらなる発展への思いを込めながら、本書をまとめました。小中学生のプレーヤーやそのご家族、及び関係者のみなさんには、進学の目安の1つとして、また、高校野球ファンの方々には観戦のためのガイドとして、ご活用いただければ幸いです。

2016年6月

手束 仁

目次

装幀：柴田淳デザイン室
装幀協力：二宮貴子(ジャムスッカ)
本文デザイン：デザインコンプレックス
写真：ホームラン編集部・手束仁
編集協力：長岡伸治(プリンシパル)・ギグ・
根本明・矢島規男・松本恵
編集：岩崎隆宏(廣済堂出版)
DTP：三協美術

第1部

最新版

カテゴリー別 有望校

最新の有力校を、９タイプに分類して紹介！
大学付属系列校、野球エリート育成校、
文武分業進学校、共学化移行校、
地場密着商業校……各校の特徴がわかれば、
進学にも観戦にも生かせるはず。
かつてない「甲子園出場実現度」評価が
全校に付いているので、ご参考に!!

「甲子園出場実現度」の採点について

甲子園出場
実現度
★★★☆☆

５段階評価で採点。★の数が多い高校ほど、甲子園にひんぱんに出場できる可能性が高くなり、少ないほど、出場が簡単ではないことを示しています。各校の基本的な戦力レベル、所属する地区内の力関係等から総合的に判断。ただし、出場可能性が高い学校は、通常、個人が甲子園のベンチ入りメンバーになれる難易度も高くなります。

Part 1

大学付属系列校型

野球に打ち込み、進学も見《み》据《す》えられる

東海大相模、東海大甲府、東海大市原望洋《ぼうよう》、東海大静岡翔洋《しょうよう》、東海大札幌、日大三、大垣日大、日大山形、日大藤沢、早稲田実、慶應《けいおう》義塾《ぎじゅく》、中京大中京、龍谷《りゅうこく》大平安、東洋大姫路、東洋大牛久《うしく》、東農大二、駒大苫小牧《とまこまい》、専大松戸、専大北上、國學院《こくがくいん》久《く》我山《がやま》、國學院《こくがくいん》栃木

高校時代に野球に打ち込み、その先はやはり大学にも進みたい。進学の心配を、早い時期からできる限り少なくしておきたい――そういう人たちにとって、最も人気が高いのが、大学の付属校・系列校です。しかも、大学経由も含めて、プロ野球選手も多く輩出しており、夢がつながるのも魅力的でしょう。

ここでは、総合大学的なイメージが強く、なおかつ大学野球界においても有力校とされている学校の系列高校を中心に紹介していきます。

高校野球で、大学の系列校としてすぐに思い浮かぶのが、東海大系列校と日大系列校です。東海大、日大ともにマンモス大学であり、付属・系列校も多数。毎年、必ずと言っていいほどいずれかの高校が甲子園出場を果たしています。その中でも出場実現度の高い筆頭格が東海大相模と日大三で、両校ともに全国制覇の実績もあります。日大系列校では、その形態によって、様々な系属の形になっています（詳しくはＰ26参照）。

また、日本の私学の雄《ゆう》として君臨してきた早稲田大学、慶應義塾《けいおうぎじゅく》大学それぞれの系列高校も、「大学への進学を見据《みす》えながら、甲子園出場を目指す学校」として人気があります。早稲田実と慶應義塾がその筆頭となりますが、早稲田実は直接付属校ではなく、あくまで系属校です（詳しくはP28参照）。東京六大学では、明治大、法政大、立教大もそれぞれ系列校があります。これらは近年、やや甲子園からは遠ざかっていますが、六大学進学を大きな目標とする選手にとっては、魅力的かもしれません。

日大以外でも東都大学連盟の系列校としては、駒澤大系列の駒大苫小牧《とまこまい》が04年、05年と、夏の甲子園を連覇して、一気にその名を知らしめました。東洋大系列では姫路、國學院《こくがくいん》大系列では久我山《くがやま》、栃木も甲子園実績があります。専修大系列校も健闘しています。

愛知県では、強豪・中京が95年に、中京大中京と改称。関西では、京都の名門・平安も、08年から龍《りゅう》谷《こく》大との系列色を強く打ち出し、龍谷大平安と校名を変更しました。これらの野球での認知が先行していた高校も、現在は大学系列校であることを前面に出していますので、このカテゴリーとしました。

1年時から活躍している清宮幸太郎《きよみやこうたろう》選手が在籍する早稲田実も、大学付属系列校。

東海大相模 特 [神奈川県相模原市]

2016年夏の全国制覇で、大学系列校の王道に

甲子園出場実現度
★★★★★

タテジマのユニフォームというと、高校野球では最初に東海大系列校をイメージする人も多いでしょう。それは、学校法人として東海ファミリーの一体感を出すために、系列校のユニフォームをタテジマで統一していることも大きいと思います。その、最初のイメージをつくったのが東海大相模でした。

東海大の6番目の付属校として創立されたのは1963年でしたが、三池工の全国優勝（65年夏）の際に辣腕《らつわん》をふるった原貢《みつぐ》監督を、66年に招聘《しょうへい》。同監督のもと、69年に、甲子園初出場。そして、翌70年は春夏連続出場を果たし、夏には強烈な打力と大胆な守備陣形、当時の高校野球では見られなかった華麗なランニングスローなどで印象づけ、全国制覇。そのころは珍しかったタテジマのユニフォームも強いインパクトを与え、まだ歴史も浅かった東海大及び系列高校の存在を大きくアピールしました。

そして、74年夏から76年夏までのあいだに原貢監督の息子・原辰徳《たつのり》選手らを擁《よう》して、甲子園に4季出場（76年春は、前年の秋季神奈川県大会で敗退して不出場）。75年春の準優勝などタテジマ旋風が巻き起こり、辰徳選手の存在感と都会的なスマートさが相まって、全国的な人気チームとなっていきます。

その後、92年春にも当時の村中秀人《ひでと》監督（現・東海大甲府監督）のもと準優勝を果たし、98年からは現在の門馬敬治《もんまけいじ》監督が就任。2000年春には初戦で今治西《いまばり》を延長戦で下すと、東洋大姫路、智弁和歌山などを破って、2度目の全国制覇を果たしています。

その一方で夏の甲子園には、77年以降、なかなか出場できませんでした。

しかし、10年夏にその壁を破ると、甲子園でも快進撃を重ね、準優勝。さらに、11年春のセンバツに出場すると、大垣日大、鹿児島実といった前評判の

高かったチームを圧倒的な打撃力で撃破し、11年ぶりの全国制覇を果たしています。15年夏には、小笠原慎之介投手と吉田凌《りょう》投手の2枚看板で、70年以来の夏の全国制覇を達成しました。

学校は小田急相模原駅から徒歩10分ほどで、80年からは中学を併設。グラウンドはキャンパスの中央に位置し、校舎、体育館、合宿所が取り囲んでいます。

小笠原慎之介投手(右)らを擁《よう》し、2015年夏、4度目の甲子園大会優勝。

野球部以外のスポーツ全般の部活動も活発で、チアリーディング部や吹奏楽部なども活気にあふれています。選手は卒業後、東海大や国際武道大といった系列大をはじめ、東京六大学や東都大学連盟各校、神奈川大学連盟加盟校など、広範囲へ進学。東海大準硬式という選択肢もあります。

注目データ

◆**甲子園歴**　春9回、夏10回。通算38勝15敗。優勝4回、準優勝3回。

◆**主なOB**　原辰徳《たつのり》（元巨人、前巨人監督）、森野将彦《まさひこ》（中日）、小笠原慎之介（中日）、吉田凌《りょう》（オリックス）、岩﨑恭平（中日→オリックス）。

◆**入学の目安**　偏差値は58程度で、一般推薦は5科20以上が必要だが、スポーツ推薦は中学時代の実績重視。

◆**系列校**　東海大（首都大学連盟）、国際武道大（千葉県大学連盟）。

◆**備考**　柔道の五輪金メダリスト・山下泰裕、井上康生《こうせい》も卒業生。ラグビー部も全国レベル。

東海大甲府 特

［山梨県甲府市］

関東勢の強豪の一角として、安定した実績

甲子園出場実現度 ★★★★★

もともとは1946年に塩山《えんざん》市に創立された山梨高等経理学園でした。その後、山梨商や東洋大第三などの校名を経て、74年に学校法人東海大学の傘下《さんか》に。のちに現在の名称になりました。

創部は山梨商になった58年ですが、当時はそれほど強化されてはいませんでした。実績をあげ始めたのは、東海大相模で全国制覇時のメンバーだった大《おお》八木治《やぎおさむ》監督が就任した79年ごろからです。

81年夏に甲子園初出場。翌82年夏も出場し、甲子園初勝利を記録するなど、2勝しています。さらに84年夏、85年夏と連続出場し、85年にはベスト4にも進出しています。これで、「東海大系列校の強豪校」というイメージも確立されました。

さらに、87年には春の甲子園初出場を果たし、滝川二、熊本工などを下してベスト4。こうして、甲子園に出場すれば確実に結果を出すチームとなっていきました。当時は県内では珍しい印象だったタテジマのユニフォームもすっかり定着。久慈照嘉《くじてるよし》選手、萩原淳《じゅん》選手らをプロ野球界に送り出し、山梨県内では伝統校である甲府工などをもしのぐ勢力となっていきました。しかし、92年夏以降、やや低迷していきます。

その状況を打開するため、99年には、東海大相模の監督として92年春の甲子園で準優勝の実績のある村中秀人《ひでと》氏が監督に就任。その年の夏は山梨県大会決勝で敗退しましたが、03年夏に11年ぶりの甲子園出場を果たしています。

そして、翌04年夏も出場すると、西日本短大付や天理などを下して4度目のベスト4進出。さらに、12年夏にも龍谷《りゅうこく》大平安や作新学院を破って、ベスト4。こうして、出場すれば上位に残る強豪という印象を改めて全国に強く与えました。

選手の中には、東京都、神奈川県、静岡県などの出身者も数多くいます。ユニフォームは同じタテジ

系列の他校から、実績のある監督が就任して指導。チーム力を高めていった東海大甲府。

マでも、東海大相模とは微妙にストライプの幅や地色が異なります。このあたりは、東海大の系列色を出しつつも、学校として独自のスタイルもアピールしているのでしょう。

11年からの4年間は、秋季の山梨県大会を連続で突破し関東大会に出場しながら、いずれの年も、春の甲子園には届きませんでした。しかし16年春には、25年ぶりの出場を果たしています。

注目データ

◆**甲子園歴**　春5回、夏13回。通算28勝18敗。4強5回。

◆**主なOB**　高橋周平（中日）、渡邉諒《わたなべりょう》（日本ハム）、村中恭兵（ヤクルト）、久慈照嘉《くじてるよし》（元阪神・中日）、萩原淳《じゅん》（元オリックスなど）。

◆**入学の目安**　スポーツ推薦は42～45。

◆**系列校**　東海大（首都大学連盟）、国際武道大（千葉県大学連盟）。

◆**備考**　映画監督の富田克也、マンガ家の鈴木ユウなども卒業生。

東海大市原望《ぼう》洋《よう》 特 〔千葉県市原市〕

校名変更で勢いづき、地域色も強くアピール

甲子園出場 実現度 ★★★☆☆

もともとは東京の新宿にあって、のちに市原市に移転した女子校・精《せい》華《か》学園が母体。その後、東海大と提携し、1986年の共学化に伴《ともな》い、東海大望洋の名称となりました。さらに16年4月からは、地域でいっそう愛される高校を目指すと同時に、市原市とのつながりを強くアピールするという意味合いも含めて、市名が加わった現校名となっています。なお、東海大系列は他校も16年度までに、基本的に地名が入った校名表記に統一されました。

野球部は87年に創設され、東海大浦安出身の相川《あいかわ》敦志《あつし》氏が監督となってチームづくりを開始。相川監督は就任当初、浦安時代とのギャップに苦しみましたが、地道に練習環境の整備や有力選手の獲得活動などを行い、強化を進めていきました。01年夏には、千葉県大会の決勝に進出。あと一歩で涙を飲みましたが、このころから学校としてもさらに強化を推進していきます。しかし、悲願実現は10年春まで待つことに。ようやく、東海大系列校として11校目となる甲子園出場を叶《かな》えたのでした。そして14年夏にも、甲子園へ。16年春は県大会を制し、関東大会出場。

キャンパスは自然環境に恵まれていることで定評があります。グラウンドは二面あり、野球部に限らず、ほかの運動部の体力づくりなどにも利用されています。野球部の選手は、基本的には県内、しかも千葉市以南出身者が多いのですが、東京方面からの入学者もいます。

注目データ

◆**甲子園歴**　春1回、夏1回。通算0勝2敗。

◆**主なOB**　眞下《まっか》貴之《たかゆき》（元DeNA）。

◆**入学の目安**　一般偏差値は45前後。単願であれば、内申5科17か9科32で推薦資格。

◆**系列校**　東海大（首都大学連盟）、国際武道大（千葉県大学連盟）。

東海大静岡翔洋《しょうよう》

実績ある東海大系列2校が合併して誕生

特［静岡県静岡市］

甲子園出場実現度
★★★☆☆

東海大工と東海大一という、静岡県内の強豪2校が統合されたのが本校です。東海大の付属校の中で唯一の工業校として東海大工が創立されたのが1959年。東海大海洋学部校内に設立されました。それ以前の46年に東海大一の前身となる晁陽《ちょうよう》工が創立されていて、翌年に駿河高に校名変更。さらに、51年に東海大が駿河高を買い取る形で東海大高が設立されました。そして、59年の東海大工の創立に伴《ともな》い、東海大一の名称となっています。65年夏に東海大一が甲子園初出場。72年夏には東海大工が初出場。その後、それぞれ甲子園出場を数回果たした両校が統合されたのが99年でした。

その際、東海大海洋学部キャンパス内にある東海大翔洋《しょうよう》高校として設立されたので、統合校は海洋学部の学部付属校・東海大工がベースという位置づけです。したがって、学校の歴史は原則として、東海大工を継承していく形となりますが、甲子園記録は両校合算で発表されています。東海大山形で春夏計8回の甲子園出場実績を誇る滝公《きみ》男《お》氏が、2001年に監督に就任。04年夏に東海大翔洋の名で初めて甲子園に出場し、2勝。15年春、現校名に。全国から選手が集まり、中学野球部も強豪です。

注目データ

◆**甲子園歴**　春3回、夏6回。通算12勝9敗、4強1回（うち、東海大工としては春1回、夏2回出場で、通算3勝3敗。東海大一としては春2回、夏3回出場で、通算7勝5敗。4強進出は、83年春に東海大一が果たしたもの）。

◆**主なOB**　松本直晃《なおあき》（西武）。

◆**入学の目安**　偏差値は48前後。

◆**系列校**　東海大海洋学部（東海地区大学連盟静岡）、東海大（首都大学連盟）。

◆**備考**　サッカー部は、東海大一時代に全国制覇。ラグビー部も強豪。チアリーダー部も全国レベル。

東海大札幌

〔北海道札幌市〕

2015年春の準優勝で大きく飛躍。翌春、改称

甲子園出場
実現度
★★★☆☆

1964年に東海大四として創立され、同時に創部。70年代から、北海道内の大会では上位に進出する存在となりました。そして76年夏に甲子園初出場。

さらに、78年には春夏連続出場。春夏通算6度目の出場となった86年夏に、尽誠《じんせい》学園を下して初勝利をあげています。その後は、89年春、93年夏、2001年春と、いずれも初戦突破。そして15年春に、豊橋工、松山東といった21世紀枠代表校を相次いで下すと、健大高崎、浦和学院といった常連校にも勝利。決勝で敦賀気比《つるがけひ》に敗れたものの、見事な準優勝でした。北海道勢としては、春は63年の北海以来の決勝進出であり、本校が新たな歴史を築きました。

16年春からは東海大の方針に沿って、ナンバーが廃止され、地名をあらわす校名となりました。東海大四という校名がすでに広く知られていて、甲子園準優勝という実績も築いたのですが、今後は新たに、「札幌の東海大系列校」ということを強く印象づけていくでしょう。なお、学校とグラウンドは東海大北海道キャンパスに隣接しています。

注目データ

◆**甲子園歴**　春6回、夏5回。通算9勝11敗。準優勝1回。

◆**主なOB**　伏見寅威《ふしみとらい》（オリックス）、田代将太郎（西武）。

◆**入学の目安**　部活と両立させつつ、系列大学や他大学への進学を目指す総合進学コースのほか、特進コースもあり、入学枠は幅が広い。

◆**系列校**　東海大北海道キャンパス（札幌学生連盟）。

◆**備考**　男子バレーボール部は全国制覇の実績もある強豪で、全日本代表選手も数多く輩出。サッカー部や男子バスケットボール部も強豪。冬季スポーツも強く、スキージャンプの原田雅彦や葛西紀明、モーグルスキーの里谷多英《さとやたえ》も卒業生。

まだある！甲子園を狙える高校
コラム1

東海大系列校を、一挙解説！ 13校中、12校が甲子園出場

東海大系列校の高校で野球部があるのは、**東海大相模**（特 P12）、**東海大甲府**（特 P14）などすでに紹介した学校を含め、全部で13校です。系列校としては付属校と提携校とがありますが、付属校で数字のついていたうちの東海大二は2012年４月から**東海大熊本星翔**《せいしょう》（甲子園歴は、夏１回）となったほか、16年４月に東海大三が**東海大諏訪**《すわ》（春３回、夏１回）、東海大四が**東海大札幌**（P18）、東海大五が**東海大福岡**（春１回）となりました。そのほか、東海大一の歴史を受け継ぐ東海大翔洋が15年４月に**東海大静岡翔洋**《しょうよう》（特 P17）に、東海大望洋も16年４月に**東海大市原望洋**《ぼうよう》（特 P16）へと変更。いずれも、より地元に親しまれるようにという意味合いも含め、地域名を入れた校名に変わったのでした。

また、夏に全国大会準優勝経験のあるのが、千葉県の**東海大浦安**（春１回、夏２回）。大阪府の**東海大仰星**《ぎょうせい》（春２回）も甲子園出場歴があります。

付属校としては、そのほか、東京都に**東海大高輪台**《たかなわだい》があります。キャンパスは都心なので、約50分かけて荒川河川敷にある専用グラウンドに向かいます。野球部のある系列校で唯一甲子園に届いていないのですが、近年は東京都大会でベスト４（15年秋）に進出するなど、健闘しています。

以上の付属校以外に、提携校として**東海大山形**と**東海大菅生**《すがお》（特）があります。東海大山形は、春３回、夏６回、甲子園に出場。２度目の出場となった1985年夏は、ＰＬ学園に29点を奪われるという屈辱的な大敗を喫したこともありました。しかし、２年後の87年夏には初勝利をあげると２勝して３回戦進出。04年春には報徳学園などを下してベスト８に進出しています。東京都あきる野市にある東海大菅生（春３回、夏２回）は、東京菅生が89年に東海大傘下《さんか》に入って現校名となった高校です。現・東海大の横井人輝《ひとき》監督時代に春夏２回ずつ出場。そして、そのあとを引き継いだ若林弘泰《ひろやす》監督（元中日）のもとで、15年春にも出場を果たしています。

これら13校以外に、広域通信制・単位制の東海大望《ぼう》星《せい》（東京、熊本／静岡にも分室あり）も東海大の系列校（付属校）ですが、野球部はありません。

2015年春準優勝の東海大四も、東海大札幌に改名。

日大三 特

［東京都町田市］

日大系列内でも都内でも、トップを走る名門

甲子園出場
実現度
★★★★★

1929年、東京・赤坂での開校と同時に、野球部も創部。38年に春夏連続出場を果たしたのが最初の甲子園歴で、戦前から多くの名選手を生み出してきました。全国制覇などの本格的な強さを見せるのは、70年代に入ってから。高校野球において、数多くの日大系列校の中でも、間違いなく先頭を走っています。

71年春、2度目の決勝進出で全国初優勝を飾ると、翌72年春も決勝進出。敗れはしましたが、同じ東京で、しかも系列校・日大桜丘《さくらがおか》との対戦は話題となりました。このころの日大三の戦いは、少ない得点を手堅く守りきるというスタイル。事実、71年春なども、準々決勝以降は2対0、3対0、2対0でした。

チームカラーが大きく変わったのは、関東一でも87年春の全国準優勝チームを率いた実績のある小倉《おぐら》全由《まさよし》氏が、97年、監督に就任してからです。やや低迷気味だった名門を再建していこうという動きが出てきたところでの小倉監督の就任でした。

99年には、春夏連続出場を果たします。春は5年ぶり、夏は14年ぶりの復活でした。「日大三の伝統の緻密《ちみつ》さに、関東一の荒々しさを加えたチームにしよう」という小倉監督が掲げたコンセプトで、「積極的な打撃のチーム」にこだわり、強化を進めました。

こうしたチームづくりが成功したのが2001年夏で、チーム打率4割2分7厘という大会記録を樹立。圧倒的な打力を見せての全国制覇でした。以後、その打撃を生かすスタイルが、日大三のカラーとして定着。10年春に準優勝。11年春もベスト4に進出し、11年夏は3度目の全国優勝を果たしています。

両翼95m、中堅124mの専用球場は、スコアボードも電光掲示という本格的なもの。毎年6月の3週目には中京大中京との練習試合が組まれるのですが、ネット裏にスタンドも設けられているため、多

くの人が観戦に訪れます。グラウンド横には合宿所が併設され、練習環境の良さは、都内でも有数。

小倉全由《おぐらまさよし》監督がモットーとする「積極的な打撃」を実践し、西東京のトップを走る日大三。

高卒でプロ入りする選手以外は、ほとんどが大学進学となります。野球部の卒業生は、系列大にこだわらない幅広い進路を選択していて、東京六大学連盟、東都大学野球連盟、首都大学野球連盟の強豪校にも多く進学しています。

注目データ

◆甲子園歴　春18回、夏16回。通算49勝31敗。優勝3回、準優勝3回、4強1回。

◆主なOB　髙山俊《しゅん》（阪神）、荒木郁也《ふみや》（阪神）、近藤一樹（オリックス）、関谷《せきや》亮太（ロッテ）、横尾俊建《としたけ》（日本ハム）、吉田裕太（ロッテ）、山﨑福也《やまさきさちや》（オリックス）、根本陸夫（元近鉄、元広島・西武・ダイエー監督など）、関根潤三《じゅんぞう》（元近鉄・巨人、元大洋・ヤクルト監督）。

◆入学の目安　スポーツクラスは中学の実績重視だが、評定に1がないこと。一般偏差値は55～65で、日大を目指すⅠ類と、他大学を目指すⅡ類と、難関大を狙う特進がある。

◆系列校　日大（東都大学連盟）。

大垣日大 特

〔岐阜県大垣市〕

名将のもと、系列校ながら独自色を打ち出す

甲子園出場実現度 ★★★★☆

大垣高の名称で1963年に創立されましたが、当初は日大の準付属校という位置づけでした。しかし、89年に現校名となり、日大との系列関係は明確に。経営母体も「大垣日大学園」となり、独立法人として活動しています。

学校創立と同時に、創部。しかし当初は、野球部が特別強化されているという体制ではありませんでした。そんな中、前任校の愛知県の名門・東邦から、ベテランの阪口慶三監督が2005年に赴任。それ以降、県内の有望選手が集まるようになりました。阪口監督のカラーが前面に出た新鋭校と言えます。同監督の就任まもない07年春に、各地区の補欠校の中から守備力の高いチームが選ばれる「希望枠」（現在は撤廃）で甲子園初出場を果たしたとたん、準決勝で帝京を下すなどして、いきなり準優勝。夏も8強入りし、一気に全国に認知されました。

その後も09年の秋季東海大会を制し、続く同年の明治神宮大会でも優勝。10年、11年と、春は甲子園連続出場。10年春は初戦で川島を下すと、2回戦では優勝候補の大阪桐蔭《とういん》に快勝し、準々決勝でも北照《ほくしょう》に大勝してベスト4に進出しています。

また夏も、13、14年と連続出場を果たしています。14年夏は、1回戦で藤代《ふじしろ》に初回8点を失いながらも最終的には逆転するという粘り強さで、阪口監督の提唱する「魂《たましい》の野球」を見せました。

学校は、県大会の会場として使用される大垣公園北球場の近くにありますが、阪口監督就任後に練習グラウンドが新たに建設されました。

かつてユニフォームの胸には、日大系としては珍しく、「OGAKI」と書かれていました（通常は、「NIHON」）。現在は、2行となり、上に「OGAKI」、下に「NIHON」と表記され、日大系列校であることも

明示しています。とはいえ、2行にしてあるあたりは、日大色というよりも、独自のカラーを感じさせるところです。

岐阜県の高校球界をリードする大垣日大。2行の欧文の胸文字で、独自色をアピール。

阪口監督の指導も、厳格だった東邦時代とは異なり、伸び伸びとプレーをさせるスタイルとなっています。それでも「グラウンドは最大の教育の場」という姿勢は変わっていません。県内だけではなく、愛知県や滋賀県などの近隣県や遠方からも、阪口監督を慕《した》って入部を希望する選手がいます。卒業後は、日大に限らず、東海地区の大学や社会人野球などに進む選手もいるようです。もちろん一般生徒も含め、日大へも多くが進学しています。

注目データ

◆**甲子園歴**　春3回、夏3回。通算12勝6敗。準優勝1回、4強1回。

◆**主なOB**　阿《あ》知《ち》羅《ら》拓《たく》馬《ま》（中日）。

◆**入学の目安**　総合進学コースは偏差値45前後。特進コースは50以上、国公立合格を目指すアカデミーコースは60以上。

◆**系列校**　日大（東都大学連盟）。

◆**備考**　卓球部、柔道部も強豪。

日大山形

［山形県山形市］

歴史を築いた伝統校として、県内をリード

甲子園出場
実現度
★★★★☆

母体は、1958年に創立された男子校の山形学園山形第一です。同校が4年後に日大と系列提携を結び、現校名になりました。66年に女子部も設立。女子スポーツの分野でも、県内のリーダー的な存在となっています。

甲子園初出場は63年夏で、10年後の73年春に初勝利を記録。これが、山形県勢としても甲子園初勝利でした。以来、県内の高校野球をリードしてきた名門校です。県外生を招いて強化を図る私学勢が多い中、野球部員のほとんどが県内出身者であることも、名門校としての自負を感じさせます。そんな背景もあって、本校の地元での人気は圧倒的です。

2006年夏には、開星、仙台育英、今治西《いまばり》を下してベスト8に進出。県内で酒田南や羽黒などが台頭してきた中で意地を見せました。さらに13年夏も、日大三、作新学院、明徳義塾《めいとくぎじゅく》といった全国制覇の実績がある学校を破っての快進撃。初のベスト4入りを果たし、山形県いちばんの伝統校としての底力を全国に示すことにもなりました。

全校生徒は1300人以上の大規模校。野球部員も一般生徒も、系列の日大はもちろん、他大学への進学実績もあがってきているので、中学校関係者からの評価がさらに高まっています。全体的に部活動が盛んで、野球部だけではなく、各部が実績をあげています。

注目データ

◆**甲子園歴**　春3回、夏16回。通算15勝19敗。4強1回。
◆**主なOB**　栗原健太（広島→楽天）、奥村展征《のぶゆき》（巨人→ヤクルト）。
◆**入学の目安**　偏差値は53程度が目安。
◆**系列校**　日大（東都大学連盟）。
◆**備考**　お笑いコンビ「テツ&トモ」のトモも卒業生。

日大藤沢

［神奈川県藤沢市］

好環境の中、学部付属校として安定した人気

甲子園出場実現度 ★★☆☆☆

　小田急江ノ島線の下りに乗ると、藤沢駅の手前に、六会日大前《むつあい》という駅があります。同駅から線路に沿って藤沢方面へ進めば、日大生物資源科学部のキャンパスが見えます。そこに隣接した形で、日大藤沢の校舎と、野球部をはじめサッカー部などのグラウンドがあります。

　敷地はとても広く、スクールカラーが桜色ということもあって、学校全体にどこか華やいだムードが漂っています。日大の系列校ですが、生物資源科学部の学部付属となっています。駅から、キャンパスまでの道も、すでに学園の一部というような雰囲気に包まれています。

　神奈川県内では、1980年代ごろから強豪校の一角として注目されていました。甲子園へは90年春に初出場。95年夏には、春優勝の観音寺中央《かんおんじ》を延長で下し、その名が広く知られました。98年春は初戦の近江《おうみ》、2戦目の豊田西を下すと、準々決勝は延長戦の末に高鍋を破り、ベスト4に進出しています。決勝での横浜との神奈川対決も期待されましたが、準決勝で関大一に敗れ、それは実現しませんでした。

　卒業後は、全校生徒の70％近くが系列の日大へ進むということで、受験を控えた生徒を抱える進学校とは違う、「付属校独特の余裕」を感じることができます。野球部以外も施設に恵まれ、部活動が盛ん。生徒たちにも伸び伸びとした雰囲気が見てとれます。

注目データ

◆**甲子園歴**　春3回、夏1回。通算6勝4敗、4強1回。

◆**主なOB**　館山昌平（ヤクルト）、黒羽根利規《くろばねとしき》（DeNA）、山本昌《まさ》（元中日。本校の山本秀明《ひであき》現監督の実兄）、渡邉博幸《わたなべひろゆき》（元中日、現中日コーチ）。

◆**入学の目安**　一般偏差値は62前後、推薦は内申5科20。

◆**備考**　サッカー部も強豪で、全国大会出場もあり。

まだある! 甲子園を狙える高校 コラム2

日大系列校を、まとめて紹介! 本部付属、学部付属、特別付属…

2019年には創立130年を迎え、卒業生の数は100万人を超えるという日本大学。国内で最も大規模な大学と言っていいでしょう。日大野球部は東都大学連盟に所属し、リーグ優勝は22回。大学選手権大会で２度、明治神宮大会で１度、日本一に輝いています。その付属系列校は数々ありますが、系列校の数も日本一で、そのうちの多くの高校で野球部が活躍しています。

純粋付属（本部付属と学部付属）校として位置づけられているのは、横浜市港北区にある**日大高**（甲子園未出場）をはじめ、東京都内の**日大豊山《ぶざん》**（甲子園歴は、夏１回）、**日大桜丘《さくらがおか》**（春１回、夏１回）、後述の**日大鶴ヶ丘**のほか、**日大藤沢**（P25／神奈川県／春３回、夏１回）、**日大明誠《めいせい》**（山梨県／春１回）、**日大山形**（P24／春３回、夏16回）、**日大東北**（福島県／夏７回）、**日大習志野《ならしの》**（千葉県）、**日大三島**（静岡県／春１回、夏１回）に、日大豊山女子を加えて11校。このうち、女子校を除くと、日大高と日大習志野以外は、甲子園出場を果たしています。日大高は16年春の県大会準優勝、日大習志野も14年秋に県８強の実績あり。日大鶴ヶ丘は、1951年に東京獣医畜産大と日大が合併した際に創立。その後、日大農獣医学部が生物資源科学部となるに伴《ともな》い、同学部の併設校となりました。甲子園へは90年、08年、14年と、夏に３度出場を果たしています。

それぞれが大学とは異なる学校法人として独立している特別付属の系列高校が、東京都内の**日大一**（春２回、夏８回）、**日大二**（後述）、**日大三**（特 P20）に、**千葉日大一**（未出場）を加えた４校です。千葉日大一以外はいずれも甲子園に出場していますが、千葉日大一も船橋市に専用グラウンドを保有しており、ブロック予選はコンスタントに突破しています。野球を頑張りながら、進学でも成果をあげたいという考えを持つ生徒には、とくに日大二が適しています。

2014年夏、3度目の甲子園出場を果たした、純粋付属の日大鶴ヶ丘。

日大系列校には、地名を冠した準付属校もある!

2015年夏出場の準付属校・宮崎日大は、進学実績も高い。

日大二は日大第二中として1927年に創立。46年に日本第二学園として経営上は日大から独立し、49年から男女併学（別学）に。進学重視校で、日大だけではなく、他大学への「指定校枠」も広くあり、国公立含めて難関大への進学実績も高まっています。野球部は、創立と同時に創部され、59年春に甲子園初出場を果たしています。82年夏を最後に甲子園出場はありませんが、都立校の監督として実績を残していた日大二ＯＢの田中吉樹氏が、05年、同校の監督に就任。08年夏の西東京大会では４強入り。翌09年夏には、同大会の決勝に進出と、復活への道を進みつつあり、指導体制と玉川上水にある立川グラウンドなどの練習環境も整ってきています。過去の甲子園歴は春２回、夏４回。

ほかには、地名を冠している準付属校が８校あります。北から、**札幌日大**（特北海道／春１回）、**佐野日大**（栃木県／後述）、**岩瀬日大**（茨城県／後述）、**土浦日大**（同／春２回、夏２回）、**長野日大**（後述）、**大垣日大**（特P22）、**長崎日大**（特後述）、**宮崎日大**（特後述）です。岩瀬日大以外はいずれも甲子園出場実績があります。岩瀬日大は土浦日大岩瀬校舎として、74年に創立。当初は土浦日大の岩瀬分校という扱いでしたが、02年に独立して、岩瀬日大として準付属校になりました。同校も14年夏は、県大会ベスト16まで進んでいます。

佐野日大は栃木県内での有力校として、春４回、夏６回の出場があり、通算９勝10敗とキャリアを積んでいます。最高成績は14年春で、鎮西《ちんぜい》、智弁学園、明徳《めいとく》義塾《ぎじゅく》を下してベスト４に進出しています。

長野日大は、松商学園を９回甲子園出場に導いた中尾英孝氏が05年に監督に就任。08年春と09年夏に出場を果たしています（14年に退任）。

長崎日大も、全国ベスト４（07年夏）とベスト８（00年夏）の記録があり、春２回、夏９回の出場で、通算成績は12勝11敗となっています。九州共立大を経て、13年オフのドラフト１位指名で３球団競合の末に広島入りし、プロ１年目の14年に新人王を獲得した大瀬良大地投手の出身校です。宮崎日大は夏２回の出場がありますが、近年は進学実績で高い評価を受けている「文武分業進学校型」（第１部Part４で解説）としての側面も持っています。

早稲田実［東京都国分寺市］

1963年に正式系属校となり、人気も上がる

甲子園出場実現度 ★★★★☆

正式名称は、「早稲田大学系属早稲田実業学校高等部」です。早稲田大の直系である付属校には、早大学院（早稲田大学高等学院）と早大本庄があります。付属校は、経営母体が大学と同一法人で、大学へは全員入学できるのが原則。系属校は、経営母体が別法人です。早稲田実は、1963年から正式に系属校となりました。以来、早稲田大への進学枠が増えたこともあり、入試での人気は年々上昇しています。80年夏には当時1年生の荒木大輔投手が準優勝投手となって、早実のブランドイメージも一気に上がりました。また、2006年夏には斎藤佑樹《ゆうき》投手を擁《よう》して、決勝では駒大苫小牧《とまこまい》との引き分け再試合で競《せ》り勝ち、全国優勝を成し遂《と》げています。15年夏は、1年生の清宮幸太郎《きよみやこうたろう》選手が話題をさらいました。

00年に新宿区早稲田から国分寺市に移転し、グラウンドは04年に八王子市南大沢に建設。校舎から距離はあるものの、練習環境は整いました。02年からは共学校になり、硬派の早実からイメージチェンジ。日本を代表する野球人・王貞治氏（元巨人、現ソフトバンク球団会長）の出身校としても知られています。創立は1901年。甲子園には第1回大会から参加している、東京一の伝統校です。早稲田大と同じデザインのユニフォームや、同じく大学と似た応援団のスタイルなどにも、人気があります。

注目データ

◆**甲子園歴**　春20回、夏29回。通算65勝47敗2分。優勝2回、準優勝3回、4強4回。

◆**主なOB**　斎藤佑樹《ゆうき》（日本ハム）、重信《しげのぶ》慎之介（巨人）、荒木大輔（元ヤクルトなど）。

◆**入学の目安**　スポーツ枠の受験資格は全国・関東大会出場かつ、必修教科平均内申3・5で、評定に1がないこと。一般偏差値は70を超える。

◆**系列校**　早稲田大（東京六大学）。

慶《けい》應《おう》義《ぎ》塾《じゅく》
［神奈川県横浜市］

ブランド校としての誇りを胸に

甲子園出場
実現度
★★★☆☆

私学の雄《ゆう》と言われている慶應義塾《けいおうぎじゅく》大学の直系付属校。原則的に慶大へ入学できるので、高校入試レベルでは最難関となります。野球部員は毎年100人を超えていますが、中等部からの入学者のほか、シニアリーグなどでの実績がある推薦組の選手など多彩です。スカウティング部隊を含め、部の中で自分の役割を考えて活動するなど、選手たちには自発的な姿勢が見られます。1991年に就任した上田誠監督はこれらを「エンジョイ・ベースボール」と呼んでいました。2008年には、春夏連続で甲子園出場。そうした結果を生み出す、高い意識の野球を実践。周囲からの厚い支援もあります。日吉のキャンパスに並んでグラウンドがあり、OBの慶大生が学生コーチとして細部にわたって指導するのも、慶應独自のスタイルとなっています。大学との密接なつながりを生かせるといった、恵まれた環境にあり、レベルの高い内容の練習をしています。日吉台のグラウンドは専用球場ですが、シーズンによっては大学のグラウンドも、練習試合で使用します。15年夏に上田監督が勇退。長年、コーチを務めていた森林《もりばやし》貴彦《たかひこ》氏が、あとを継いで監督に就任しています。

注目データ

◆**甲子園歴**　春8（4）回、夏17（4）回。通算19（1）勝24（8）敗。優勝1回、準優勝1回。※（　）内の数字は慶應《けいおう》商工としてのもの。うち春1回、1敗は慶應二時代。

◆**主なOB**　白村《はくむら》明弘（日本ハム）、山本泰寛《やすひろ》（巨人）。

◆**入学の目安**　一般入試では偏差値75前後で最難関だが、中学時代の野球での活動実績が顕著で9科38ならば推薦資格あり。

◆**系列校**　慶應義塾《けいおうぎじゅく》大（東京六大学）、慶應志木（埼玉県）、慶應湘南藤沢（神奈川県）。

◆**備考**　アメリカンフットボール部、ラグビー部なども強豪。慶應関係者には「塾高《じゅくこう》」の呼び名が定着。

中京大中京 特

［愛知県名古屋市］

日本一の全国優勝回数を誇る、名門中の名門

甲子園出場
実現度
★★★★☆

甲子園の通算勝利数（133勝）と、甲子園優勝回数（春4回、夏7回）は、日本一。その数字は今後もしばらくは破られることはないでしょう。戦前戦後を通じても、高校野球界の名門中の名門と言える存在です。2009年夏、43年ぶりにつかんだ深《しん》紅《く》の大優勝旗で、「名門健在」をアピールしました。

1923年に中京商として創立。戦前は春9回、夏4回出場していますが、夏は負け知らずの4回優勝。66年に春夏連続優勝を果たし、その翌年から中京高に。その後、同校の戦後の伝統を築いた杉浦藤文《ふじふみ》監督が勇退。学校の方針転換もあり、やや低迷気味にもなりましたが、再建とイメージチェンジの両面を託《たく》され、清静《せいせい》工（現・清静）でコーチを務めていた大藤《おおふじ》敏行氏が、90年に監督に就任。系列の中京大の付属色を強く打ち出していく方針により、95年に校名が中京大中京と変更され、共学化。やがて、立てえりの伝統のユニフォームも変更され、胸文字の「Chukyo」も、ブロック体から筆記体に変わりました。「ニュー中京」として甲子園に出場した97年春は、準優勝。古豪の健在ぶりと新校名をアピール。女子マネージャーも誕生し、久しく遠ざかっていた夏の甲子園にも、00年に13年ぶりに出場。02年春にも出場を果たしています。こうして、改めて中京大中京の名を浸透させていきました。

春夏連続出場となった09年夏には、通算11回目の全国制覇を果たし、名門校の歴史に新たな1ページを追加。4季連続出場となった10年夏を最後に大藤監督が勇退し、97年春の主将だった高橋源一郎氏が監督に就任。大藤監督のもとでトレーニングメニューを作成するなどアシストをし続けてきた今村陽一コーチと二人三脚で、新たな歴史を刻んでいます。また、食育を重んじた体づくりや、選手たちの自主的

な練習への取り組み姿勢も伝統となってきています。

15年夏には5年ぶりの甲子園出場を果たし、2勝。高橋監督体制での中京大中京が、改めて新しい一歩を踏み出しました。

系列校にとどまらず、慶大、法大などの東京六大学や、亜大、國學院《こくがくいん》大など東都大学連盟の有力校にも数多くの生徒が送り出されています。

これだけの伝統校ですが、「野球部が頑張っている姿を、ほかの生徒にも見てほしい」という学校側の思いもあって、あえて校内の狭いグラウンドで行う練習も受け継がれています。幾多の栄光と歴史を物語る「留魂《るこん》の碑《ひ》」がグラウンド横に置かれ、選手たちを見つめています。

2016年春終了時点の甲子園歴代最多となる133勝は、不滅の大記録。

注目データ

◆**甲子園歴**　春30回、夏27回。通算133勝46敗。優勝11回、準優勝4回、4強11回。

◆**主なOB**　嶋基宏《もとひろ》(楽天)、堂林翔太《どうばやししょうた》(広島)、磯村嘉孝《よしたか》(広島)、稲葉篤紀《あつのり》(元ヤクルト・日本ハム)。

◆**入学の目安**　一般偏差値は64前後だが、野球部などのスポーツ推薦はその限りではない。

◆**系列校**　中京大(愛知大学連盟)、三重高。岐阜県の中京は別法人で、準系列校。

◆**備考**　フィギュアスケートの安藤美姫《みき》、浅田真央、小塚崇彦《こづかたかひこ》、村上佳菜子《かなこ》らも在籍していた。

龍《りゅう》谷《こく》大平安 特〔京都府京都市〕

伝統校「平安」が、系列校色にイメージチェンジ

甲子園出場実現度 ★★★★★

甲子園通算勝利数は、中京大中京を追う99勝（2016年春のセンバツ終了時）。京都の野球を代表してきた名門です。08年、系列大の色合いを強く示すために、現在の校名となりました。

学校創立は1876年で、経営母体は浄土《じょうど》真宗《しんしゅう》本《ほん》願寺《がんじ》派です。子弟教育の目的で滋賀県彦根市に設立されたのが始まりでした。野球部は京都市に移転する前年の1908年に創部されました。もっとも、それ以前にも旧第三高等学校（京大の前身）が主催の野球大会に出場していたという記録もあります。

夏の大会には第2回大会から参加。1927年に初出場を果たし、翌28年夏には準優勝。33年夏にも準優勝を果たしていますが、初出場以降、戦前は、京都商に沢村栄治《えいじ》がいた34年以外はほぼ毎年出場。38年夏には全国制覇を果たしています。

戦後も51年夏と56年夏に全国制覇。61年夏と74年夏にもベスト4に進出しています。しかし、その後はやや甲子園から遠ざかり、80年春まで出場できませんでした。

そこで、本校を経て、社会人野球の日本新薬で選手として活躍していた原田英彦氏が、93年、監督に就任。97年に春夏連続出場に導くなど、「誰よりも平安を愛する」という強い気持ちで母校を復活させ、その指導力は高く評価されました。プレーだけではなく、マナーや礼儀なども重視する姿勢を厳しく貫いています。その97年の夏には、全国準優勝。一時の低迷から脱出し、01年夏と03年春、08年春にもベスト8に進出しています。

そして14年春は、初戦で21世紀枠代表の大島に大勝すると、八戸《はちのへ》学院光星、桐生《きりゅう》一、佐野日大を下し、決勝に進出。履正社《りせいしゃ》との近畿勢対決となった決勝でも、初回に先制すると、終始リードを保つ危なげな

い戦いで春初優勝を果たしました。春夏連覇を目指した14年夏は、初戦で春日部《かすかべ》共栄に敗れ、夢叶《かな》わず。しかし、4年連続出場となった16年春は、明徳義塾《めいとくぎじゅく》と八戸学院光星に快勝し、準々決勝では明石《あかし》商に延長で競り勝ってベスト4に進出。準決勝では、智弁学園に9回逆転サヨナラ負け。通算100勝には1つ届きませんでしたが、スタンドの「H」の人文字とともに強く印象に残るチームでした。

伝統校ながら、近年も2014年春優勝、16年春ベスト4と安定した強さを誇る。

選手は「HEIAN」のユニフォームに憧《あこが》れて、近畿一円や四国、東海地区などから、広く集まってきています。京都市醍醐《だいご》に、両翼100m、中堅120mで、ナイター照明6基という専用球場があり、寮も完備。03年からは共学校となっています。

注目データ

◆**甲子園歴**　春40回、夏33回。通算99勝69敗1分。優勝4回、準優勝4回、4強6回。

◆**主なOB**　炭谷銀仁朗《すみたにぎんじろう》(西武)、赤松真人《まさと》(広島など)、桧山進次郎(元阪神)、衣笠祥雄《さちお》(元広島)。

◆**入学の目安**　一般偏差値は50~52。アスリートコースは偏差値43だが、中学時代のスポーツ実績の顕著な者。

◆**系列校**　龍谷大《りゅうこく》(関西六大学)。

◆**備考**　フェンシングの銀メダリスト・太田雄貴《ゆうき》もOB。

東洋大姫路 特

【兵庫県姫路市】

兵庫で報徳学園に対抗する勢力の筆頭格

甲子園出場実現度 ★★★☆☆

甲子園初出場は1969年夏で、全国の頂点に立ったのが77年夏。延長10回、劇的なサヨナラ本塁打で東邦を下し、初優勝。創立は、63年。東洋大の付属校として姫路市に設立され、同時に創部。全国制覇後は79年春、82年夏にベスト4に残るなど、出場すれば上位に進出する実力校という印象を与えています。地元のボーイズリーグなどで活躍した選手が主力で、スポーツクラス推薦で入るケースがほとんど。卒業後は、東都大学リーグの実力校である系列の東洋大への推薦入学枠もあるため、一般受験生からの人気も上がっています。

注目データ

◆**甲子園歴**　春7回、夏12回。通算33勝18敗1分。優勝1回、4強5回。

◆**主なOB**　原樹理《じゅり》(ヤクルト)、乾真大《いぬいまさひろ》(日本ハム→巨人)、松葉貴大《まつばたかひろ》(オリックス)、長谷川滋利《しげとし》(元オリックス・エンジェルス・マリナーズ)、宮本賢治(元ヤクルト)。

◆**入学の目安**　偏差値は普通で45、特進で60程度が目安。

東洋大牛久《うしく》 特

【茨城県牛久市】

恵まれた環境で、悲願達成を目指す

甲子園出場実現度 ★★☆☆☆

東洋大の付属校として、1964年に開校。中高一貫コース、特進コースなどとともにスポーツコースも設置。牛久《うしく》市内唯一の私立中となる中学も、2015年に開校。甲子園にはまだ届いていませんが、東洋大姫路で実績をあげた堀口雅司監督を招聘《しょうへい》し、15年夏の茨城県大会では、ベスト4進出と、実績を積んできています。キャンパス内に、相撲道場もあります。

注目データ　◆**甲子園歴**　なし。◆**主なOB**　菊地恭一(元大洋)、金井元三(元ヤクルト)。◆**入学の目安**　コースによって幅広い。

東農大二

【群馬県高崎市】

地元では進学実績向上で人気上昇中

甲子園出場実現度 ★★☆☆☆

東京農大の付属校として1962年に創立され、同時に創部。65年春に初出場でベスト8と、早々に結果を出しています。80年代には、県内をリードする存在に。上に「NODAI」、下に「NIKO」という、当時としては珍しい2行の胸文字も注目されました。近年は、09年春に関東大会に進出。系列大のほか、他大学への進学実績も向上し、人気校となっています。

注目データ　◆**甲子園歴**　春3回、夏5回。通算8勝8敗。◆**主なOB**　阿井英二郎(元ヤクルト)。◆**入学の目安**　一般で、偏差値60以上。

駒大苫《とま》小《こ》牧《まい》 特［北海道苫小牧市］

高校野球の歴史を変えた道勢初優勝と連覇

甲子園出場
実現度
★★★☆☆

2004年、05年に、久しく達成されていなかった夏の甲子園連覇を達成。北海道に初めて優勝旗を運んだということでも、高校野球の歴史を大きく変えた偉業でした。

さらに、翌06年夏も田中将大《まさひろ》投手を中心としたチームで決勝進出。史上2度目の3連覇への期待も高まっていく中、斎藤佑樹《ゆうき》投手を擁《よう》する早稲田実との決勝で、延長15回引き分け。再試合で敗れはしましたが、日本中を高校野球に注目させるような大活躍でした。さらに翌07年夏も甲子園出場を果たしました。

その後、香田誉士史《こうだよしふみ》監督が勇退し、一時的に低迷期を迎えます。そんな中で、初優勝時の主将で駒大卒業後はコーチとして母校へ戻っていた佐々木孝介氏が、09年夏、監督に就任。自らの優勝経験を後輩たちに伝えながらの新スタートを切ることになり、「一生懸命《いっしょうけんめい》やるしかない。大学で学んだことを生かし、全国制覇を目標にしたい」と抱負を述べ、周囲の期待を膨らませました。

14年には、9年ぶりとなる春の甲子園出場。初戦で創成館《そうせいかん》を下しました。北海道の高校野球史に大きな一歩を残したチームだけに、現在も注目が集まっています。

注目データ

◆**甲子園歴**　春3回、夏7回。通算16勝8敗1分。優勝2回、準優勝1回。

◆**主なOB**　田中将大《まさひろ》（楽天→ヤンキース）、大《おお》累進《るいすすむ》（巨人→日本ハム）。

◆**入学の目安**　体育、文化、総合は偏差値39前後。

◆**系列校**　駒澤大（東都大学連盟）、苫小牧《とまこまい》駒澤大（北海道学生連盟）。

◆**備考**　アイスホッケー部、スケート部などは、全国トップレベル。女子スピードスケートで五輪メダリストの橋本聖子参議院議員も卒業生。

専大松戸 特 ［千葉県松戸市］

悲願を達成したのは、2015年夏

5年連続Aシードで、やっと甲子園出場を叶《かな》えたのが、2015年夏。竜ケ崎《りゅうがさき》一、藤代《ふじしろ》、常総《じょうそう》学院で指揮をとってきた持丸《もちまる》修一監督としても、就任8年目で達成した4校目の甲子園出場でした。地元からも祝福されました。学校創立は59年。専修大の系列校ですが、学校法人は独立運営です。

甲子園出場実現度 ★★★★☆

注目データ ◆**甲子園歴** 夏1回。通算0勝1敗。◆**主なOB** 上沢《うわさわ》直之（日本ハム）、原嵩《しゅう》（ロッテ）。◆**入学の目安** E類（特進）は72、一般は60程度。◆**備考** ラグビー部、相撲部、陸上長距離も強豪。

専大北上 特 ［岩手県北上市］

専修大系列校としては、最初の甲子園出場

岩手洋裁専門学校が前身ですが、1961年に専修大の系列商業校となり、普通科を設置し、65年に現校名に。甲子園初出場は72年春で、その後は91年夏に出場。特待生問題違反で一時的に解散となったこともありましたが、07年に再加盟して、同年夏、岩手県大会の決勝まで進出しました。

甲子園出場実現度 ★★☆☆☆

注目データ ◆**甲子園歴** 春1回、夏5回。通算3勝6敗1分。◆**主なOB** 畠山和洋《はたけやまかずひろ》（ヤクルト）。◆**入学の目安** 偏差値42～45程度。◆**備考** ラグビー部、相撲部、陸上長距離も強豪。

國《こく》學《がく》院《いん》久《く》我《が》山《やま》 ［東京都杉並区］

系列校にこだわらない幅広い進学枠も魅力

1944年に岩崎学園久我山《くがやま》中として創立。学制改革後に久我山学園となり、52年に國學院《こくがくいん》大と提携合併。野球部は70年ごろから頭角を現し、79年春に甲子園に初出場。以降、81年夏、85年春、91年夏、11年春と5回出場したものの、未勝利。初勝利が待たれます。系列大学以外の幅広い進学枠も魅力。

甲子園出場実現度 ★★☆☆☆

注目データ ◆**甲子園歴** 春3回、夏2回。◆**主なOB** 井口資仁《ただひと》（ロッテなど）、矢野謙次（巨人→日本ハム）、河内貴哉《かわうちたかや》（元広島）。◆**系列校** 國學院《こくがくいん》大（東都大学連盟）。◆**入学の目安** 一般は偏差値60程度。

國《こく》學《がく》院《いん》栃木 ［栃木県栃木市］

輝く、2000年春のベスト4

國學院《こくがくいん》大系列の高校として1960年に創立され、同時に創部。79年秋季県大会で優勝して台頭。85年夏に甲子園初出場を果たしました。87年春も出場し、初勝利。2000年春はベスト4に進出して躍進。その後、やや低迷しましたが、15年夏は栃木県大会決勝に進出。復活も見えてきています。

甲子園出場実現度 ★★★☆☆

注目データ ◆**甲子園歴** 春3回、夏1回。通算5勝4敗。4強1回。◆**主なOB** 渡辺俊介（元ロッテ）。◆**入学の目安** 一般は55～60、スポーツは幅がある。◆**備考** ラグビー部、女子バレーボール部は全国大会常連。

まだある！甲子園を狙える高校
コラム3

関西では「関関同立」の系列校が光り、日体大も系列カラーを強調！

関東の「東京六大学」に対して、近畿地区では「関関同立」と呼ばれている大学の系列校が人気です。**関西《かんせい》学院**（兵庫県）は英国のパブリックスクールを模範とした中高大一貫教育で、とくに人気が高い男子校でしたが、2015年から共学となっています。戦前は２度の全国制覇など、力を示しました。1998年春には、63年ぶりに甲子園出場。同じ大会には、69年ぶりとなった、ライバルの系列校・**関大一**（大阪府／後述）も出場しており、古くからの関西のファンを感動させました。そして関西学院は、09年夏にも、70年ぶり（夏の最長ブランク記録を更新）の出場。地元では、「KG」という呼び名で親しまれています。甲子園出場歴は、春６回、夏７回で、通算13勝10敗、優勝２回、準優勝１回です。

関西大系列の関大一は、関西甲種商業学校が前身で、52年に現校名となりました。前述した98年春は、69年ぶりの出場で準優勝。その年の夏もベスト８まで進出。出場歴は、春２回、夏１回です。同系列では、08年に北陽から名称が変わった**関大北陽**（㊕大阪府）が強豪。春８回、夏６回の出場で、準優勝１回。

同志社大系列校では、かつては**同志社**（京都府）が夏２回（1919年夏、24年夏）出場するなど一定の活躍。しかし、近年は、同校を含め、系列校は苦戦しています。

立命館大の系列では、**立命館**（京都府）が春４回、夏３回という出場実績がありますが、83年春以降は甲子園に届かず。代わって、95年に宇治と提携した**立命館宇治**（㊕京都府）が04年春以降も10年春、15年春に出場（通算では、春３回、夏２回）。

関西ではほかに、近畿大系列校も人気で、**近大付**は90年春には全国制覇も果たし、春７回、夏４回の出場実績があります。近大系列校としては、和歌山県の**近大新宮《しんぐう》**が甲子園未出場ながら、県大会では14年秋に４強という実績を残しています。三重県の**近大高専**（出場歴なし。16年春季県大会３位）や、広島県にある**近大広島福山**（春１回、夏１回）なども健闘しています。

胸には「K“W”ANSAI」と入る関大一。

また関東では、日体大の系列校が16年４月から系列色を強調するべく校名変更して、東京都の日体荏原《えばら》が**日体大荏原《えばら》**、千葉県の柏日体が**日体大柏**となりました。日体大荏原は65年春に初出場し、過去春２回、夏１回の出場実績があります。日体大柏は甲子園にはまだ届いていませんが、環境も整えられてきて、12年夏には県大会決勝進出など躍進中。群雄割拠《ぐんゆうかっきょ》で有力校が横一線となっている千葉県だけに、甲子園を十分に狙える位置にいます。

Part2

野球エリート育成校型

将来は野球で身を立てていく意識も高い

仙台育英、横浜、関東一、帝京、作新学院、浦和学院、常総《じょうそう》学院、愛工大名電、東邦、敦賀《つるが》気《け》比《ひ》、履正社《りせいしゃ》、報徳学園、天理、関西《かんぜい》、開星、如水館《じょすいかん》、広陵《こうりょう》、明徳《めいとく》義塾《ぎじゅく》、興南《こうなん》、鹿児島実、樟南《しょうなん》、北海、東北

野球部がある高校の多くは、甲子園出場を目標として取り組んでいます。それを最大限に追求したのが、ここで紹介する「野球エリート育成校型」です。

ここに名をつらねるような高校は、各地区でも強豪とされているところばかり。それだけに、中学時代からその素質が注目されていた選手たちが、「レベルの高いところで野球がしたい」、あるいは「いい選手が集まれば、甲子園に出られる可能性が高まる」などといった理由で、志望することが多くなります。

また、学校を経営する側が特待生制度などの受け入れ策や野球部へのサポートを打ち出し、現場の指導者は選手の能力を見極め、セレクションしている場合もあります。そういったお互いの思いの強さが、チーム力の強化につながっていくのです。

そうして集まった逸材たちの多くは、将来、プロ野球選手を目指しています。当然ながら野球に対する意識は高いので、同世代で最も優れた選手としてマスコミに取り上げられるケースも多くなります。

なお、大学の系列校でありながら、影響を強く受けていないと判断される高校も、野球エリート色が濃ければ、本カテゴリーの対象としました。

これらの高校の特徴は、野球に取り組む環境がなにより優れていること。専用球場を持っているのはもちろん、名将と呼ばれる監督が長期にわたって指導を続けている学校も多数。ですから、戦い方に継続性があり、それが長いスパンでの強化につながり、毎年のチームレベルもある程度安定しています。また、監督が意図する野球に合った選手を自身の眼力で獲得していくことも少なくありません。指導力に定評のある監督が、イメージどおりのチームをつくりやすくなるわけです。

そういう環境であれば、選手も将来の進路を見据《みす》えた目標設定がしやすくなります。高卒でいきなりプロ入りできなくても、野球を通じて大学へ進学していき、そこで（あるいは、さらにその先の社会人チームで）改めて可能性にチャレンジしたいという生徒にとっても、ルートを見つけやすいはずです。いずれにせよ、このカテゴリーにあてはまる高校の野球部には、将来の野球界を担う選手たちが数多く集結していると言えるでしょう。

プロでも活躍するオコエ瑠偉《るい》選手（右）の母校・関東一も、このカテゴリー。

仙台育英 特 ［宮城県仙台市］

春夏合わせて準優勝3回、東北勢の悲願なるか

甲子園出場
実現度
★★★★★

東北地区の多くの高校野球関係者にとって、悲願となっているのが全国制覇です。それに、最も近い存在が仙台育英でしょう。

１９５０年代後半以降、宮城県から甲子園へ出場する高校は、ほぼ仙台育英か東北で、完全な2強状態になっています。ただ、甲子園での実績で言えば、２０１５年夏も含め、春夏合わせて3度の準優勝がある仙台育英がリード。文字どおり、全国制覇まであと一歩の状況です。

仙台育英の長い野球部史において、大きなトピックと言えるのが、ライバル・東北から竹田利秋《としあき》監督を迎えたこと。これが85年で、その4年後の89年夏に大越基《おおこしもとい》投手（ダイエーを経て、現在は山口県・早《はや》鞆《とも》の監督）を擁《よう》して準優勝を果たし、大きな実績を残しました。

竹田監督が95年夏を最後に勇退したあとは、佐々木順一朗監督が引き継ぎます。翌96年夏、早々に甲子園に出場し、その後もコンスタントに県大会を勝ち抜いているのはさすが。甲子園での準優勝も春夏両方で経験し、新たな実績を積み上げ、佐々木監督体制のもと、現在に至っています。

佐々木監督自身も母校は東北で、進学先の早稲田大学ではスポーツ科学修士号も取得。今や、母校の最大のライバル校である仙台育英の強化に尽力しているのが、面白いところです。

仙台育英の母体は、１９０５年に創立された育英塾。大正時代に仙台育英学校となり、同時に中等学校に昇格しました。戦後の学制改革以降は現校名となっています。

野球部創部は１９３０年ですが、甲子園初出場は意外にも63年夏。近年は、13年と15年に春夏連続出場を果たすなど、宮城県はもとより、東北地区を引

2015年夏の甲子園では、3度目となる準優勝。佐藤世那《せな》投手（左から4人目）の力投が光った。

っ張っている筆頭格と言ってもいいでしょう。

大学進学はもちろん、プロ野球や社会人野球にも、長きにわたって多くの人材を送り出しています。

注目データ

◆**甲子園歴**　春11回、夏25回。通算42勝36敗。準優勝3回。

◆**主なOB**　（佐藤）由規《よしのり》（ヤクルト）、平沢大河《たいが》（ロッテ）、橋本到《いたる》（巨人）、星孝典《ほしたかのり》（巨人→西武）、矢貫《やぬき》俊之（日本ハム→巨人）、佐藤世那《せな》（オリックス）、鈴木郁洋《ふみひろ》（元オリックスなど、現オリックスコーチ）、金村曉《かねむらさとる》（元日本ハム・阪神など）。

◆**入学の目安**　スポーツなどのフレックスコースは偏差値40前後だが、中学時代の実績重視。

◆**備考**　駅伝は外国人留学生などの活躍で全国優勝経験もあり。ラグビー部も花園の常連で、日本代表の畠山健介《はたけやまけんすけ》もOB。パラリンピックの陸上競技代表・佐藤真海《まみ》、コメディアン・たこ八郎、お笑いトリオ「パンサー」の尾形貴弘、女子バレーボールの日本代表となった大友愛なども卒業生。

横浜 特 ［神奈川県横浜市］

名将勇退で、優勝5回の実績から、新たなスタート

甲子園出場
実現度
★★★★★

激戦区・神奈川の中でも常に優勝候補の筆頭格で、全国的な知名度も非常に高い野球エリート育成校が、この横浜高校です。

1946年秋に創部され、甲子園初出場は63年夏で、いきなりベスト4に進出。その10年後の73年春に初優勝。80年夏にも愛甲猛《あいこうたけし》投手（元ロッテなど）を擁《よう》して全国制覇を果たしています。平成になってからはさらに安定感が増し、98年には松坂大輔投手の圧倒的なピッチングで、春夏連覇。それ以降も、2003年春には成瀬善久《なるせよしひさ》投手の活躍で準優勝、06年春には川角《かわすみ》謙投手と福田永将《ながまさ》捕手のバッテリーで優勝。また、01年夏と08年夏には4強。00年夏、04年夏はベスト8進出。こうした実績は、全国屈指です。

県内では、ほかのすべての学校が「打倒・横浜」を掲《かか》げているくらいに目標とされています。しかし、横浜の選手たちには、その徹底したマークを覚悟で、それでも勝っていく強さを求められ、実際に結果を出しています。それだけに、「YOKOHAMA」と胸に記されたユニフォームは、県内や首都圏はもちろんのこと、全国の少年野球のエリート選手たちにとっての憧《あこが》れと言ってもいいでしょう。

実際、東海地区や、関西、九州などからでも、あえて横浜を選んでくる選手も少なくありません。甲子園出場と将来のプロ入りの両方を目指す、プレーに自信のある選手が数多く集まっています。

優勝へのすべての戦いを率いた渡辺元智《もとのり》監督が就任したのが68年です。横浜の歩みは、そのまま渡辺監督の指導者としての歩みとも言えます。その渡辺監督が15年夏の大会を最後に勇退。教え子でもあり、高校時代は成瀬善久投手や荒波翔《あらなみしょう》選手と同期で主将を経験し、国際武道大を出てコーチや責任教師（野球部長）として活動していた平田徹《とおる》監督が引き継い

でいます。新たな横浜のスタートと言ってもいいでしょう。

最寄り駅は京浜急行線の能見台《のうけんだい》です。その駅を挟《はさ》むように、校舎と専用球場があります。球場は、海に迫る山を切り開いた場所にあり、移動には急坂の上り下りをせざるをえない立地。その道も、ランニングなどのトレーニング場になります。練習試合には、一塁側のネット際を中心に熱心なファンが集まります。また、本校野球部は、九州や東北地方などでの招待試合にも、ひんぱんに参加しています。

甲子園で躍動する「YOKOHAMA」のユニフォームは野球少年の憧《あこが》れとなっている。

注目データ

◆**甲子園歴** 春15回、夏15回。通算55勝25敗。優勝5回、準優勝1回、4強3回。

◆**主なOB** 涌井秀章《わくいひであき》（西武→ロッテ）、松坂大輔（西武、ソフトバンクなど）、成瀬善久《なるせよしひさ》（ロッテ→ヤクルト）、多村仁志《たむらひとし》（横浜→ソフトバンク→中日）、後藤G《ゴメス》武敏（西武→DeNA）、筒香嘉智《つつごうよしとも》（DeNA）、石川雄洋《たけひろ》（DeNA）、倉本寿彦《としひこ》（DeNA）、福田永将《ながまさ》（中日）、乙坂智《おとさかとも》（DeNA）、近藤健介（日本ハム）、浅間大基《あさまだいき》（日本ハム）。※合計60人以上。

◆**入学の目安** 特性コースの推薦では内申平均3が基準だが、5科に1がないこと。一般偏差値は50前後。

関東一 特 ［東京都江戸川区］

今や東京の筆頭格に成長

甲子園出場
実現度
★★★★☆

関東商として創立したのは1925年。その後は、帝国一工、関東商工などと何度かの変更を経て、73年に現在の校名に。野球部も徐々に東京都で勝ち星をあげられるようになり、現日大三の小倉全由《おぐらまさよし》氏が、83年、監督に就任し、85年夏の東東京大会決勝で帝京を破って、甲子園初出場。さらに87年春には三輪隆捕手（元オリックスなど、現オリックスコーチ）らの活躍で準優勝。その後、一時的に小倉監督が身を引いた時期もありましたが、92年に復帰し、2年後の94年には再び甲子園に出場。このときの躍進により、パワフルな打撃のチームカラーが定着しました。

小倉監督が97年に母校・日大三へ移り、一時的に指揮官が定着しない時代もありましたが、99年には、中央大、社会人野球のシダックスなどで活躍した米澤《よねざわ》貴光《たかみつ》氏が監督に就任。攻撃的な小倉野球を継承しながらも、「守備から攻撃につながる野球」というバージョンアップしたチームづくりで成果を発揮しています。08年は、春夏連続で甲子園出場。10年夏も、8強入り。さらに15年夏もベスト4。甲子園でも安定した戦いを見せる学校として評価されるようになりました。

04年に普通科、06年には建築ビジュアル科が共学となり、応援席も華やかになっています。学校は江戸川区の新小岩、そして野球部専用の寮を併設したグラウンドは千葉県白井市にあります。

注目データ

◆甲子園歴 春6回、夏6回。通算19勝12敗。準優勝1回。4強2回。

◆主なOB オコエ瑠偉《るい》（楽天）、武田勝（日本ハム）、中村祐太（広島）、山下幸輝《こうき》（DeNA）。

◆入学の目安 スポーツ推薦は内申で9科25以上が基準。スポーツコースの偏差値は40前後。

◆備考 男女バドミントン部、甲子園のアルプススタンドを盛り上げる吹奏楽部も全国レベル。

帝京 特 ［東京都板橋区］

1980年代から東京の雄《ゆう》として名を馳《は》せる

甲子園出場
実現度
★★★★☆

春夏合わせて全国優勝3回という実績が光る帝京。1980年代に入って一気に台頭し、今では東京都を代表する存在となっています。

しかし、当初は、決して目立つ高校ではありませんでした。創部は1949年で、72年に前田三夫監督が就任するまでは、東京都大会で1度ベスト8まで進出したのが最高だったのです。

それが、78年春に初めて甲子園の土を踏み、2年後の80年春には伊東昭光《あきみつ》投手（元ヤクルト）を擁《よう》して準優勝。これが、強い帝京の始まりでした。85年春にも、再び準優勝。87年は春8強、夏も4強に進出。

そして92年春には、ついに全国優勝。さらに、95年夏には、初戦の日南学園との延長戦を制して勢いづき、準々決勝では創価との東京勢対決に勝利。決勝では星稜《せいりょう》を下して夏も全国優勝を達成。

その後も、02年夏、07年春は4強進出、06年夏、07年夏、10年春は8強進出を果たすなど、甲子園では確実に勝ち上がるという印象を与えています。

長らく専用球場がありませんでしたが、03年、埼京線十条駅から徒歩10分ほどにある板橋区の住宅街の一角に、人工芝の専用球場が完成（東京都のブロック予選会場としても使用）。11年夏以来、甲子園出場を果たせていませんが、毎年、有力校としてマークされています。

注目データ

◆**甲子園歴**　春14回、夏12回。通算51勝23敗。優勝3回、準優勝2回、4強3回。

◆**主なOB**　杉谷拳士《けんし》（日本ハム）、山﨑康晃《やまさきやすあき》（DeNA）、森本稀哲《ひちょり》（元日本ハム・DeNA・西武）、高市俊《たかいちしゅん》（元ヤクルト）、松本高明《たかあき》（元広島）。

◆**入学の目安**　文系で偏差値48前後。推薦は単願で内申5科17。

◆**系列校**　帝京大（首都大学連盟）、帝京平成大、帝京科学大、帝京短期大、帝京平成短大。

作新学院 特 ［栃木県宇都宮市］

他競技の活動も含めて、栃木県の一大勢力

甲子園出場
実現度
★★★★★

下野《しもつけ》英学校として1885年に開校し、以降下野中などの校名を経て、1947年に中等部と高等部のある作新学院となりました。創部も明治時代でしたが、全国で実績をあげるのは初出場でベスト4を果たした58年夏が最初です。61年春にも出場。62年には史上初となる春夏連覇を達成。優勝旗が当時、日本最北に至るとともに、全国区の強豪として認知されました。2011年夏からは3季連続出場、夏は15年まで5年連続出場を果たすなど、現在でも県内では頭ひとつ抜けた勢力となっています。

また、野球部だけではなく多くの運動部が活躍しており、オリンピック選手も数多く輩出しています。それら各部が、宇都宮駅から、バスで15分ほどのところにある同一キャンパスで切磋琢磨《せっさたくま》して競い合っているのは壮観です。軟式野球部も全国制覇を9回果たしている強豪で、硬式野球部ととなり合ったグラウンドで練習をしています。

4000人ほどの生徒がいる超大規模校で、トップ英進部、英進部などの進学クラスも充実しており、文武分業進学校的な形にもなっています。

注目データ

◆甲子園歴　春9回、夏11回。通算31勝18敗1分。優勝2回、4強3回。

◆主なOB　岡田幸文《よしふみ》（ロッテ）、江川卓《すぐる》（元巨人）、落合英二（元中日など、現ロッテコーチ）。

◆入学の目安　スポーツは偏差値45～50。トップ英進部は68。

◆系列校　作新学院大（関甲新学生連盟）。

◆備考　13年、県内初の女子硬式野球部を創部。水泳の日本代表・萩野公介や陸上競技の宇賀地《うがち》強《つよし》などオリンピック選手も数多く輩出。競輪選手、格闘家、ボクサー、アーティストなど、様々なジャンルで卒業生が活躍。

浦和学院 特 ［埼玉県さいたま市］

新ユニフォームで、悲願の全国制覇達成

甲子園出場実現度 ★★★★★

2000年以降の埼玉県内では、圧倒的な力を見せている浦和学院。02年の春夏連続など、02年春から16年春までの最近15年間で、甲子園に15回（春7回、夏8回）出場しています。09年春、10年春秋は関東地区大会で優勝し、県内外から目標とされる存在となっています。

甲子園で勝てない時代もありましたが、11年にユニフォームを思いきって変更し、12年春にベスト8、夏も2勝し、13年春は悲願の初優勝。決勝では、済《さい》美《び》に17対1という圧倒的大差で勝利し、ファンを驚かせました。こうして、新ユニフォームもすっかり浦和学院のイメージとして定着していきました。

春夏連覇を狙った13年夏は初戦敗退となってしまいましたが、15年春は初戦で龍谷《りゅうこく》大平安を下すなどベスト4に進出しています。応援団と吹奏楽部が演奏する「浦学サンバ」は甲子園でも人気です。

創立は78年。埼玉県の上尾《あげお》で実績をあげていた野本喜一郎氏を84年、監督に招いて強化。2年後の86年夏に甲子園初出場を果たすと、いきなりの4強進出。野本監督が病気で辞任後、91年夏から上尾時代の教え子でもある森士《おさむ》氏が監督となり、指揮をとり続けています。

卒業後は、基本的には大学野球でも継続してプレーし、さらにその上を目指す選手も多数います。

注目データ

◆**甲子園歴**　春10回、夏12回。通算30勝21敗。優勝1回、4強3回。

◆**主なOB**　大竹寛《かん》（広島→巨人）、今成亮太《いまなりりょうた》（日本ハム→阪神）、赤坂和幸《かずゆき》（中日）、豊田拓矢《たくや》（西武）。

◆**入学の目安**　内申5科16か9科28で1がないことが推薦条件。偏差値は、総合進学で42～45、特進コースは53～55と幅広い。

常《じょう》総《そう》学院 特 ［茨城県土浦市］

木内マジックを継承して、着実な実績

甲子園出場
実現度
★★★★★

北関東の野球エリート校として、作新学院と並ぶ存在が常総学院《じょうそう》です。1905年に「私塾 常総学院」として創立されていましたが、いったん廃校となり、83年に復活。同時に創部されました。

84年に取手二で茨城県勢として初めて全国制覇を果たした木内幸男《ゆきお》監督を招聘《しょうへい》して強化を進め、87年に春夏連続で甲子園出場。夏は初戦で福井商を下すと、勢いに乗って決勝進出。その快進撃は「木内マジック」と呼ばれました。93年にも春夏連続で出場し、夏は4強に進出しています。

2001年春には仙台育英を下して、悲願の初優勝を達成。木内監督が大会後の勇退を公表していた03年夏には、ダルビッシュ有投手を擁《よう》する東北を決勝で破って全国制覇。木内監督は、07年秋に復帰して2度甲子園に導きましたが、11年夏を最後に正式に退《しりぞ》きました。

その後、取手二時代の全国制覇のメンバーとして木内監督の薫陶《くんとう》を受けた佐々木力《ちから》氏が、監督を継承しています。佐々木監督は、日体大を経て91年12月から常総学院でコーチを務め、木内野球を最もよく知る人物。11年8月に就任し、いきなり12年夏から3季連続で甲子園出場。さらに15年、16年も春に連続出場を果たしています。茨城県内では、最も安定した力を見せている高校です。

注目データ

◆**甲子園歴** 春9回、夏15回。通算38勝22敗。優勝2回、準優勝2回。4強1回。

◆**主なOB** 大﨑雄太朗（西武）、金子誠（元日本ハム、現日本ハムコーチ）、仁志《にし》敏久（元巨人・横浜）、横川史学《よこがわふみのり》（元楽天、巨人）。

◆**入学の目安** コースによって、偏差値は幅広い。強化部推薦は技能実績重視。

◆**備考** 強化部の吹奏楽部は、全国上位レベル。

愛工大名電 特［愛知県名古屋市］

充実施設から、幾多のプロ選手ら逸材輩出

甲子園出場実現度 ★★★★☆

「プロ野球選手になるためには、どういう高校を進路として選択するのが良いのか」と考えたイチロー選手が選んだことでも知られる愛工大名電。それだけ、野球部の施設など練習環境が充実しているということです。校舎は名古屋市内で、グラウンドや合宿所はとなりの春日井《かすがい》市にあります。イチロー選手以外にも多くの人材をプロ野球界に送り出しています。

学校は1912年、電気工学講習所として創立。学制改革で名古屋電気、さらに名古屋電工（名電工）、再び名古屋電気を経て、83年に現校名になるなど、呼称が何度か変わりました。ただし、地元では一貫して「メイデン」の名で定着しています。創部は1956年。のちにイチロー選手らを育てる中村豪《たけし》氏が、77年、監督に就任。甲子園初出場は、68年春。その後、81年夏には、工藤公康《きみやす》投手が2回戦で、金属バット採用後初めてのノーヒットノーランを記録するなどして、ベスト4まで進出しています。

コーチだった倉野光生《みつお》氏が、97年、監督に就任。それまでの豪快な野球から少しイメージを変えて、バントなどの戦術を駆使。04年春に準優勝、翌05年春は、宇部商、天理などを下して勝ち抜き、決勝では神村学園に快勝。悲願の全国優勝を果たしています。

注目データ

◆**甲子園歴**　春9回、夏11回。通算20勝19敗。優勝1回、準優勝1回、4強1回。

◆**主なOB**　工藤公康《きみやす》（元西武など、現ソフトバンク監督）、イチロー（オリックス→マリナーズ→ヤンキース→マーリンズ）、十亀剣《とがめけん》（西武）、堂上《どのうえ》直倫《なおみち》（中日）、谷口雄也《ゆうや》（日本ハム）、山﨑《やまさき》武司（元中日・楽天など）。

◆**入学の目安**　スポーツコースで偏差値45～50。

◆**備考**　バスケットボール部も全国制覇の実績がある。バレーボール部、相撲部も強豪。

東邦 特 ［愛知県名古屋市］

春3回優勝時のスタイルに変更が吉と出るか!?

甲子園出場
実現度
★★★★☆

愛知県内では、中京大中京に次ぐ実績の伝統校です。東邦商として1923年に創立され、30年に創部。甲子園初出場の34年春には、いきなり優勝。以降、39年春、41年春も優勝して、「春の東邦」と言われました。その後はやや低迷もありましたが、67年、阪口慶三氏（現大垣日大監督）が監督に就任して復活。2003年夏まで37年間指揮をとり、77年夏と88年春に準優勝を果たしています。そして、翌89年春には、元木大介選手や種田仁《たねだひとし》選手などのちにプロ入りする選手が多くいた上宮《うえのみや》に決勝でサヨナラ勝ちして、またも全国制覇。春は通算4度目の優勝となりました。

04年夏に阪口監督が退《しりぞ》いたのを受け、77年の準優勝時の主将で、阪口監督のもとでコーチを務めていた森田泰弘《やすひろ》氏が監督に就任。05年春には8強入り、14年夏と16年春も出場。16年春に出場の際は、森田監督のアイディアで、アンダーシャツの色をそれまでの紺から、戦前の東邦商を模した白に変更。クラシカルながら新鮮味もあり、好評です。85年から男女共学校となっています。

注目データ

◆**甲子園歴**　春28回、夏16回。通算68勝40敗1分。優勝4回、準優勝3回、4強4回。

◆**主なOB**　関根大気《たいき》（DeNA）、岩田慎司（中日）、山倉和博（元巨人）、山田勝彦《かつひこ》（元阪神など、現阪神コーチ）、山田喜久夫《きくお》（元中日・広島）、朝倉健太（元中日）、水野祐希《ゆうき》（元ヤクルト）。

◆**入学の目安**　偏差値は53前後だが、中学野球での実績を考慮。

◆**系列校**　愛知東邦大（愛知大学連盟／横道《よこみち》政男監督は、阪口監督が初めて甲子園出場を果たした1969年夏の主砲）。

◆**備考**　俳優で映画監督の奥田瑛二《えいじ》、大相撲の立浪親方（元小結・旭豊）、作家の天野純希《すみき》なども卒業生。

敦《つる》賀《が》気《け》比《ひ》 特 〔福井県敦賀市〕

新たな歴史をつくった、15年春の全国制覇

甲子園出場実現度 ★★★★★

2015年春、北陸勢としては初めての全国制覇を達成。2季連続で大阪桐蔭《とういん》と準決勝で対戦し、松本哲幣《てっぺい》選手の2打席連続満塁本塁打などで、11対0と大勝。決勝戦では東海大四（現・東海大札幌）を下しての初優勝でした。

08年春に通算6度目の甲子園出場を果たすと、以降は09年夏、10年春、12、13年春も、晴れの舞台に進出。14年夏以降は、4季連続で甲子園に出場。一気に常連校としての地位を確立しました。選手は、福井県内や京都などのボーイズリーグ出身者が多いです。

注目データ

◆**甲子園歴**　春7回、夏7回。通算25勝13敗。優勝1回、4強3回。

◆**主なOB**　内海哲也（巨人）、山田修義《のぶよし》（オリックス）、吉田正尚《まさたか》（オリックス）、平沼翔太《しょうた》（日本ハム）、東出《ひがしで》輝裕《あきひろ》（元広島、現広島コーチ）。

◆**入学の目安**　スポーツコースは偏差値40〜45だが、中学時代の野球実績を考慮。特進コースは53前後。

履《り》正《せい》社《しゃ》 特 〔大阪府豊中市〕

難敵・大阪桐蔭《とういん》を追いかけながら、実力向上

甲子園出場実現度 ★★★★☆

前身の大阪福島商は、1922年、大阪市福島区に創立されました。その後、65年に豊中市に移転。83年に普通科の設置とともに、現校名に。鷺宮《さぎのみや》製作所などで活躍経験のある岡田龍生《たつお》氏が監督に就任したのが86年です。97年夏に甲子園初出場。打てなくても機動力を生かすなど、ソツのない野球が特徴です。

2011年春には、九州学院や智弁和歌山などの強豪を破って4強に進出。14年春には駒大苫小牧《とまこまい》や福知山成美《ふくちやませいび》などを下して、決勝進出。近畿勢対決の決勝は龍谷大《りゅうこく》平安に敗れたものの、大きな実績となりました。

注目データ

◆**甲子園歴**　春6回、夏2回。通算10勝8敗。準優勝1回。4強1回。

◆**主なOB**　山田哲人《てつと》（ヤクルト）、T―岡田（貴弘《たかひろ》／オリックス）、岸田護《まもる》（オリックス）。

◆**入学の目安**　野球部員が該当するⅢ類は、偏差値45前後。

報徳学園 特 ［兵庫県西宮市］

甲子園に最も近い有力校としての自信と誇り

甲子園出場
実現度
★★★★★

1961年夏に、甲子園初出場。その大会での延長戦で6点を一気に返す大逆転、67年夏のサヨナラホームスチールなど、高校野球史に残るドラマチックなシーンを演じたことで、人気校となっています。

初の全国制覇は74年春。当時の福島敦彦《あつひこ》監督が、高校野球での先発と抑えの投手分業制を確立。新時代の始まりを感じさせるものでした。強豪としての地位を揺るぎないものにしたのは、エースで4番の金村義明投手を擁《よう》し、全国制覇を遂《と》げた81年夏。このときの右翼手が現在の永田裕治《ゆうじ》監督です。永田監督は中京大を卒業後、桜宮《さくらのみや》のコーチなどを経て、94年に報徳学園の指揮官に就任。翌95年、阪神大震災後の春のセンバツに出場し、初戦突破。被災地に希望を与えました。97年春は4強、2002年春は大谷智久《ともひさ》投手を擁して優勝、10年夏は優勝した興南《こうなん》に敗れたものの、4強と、安定した力を見せています。

07年から14年までは、12年を除く毎年春か夏のどちらかで、甲子園出場を果たしています。毎年のようにドラフト候補選手が現れるなど、選手の質の高さには定評あり。ボーイズリーグやシニアリーグ、神戸界隈《かいわい》を中心に普及するヤングリーグなどの少年野球で中心だった選手が多く集まっています。また、系列校の報徳学園中も強豪です。

注目データ

◆**甲子園歴**　春20回、夏14回。通算55勝31敗。優勝3回、4強6回。

◆**主なOB**　大谷智久《ともひさ》(ロッテ)、山崎勝己《やまさきかつき》(ソフトバンク→オリックス)、片山博視《ひろし》(楽天)、金村《かねむら》義明(元近鉄など)、清水直行(元ロッテ・横浜など)、近田怜王《ちかだれお》(元ソフトバンク)。

◆**入学の目安**　特進は偏差値60以上だが、スポーツ進学では偏差値45以上が目安。

◆**備考**　ラグビー部、相撲部、陸上競技部の駅伝も、全国的な強豪。

天理 特 ［奈良県天理市］

近畿の高校野球を引っ張り続ける「紫」は健在

甲子園出場
実現度
★★★★★

　街全体が独特の空気で包まれているのが、宗教都市の天理市です。天理教の教義にもとづいた一貫教育の一大学園を築いています。前身の天理教校は1900年に創立。学制改革で天理高女と合併し、現在に至っています。

　甲子園初出場は54年春でしたが、黄金期を迎えたのは86年夏です。松山商を下して全国初優勝を飾って以降、90年夏には沖縄水産、97年春にも中京大中京を破って優勝。スクールカラーの紫色の帽子と、胸に漢字で「天理」と書かれたユニフォームは、甲子園では強烈な印象を残していきました。

　一方で、部内暴力などの不祥事もあり、スポーツクラスの一時的な廃止や、寮生活のあり方の見直しも実施。そうした事情で、低迷していた時期もありましたが、11年春には春夏通算46回目の出場を果たしましたが、同年6月に再び不祥事が発覚。その後は12年春夏、15年春夏に出場。15年秋からはコーチを務めていた中村良二氏（元近鉄・阪神）が監督に就任。

　選手は系列校だけではなく、早大、明大などの東京六大学や、東洋大などの東都大学連盟の学校、同志社大や立命館大など関西の有力校にも進んでいます。

注目データ

◆**甲子園歴**　春23回、夏27回。通算72勝47敗。優勝3回、4強3回。

◆**主なOB**　中村奨吾《しょうご》（ロッテ）、西浦直亨《なおみち》（ヤクルト）、関本賢太郎（元阪神）、門田博光（元南海・オリックスなど）、鈴木康友（元巨人・西武など）、現ソフトバンクコーチ）。

◆**入学の目安**　多くの野球部員が該当するⅢ類は、偏差値41前後。

◆**系列校**　天理大（阪神大学連盟）、天理教校学園高校は別に存在。

◆**備考**　ラグビー部やホッケー部も強豪。

関《かん》西《ぜい》 特 ［岡山県岡山市］

歴史と伝統の上に立つ自信で再び全盛を迎える

甲子園出場 実現度 ★★★★☆

学校の歴史、野球部の歴史ともに、岡山県内最古です。甲子園出場こそ戦後の1948年まで待ちましたが、まだ野球の技術そのものが普及していない1890年ごろ、のちに早稲田大野球部をつくる安部磯雄《あべいそお》氏が初代部長を務めていました。こうして、当初から県内の中等野球をリードしていたのです。

95年春と2002年春に、4強進出。11年には春夏連続出場も果たし、夏は4強。県内唯一の私立男子校で、選手は県内出身者が中心ですが、関西地方などからも集まります。

注目データ

◆**甲子園歴** 春12回、夏9回。通算22勝21敗1分。4強3回。
◆**主なOB** 上田剛史《つよし》(ヤクルト)、渡邊雄貴《わたなべゆうき》(DeNA)、児《こ》山祐斗《やまゆうと》(ヤクルト)、森田一成《いっせい》(元阪神)、宮本賢(元日本ハム)。
◆**入学の目安** 普通で偏差値47前後、商業で40～45。国公立進学は61程度。
◆**備考** 体操の森末慎二や水鳥寿思《ひさし》も卒業生。

開星 特 ［島根県松江市］

山陰地区では圧倒的な強さと実績を誇る

甲子園出場 実現度 ★★★★★

初出場は松江第一時代の1993年夏。その後、2001、02年の夏に連続出場。このころから、一気に常連校となりました。

88年の創部時に美術科教諭の野々村直通《なおみち》氏が監督に就任。10年春に出場して初戦敗退した際には、同監督の発言が物議を醸《かも》したことも。07年夏、09年春には、初戦を突破。全国での上位進出を意識するようになりました。松江第一時代に選手として甲子園を経験している山内弘和氏が、12年、監督に就任。00年から開星でコーチを務めており、経験も豊富。野々村野球を継承しています。

注目データ

◆**甲子園歴** 春3回、夏9回。通算3勝12敗。
◆**主なOB** 梶谷隆幸《かじたにたかゆき》（DeNA）、白根尚貴《しらねなおき》（DeNA）。
◆**入学の目安** 総合で偏差値は44～48。
◆**備考** テニス部、体操部、柔道部なども強豪。プロテニスの錦織圭《にしこりけい》も卒業生。

如水館《じょすいかん》 特 [広島県三原市]

ライバル・広陵と競い続けた広商の流れを汲《く》む

甲子園出場実現度 ★★★★☆

母体は三原工と緑ヶ丘女子です。1994年、両校の統合によって、現校名・如水館《じょすいかん》という新校となり、同時に野球部が学校活性化の看板として強化されていきます。

広島商で全国制覇の実績があり、93年から三原工で指揮をとっていた迫田穆成《さこたよしあき》監督が、94年、如水館の指揮官に就任し、2年後の96年夏には、広島県大会で決勝進出。97年から夏は3年連続で甲子園出場を果たし、一気にその存在を全国に示しました。

ベースは、かつて甲子園を沸かせた「広商野球」です。ライバルの広陵が強力打線をつくって力を見せていたこともあり、如水館では、逆に無安打でも得点していくソツのなさというかつての「広商野球」を追求しています。一方で、現在の高校生の意識も考慮。ミスや問題点に対して選手たち自身にどのように対処するのか考えさせるなど、自主的な取り組みを求める指導を行っています。

学校は三原市にあり、県内生がほとんどですが、一部、四国などからの県外生もいます。校名には、「水の如《ごと》く、なくてはならない存在であれ」という意味が込められています。入試のレベルは、それほど高いわけではありません。それだけに、選手を集めてチーム強化をしやすい環境にあるとも言えます。学校としても、一般学生を含め、幅広く生徒を受け入れられる体制となっています。

注目データ

◆**甲子園歴** 春1回、夏7回。通算6勝8敗1分。
◆**主なOB** 田中大輔（中日→オリックス）、柳瀬《やなせ》明宏（ソフトバンク）。
◆**入学の目安** 強化スポーツ選手の多いB類で、偏差値46前後。
◆**備考** チアリーディング部は全国トップレベル。女子駅伝も強豪。

広陵《こうりょう》 特 ［広島県広島市］

地元の有望中学生が憧《あこが》れる伝統校

甲子園出場実現度 ★★★★★

私塾数理学校として創立されたのが1896年で、その後に広陵《こうりょう》と改称。野球部も明治時代に創部されており、第2回大会から地区大会に参加し続けている伝統校です。

1926年春の第3回選抜大会に優勝すると、翌27年は春夏ともに準優勝。29年春、35年春にも準優勝と、戦前に黄金時代を築いています。戦後になって、やや低迷した時期もありましたが、67年夏にも準優勝をしています。

90年、伝統校の再建を任された形で中井哲之《てつゆき》氏が監督に就任すると、翌91年春には65年ぶりの優勝。これが大きな弾《はず》みとなり、チームはさらに整備されていきました。

4年連続出場となった2003年春には、決勝で横浜に15対3と大勝し、3度目の優勝を果たしました。夏も出場し、春夏連覇の期待が高まりましたが、2回戦敗退。偉業達成はお預けとなりました。

07年春は、ベスト8に進出。その年の夏には前年まで3年連続決勝に進出していた駒大苫小牧《とまこまい》を初戦で下すと、準決勝では春の優勝校・常葉菊川《とこはきくがわ》を破って決勝進出。決勝では佐賀北に逆転満塁本塁打を浴びて敗れましたが、その実力は高く評価されました。同時に、この年に伝統のユニフォームの文字色などを変更していたこともすっかり認知されました。

こうした優勝、準優勝を含め、00年以降だけでも甲子園に14回出場。春夏連続出場も、ここ15年間で4度となっています。

かつては広島商と競い合い、県内の野球界の二本柱として両校で切磋琢磨《せっさたくま》しながら、広島のみならず中国地区の高校野球をリードしてきた広陵。しかし、今や頭ひとつ抜け出して、県内ナンバーワンと言っていいでしょう。

原則的には県内出身者が多いのですが、大阪や兵庫など他府県から入学・入部する選手もいます。03

広島の野村祐輔投手は、2007年春夏出場時のエース。女房役は小林誠司捕手(巨人)。

年春の優勝時に高度なノーサイン野球が話題となったように、センスにあふれ、意識も高い選手が多く集まっています。阪神の金本知憲《かねもともあき》監督など、プロ野球界にも多くの人材を送り込んでおり、東京六大学や東都大学連盟校などに進学する選手も多数。

98年から男女共学となり、応援スタンドも華やかになりました。

注目データ

◆**甲子園歴**　春23回、夏21回。通算66勝41敗1分。優勝3回、準優勝6回。4強3回。
◆**主なOB**　金本知憲《かねもともあき》（元広島・阪神、現阪神監督）、新井良太（阪神）、上本博紀《うえもとひろき》（阪神）、野村祐輔《ゆうすけ》（広島）、小林誠司《せいじ》（巨人）、上原健太（日本ハム）、一岡智宏《ともひろ》（元巨人・日本ハム）。
◆**入学の目安**　野球部所属の選手たちが該当する普通Ⅱ類で、偏差値44～45。
◆**備考**　プロボクサーの三迫将弘《みさこまさひろ》や歌手の角川博、お笑い芸人の島田洋七、映画監督の松林宗恵《しゅうえ》など、多彩な卒業生がいる。

明徳義塾《めいとくぎじゅく》 特

［高知県須崎市］

県内ではなく、甲子園で戦うことが大前提

甲子園出場
実現度
★★★★★

中高一貫教育を前提とした全寮制の学校として、明《めい》徳《とく》中が開校されたのが1973年。その3年後に高校が開校し、84年に現校名の明徳義塾《めいとくぎじゅく》に。教職員も含めて寮生活をしているのも特徴です。

全国から野球の逸材を集めて育成し、甲子園大会に進出することも、当初からの方向性にありました。学校運営としても野球部強化は大事な要素だったのです。82年に念願の甲子園初出場。その後、常連校となっていきました。

愛媛県出身で、拓殖大を経て社会人野球の阿部企業の指揮官として日本選手権準優勝経験もある馬淵《まぶち》史郎《しろう》氏が、明徳義塾のコーチを経て、90年、監督に就任。強化を進めていきました。

92年夏の甲子園2回戦で、星稜《せいりょう》の松井秀喜選手に対する5連続敬遠四球が物議を醸《かも》し、すっかりヒール役のイメージがついたこともありました。

県外出身の選手が多く、県内では各校から「打倒・明徳義塾」とターゲットにされ続けています。それでも、2001年夏から甲子園に7季連続出場。02年夏に、悲願の全国優勝という大輪の花を咲かせています。その後、04年春にも4強に進出しています。

卒業後の進路としては、近年、東都大学リーグの拓殖大や専修大に進む選手が多く見られます。中学も強豪で、その段階で県外の生徒も受け入れています。

注目データ

◆**甲子園歴**　春16回、夏17回。通算53勝32敗。優勝1回、4強4回。

◆**主なOB**　伊藤光（オリックス）、森岡良介（ヤクルトなど）、北川倫太郎《りんたろう》（楽天）、石橋良太（楽天）、中田亮二（元中日）、吉川昌宏（元ヤクルト）。

◆**入学の目安**　総合科で、偏差値43前後。

◆**備考**　プロゴルファーの横峯《よこみね》さくら、松山英樹、元横綱・朝青龍《あさしょうりゅう》や大関・琴奨菊《ことしょうぎく》も卒業生。

興《こう》南《なん》 特 ［沖縄県那覇市］

強い沖縄勢の代表格で、春夏連覇も達成

甲子園出場 実現度 ★★★★★

沖縄がまだ日本に返還されていない時代の1968年夏の甲子園は、第50回記念大会。2度目の出場となった興南《こうなん》は、1回戦で岡谷工を下して初勝利を記録。そのまま快進撃を続け、沖縄勢として初の4強進出。判官《ほうがん》びいきの甲子園ファンは、大いに沸きました。当時の主将が、現在の我喜屋優《がきやまさる》監督です。

我喜屋監督が社会人の大昭和製紙などで選手、指導者としての活動を経て、母校の指揮官に就任したのが2007年。その年の夏に24年ぶりの甲子園出場を決めると、09年には春夏連続出場。10年には、春は日大三、夏は東海大相模という関東の名門校を決勝で下し、史上5校目となる春夏連続優勝を果たしました。1日1000本のスイングや、常に2ストライクに追い込まれた状況を想定しての打撃練習を重ねるなど、パワーに加えて柔軟さを持った打線が特徴で、圧倒的な強さを見せつけました。このように、沖縄の高校野球の歴史の中で、2度の大きなエポックをつくっています。15年夏も出場しました。

学校は62年に創立され、85年には中学も開設されました。スポーツが盛んで県内では早くから、アスリートを育成していく学校として、注目されていました。

注目データ

◆**甲子園歴** 春4回、夏10回。通算23勝12敗。優勝2回、4強1回。

◆**主なOB** 友利結《ともりゆい》（元横浜など、現中日コーチ）、仲田幸司《なかだこうじ》（元阪神など）、名幸一明《なこうかずあき》（元大洋など、現セ・リーグ審判員）。

◆**入学の目安** 総合進学で偏差値49前後だが、中学時代の実績を考慮。

◆**備考** ハンドボール部、バスケットボール部、ボクシング部なども強豪で、世界チャンピオンで13度防衛した具志堅用高《ぐしけんようこう》、プロゴルファーの宮里美香《みやざとみか》なども卒業生。

鹿児島実 特

［鹿児島県鹿児島市］

充実の施設、県内一のスポーツ校を誇る

甲子園出場 実現度 ★★★★★

鹿児島県を代表するスポーツエリート校で、「鹿実《かじつ》」の名で全国的に知られます。野球をはじめサッカー、駅伝など注目度の高い人気スポーツで、いずれも全国制覇を成し遂《と》げています。

同校野球部出身の久保克之《かつゆき》監督が、1967年から2002年夏の大会まで指導し、96年春には県勢初の悲願の全国制覇を達成。05年からは宮下正一《しょういち》監督へバトンタッチ。08年夏、10年夏、11年春、15年夏、16年春に甲子園出場を果たしています。ニュー鹿実も、安定した力を発揮し、しっかりと伝統を継承しているようです。

注目データ

◆**甲子園歴**　春9回、夏18回。通算33勝26敗。優勝1回。4強2回。

◆**主なOB**　杉内俊哉《としや》（ダイエー・ソフトバンク→巨人）、本多雄一《ゆういち》（ソフトバンク）、横田慎太郎（阪神）、定岡正二（元巨人）。

◆**入学の目安**　スポーツで、偏差値40前後。

樟南《しょうなん》 特

［鹿児島県鹿児島市］

レベルアップの背景に、ライバル・鹿実《かじつ》の存在

甲子園出場 実現度 ★★★★☆

鹿児島鉄道学校として創立され、1960年に商業科を設置して鹿児島商工に。そのころからほぼ半世紀、ライバルの鹿児島実と競い合ってお互いのレベルを上げてきました。甲子園出場回数、勝利数ともに、ほぼ似たような数字で並んでいましたが、決勝進出を果たしたのは鹿児島実より先で、樟南《しょうなん》に校名変更した直後の94年夏でした（佐賀商に敗れ、準優勝）。99年夏にも4強進出、翌年夏も8強進出と実績をあげ、13年夏にも出場を果たしています。チームとしては、県外からも生徒が集まる土壌はありますが、多くは県内の選手で構成されています。

注目データ

◆**甲子園歴**　春7回、夏18回。通算27勝25敗。準優勝1回、4強1回。

◆**主なOB**　鶴岡慎也（日本ハム→ソフトバンク）、（前田）大和《やまと》（阪神）、青野毅《たけし》（元ロッテ）。

◆**入学の目安**　普通科で偏差値45、商業、工業は40前後。文理、英数は60以上と高い。

北海 特 〔北海道札幌市〕

北海道の歴史と伝統を築いてきた名門校

甲子園出場実現度 ★★★★☆

北海道の高校野球の歴史をつくってきた名門校です。北海英語学校として明治初期に創設され、1905年に道内初の私立中となりました。学制改革後も長いあいだ男子校でしたが、99年に共学化。

1920年夏の第6回大会に初の北海道代表として出場して以来、北海道の野球を引っ張る存在として君臨。60年春には、道勢として初のベスト4進出を果たし、63年春には決勝進出。道民に勇気を与えました。11年春にもベスト8に進出しています。

注目データ

◆**甲子園歴** 春12回、夏36回。通算29勝48敗。準優勝1回、4強2回。

◆**主なOB** 鍵谷《かぎや》陽平《ようへい》(日本ハム)、戸川大輔(西武)、川越誠司(西武)、若松勉(元ヤクルト、元ヤクルト監督)、谷木《たにき》恭平(元中日)、堀田《ほりた》一郎(元巨人)。

◆**入学の目安** 偏差値はコースにより、40~50。共学化に伴《ともな》い、上昇中。

東北 特 〔宮城県仙台市〕

勇気を与えた、2011年春の被災地からの出場

甲子園出場実現度 ★★★☆☆

宮城県内の強豪校として、ライバル・仙台育英と競い合ってきた東北。2003年夏には、ダルビッシュ有投手を擁《よう》し、初の決勝進出。翌04年も、春夏連続出場を果たして、ともに2勝ずつあげています。05年夏も、ベスト8に進出。甲子園でも安定した実績を残すようになっていきました。11年春は、東日本大震災直後で部員も地域の復旧活動に尽力しながらの出場でした。

注目データ

◆**甲子園歴** 春19回、夏21回。通算42勝40敗。準優勝1回、4強2回。

◆**主なOB** ダルビッシュ有(日本ハム→レンジャーズ)、(高井)雄平(ヤクルト)、斎藤隆(元横浜・ドジャース・楽天など)。

◆**入学の目安** スポーツは偏差値38。中学時代に実績のある選手が多い。

◆**備考** フィギュアスケートの五輪金メダリスト・羽生結弦《はにゅうゆづる》や荒川静香、プロゴルフの宮里藍《みやざとあい》なども輩出。

Part3

スポーツ強化中堅校型

野球部など運動部の強化で、学校の認知が進む

八戸《はちのへ》学院光星、青森山田、花巻東、花咲徳栄《はなさきとくはる》、金沢、星稜《せいりょう》、日本文理、霞ヶ浦《かすみがうら》、聖光学院、常葉菊川《とこはきくがわ》、常葉橘《とこはたちばな》、豊川《とよかわ》、近江《おうみ》、中京、白樺《しらかば》学園、木更津総合、二松学舎大付、横浜隼人《はやと》、享栄《きょうえい》、横浜創学館《そうがくかん》、大阪偕星《かいせい》、石見智翠館《いわみちすいかん》、秀岳館《しゅうがくかん》、福知山成美《ふくちやませいび》、日南学園、明豊《めいほう》、楊志館《ようしかん》

少子化が進んでいる中で、私立の学校経営も厳しい状況にあると言われています。対策として、注目度の高い野球で成果をあげて、名前を広くアピールしていこうと考えている学校も数多くあります。そのための野球部強化ですが、まずは有望選手を集めるのが手っとり早いし、効果的だと私立校は考えるのでしょう。県内外を問わず、有望な中学生に声をかけて、好条件で迎え入れていくという「スカウト活動」を行っているところも少なくありません。

もちろん、選手側から自主的に地域外の高校に進む場合もあります。それらを含めて、「野球留学」という形の高校進学が成り立っています。「野球留学」の是非は、高校野球を論ずる場合に必ずと言っていいほど話題になります。それは、多くの人がどこかで、高校野球は地域に根差している、あるいはそうあるべきものだと、考えているからなのでしょう。

このPart3で紹介する学校の多くは、特待生制度を採用。有力選手の力を借りて甲子園に出場し、校

名を広く全国にPRしようという狙いがあります。

前述したように、「野球留学」には否定的な意見もありますが、ほかのスポーツ、とくに個人競技ではもっと県外留学が盛んで、世間も許容しています。卓球の福原愛選手や石川佳純《かすみ》選手も「卓球留学」という形で、高校に通っていました。英才教育が求められるスポーツでは、より良い指導者を求めて、積極的に県外留学が行われています。例えば、ゴルフやフィギュアスケートなどは競技や練習をできる環境が限られているため、有望選手により早く声をかけ、恵まれた環境でそのスポーツに取り組ませるのです。また、選手たちのほうもそれを望みます。ただ、そうした競技人口が少ない個人競技と、地域代表をアピールして注目度も高い高校野球は、同列に論じづらい部分もあります。

しかし、野球でも、2011年5月に特待生制度が正式に容認され、野球留学への一定の公的な考え方が示された形となり、世間の見方も一部変わりました。このPart3では、そんな環境下で頑張り、「野球エリート育成校」ほどではないものの、ある程度の成果が出てきている学校を紹介していきます。

強化策が実を結び、近年は福島県の甲子園出場枠をほぼ独占している聖光学院。

八戸《はちのへ》学院光星 特［青森県八戸市］

甲子園で3大会連続準優勝は輝かしい記録

甲子園出場
実現度
★★★★★

青森県八戸《はちのへ》市は人口24万人ほどの中堅都市です。そこにある、光星学院から2013年に校名変更した八戸学院光星に、関西などの有望な野球選手たちが甲子園を目指して集まってきています。大阪出身の金沢成奉《せいほう》監督（現・明秀《めいしゅう》日立監督）を1995年に招聘《しょうへい》して野球部強化に取り組んだ際に、同監督に地縁のある関西出身の選手なども積極的に迎え入れるようになりました。

3年連続夏の青森県大会決勝敗退など甲子園に手が届きそうで届かない苦しい時期もありましたが、97年に甲子園春夏連続出場。以降は、青森山田と甲子園出場を競い合っています。2000年夏には4強進出。翌01年夏と03年夏も8強に進出するなど、「甲子園で勝てる青森勢」として定着してきました。

そして、東日本大震災に見舞われた11年春の甲子園にも出場。苦しい環境の中でも普段どおりに戦い、青森県民を勇気づける勝ち星をあげました。そして、八戸へ戻ってからも、県外出身者も多い中、自分たちのもう1つの地元を復興させていこうというひたむきな姿勢が、県民の共感を呼びました。10年に金沢監督が勇退し、コーチを務めていた仲井宗基《むねもと》氏が監督に就任。新体制となって、2年目という時期でした。野球だけではなく、「社会に通用する人間に育てる」という方針で選手を指導していたことが、地域貢献という形になって、あらわれたのでしょう。

全国でも上位クラスの地力を見せたのは、校名が光星学院時代の最後の年（12年）でした。11年夏に準優勝という結果をおさめ、翌12年も春夏ともに決勝まで勝ち上がりながら、いずれも大阪桐蔭《とういん》に敗北。春夏連覇を果たした強豪校にとっても難敵で、「戦うたびに強くなってきていた」という印象を大阪桐蔭側に与えていました。3大会連続で甲子園の決勝に進出するのは、史上初めてのことでした。

近年は、新校名で14年春から3季連続出場。11年からの2年連続春夏連続出場をはじめとして、16年春までの11大会のうち、8大会で甲子園に姿を見せています。新校名となってからも、すでに4度出場。すっかり認知されています。

学校創立は、1956年。いったん閉校となったこともありましたが、再建後、今日に至っています。

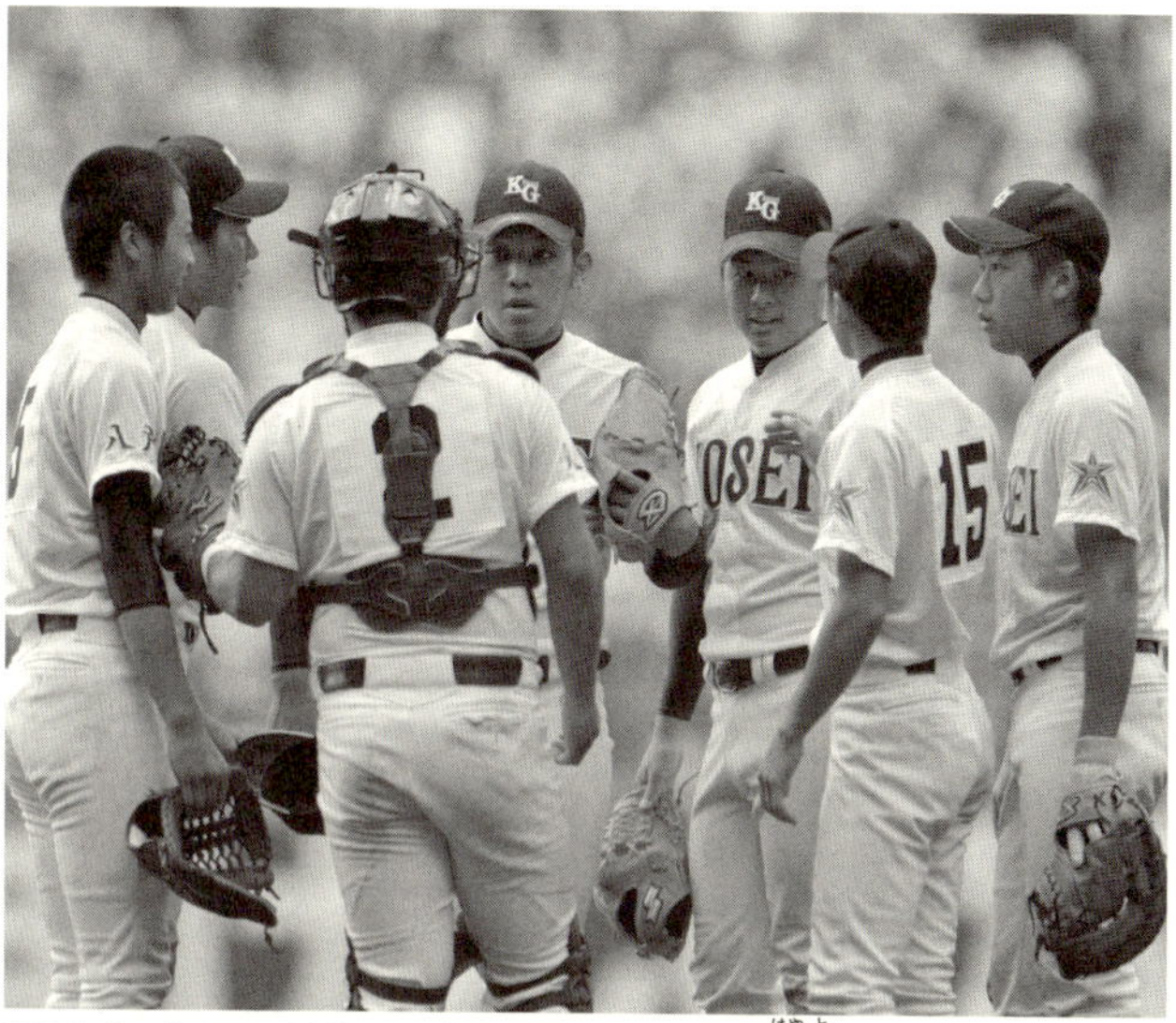

関西中心に集められ、強化された有望選手たち。OBの坂本勇人《はやと》選手（巨人）も兵庫出身。

注目データ

◆**甲子園歴**　春9回、夏7回。通算26勝16敗。準優勝3回、4強1回。

◆**主なOB**　坂本勇人《はやと》（巨人）、北條史也《ふみや》（阪神）、田村龍弘（ロッテ）、川上竜平（ヤクルト）、松崎伸吾（元楽天など）、下沖勇樹《しもおきゆうき》（元ソフトバンク）。

◆**入学の目安**　普通科で偏差値39～40。

◆**系列校**　八戸《はちのへ》学院大（北東北大学連盟）。八戸学院野辺地《のへじ》西も八戸学院大の系列校。高卒後に入学する専攻科（自動車科、看護科）も併設。

◆**備考**　レスリング部も強豪で、五輪銀メダリストの赤石光生《あかいしこうせい》も卒業生。サッカー部も全国大会に何度も出場している。

青森山田 特 ［青森県青森市］

中学部のシニア登録で、「疑似」中高一貫指導

甲子園出場実現度
★★★★☆

前身は、大正時代に設立された裁縫学校ですが、青森山田学園が母体となって運営するようになったのが1962年。これが学園としての規模拡大となりました。現在は青森市内を中心に、幼稚園、専門学校、短大から大学までを抱える一大学園に。当初から中学野球部をシニアチームとして登録し、小学生を対象に青森山田リトルも結成しています。

創部は54年ですが、本格的に強化されたのは80年代以降。着実に、県内で実績を重ねていきました。甲子園初出場は93年夏で、95年夏には初勝利。99年夏には、九州学院、東福岡、日田林工《ひたりんこう》と九州勢を撃破し、ベスト8に進出。2004年から09年までは、毎年春夏どちらかに出場しました。

中学へ野球留学生として入り、中高一貫で青森山田のユニフォームを着続ける選手も数多くいます。15年8月から指揮をとっている兜森崇朗《かぶともりたかあき》監督も、青森山田から青森大を卒業し、青森山田シニア（青森山田中）で指導という経歴。まさに青森山田学園ひとすじの野球人です。

15年は秋季東北大会を制し、明治神宮大会と11年ぶり2回目のセンバツ出場（16年春）を果たしました。八戸学院光星との2強として、青森県内では突出した存在となっています。

注目データ

◆**甲子園歴**　春2回、夏10回。通算11勝12敗。
◆**主なOB**　吉田一将《かずまさ》（オリックス）、柳田将利《やなぎだまさとし》（元ロッテ）。
◆**入学の目安**　特進コースもあり、偏差値の幅は広いが、スポーツは35～40。
◆**系列校**　青森大（北東北大学連盟）。
◆**備考**　サッカー部、陸上競技駅伝も、海外留学生などで成果を出している。卓球日本代表の福原愛、水谷隼《じゅん》、Jリーグの柴崎岳《しばさきがく》も卒業生。

花巻東 特 【岩手県花巻市】

相次ぐ逸材輩出で、一躍注目校に

甲子園出場実現度 ★★★★☆

　花巻商業専門学院が前身ですが、1956年に花巻商として創立。82年に谷村学院と統合して現校名となりました。花巻商時代の64年夏に、甲子園出場を果たしています。その後はしばらく低迷しましたが、90年夏に復活。甲子園に姿を見せました。

　県内でも本格的に注目される存在となってきたのは、佐々木洋《ひろし》氏が、2001年、監督に就任してから。黒沢尻《くろさわじり》北、国士舘大を卒業後、横浜隼人《はやと》などでコーチ経験を積み、そこで得た人脈なども活用。花巻東監督として多くの試合を組み、力をつけていきました。

　05年夏、07年夏の出場時は初戦敗退でしたが、菊池雄星《ゆうせい》投手を擁《よう》した09年に躍進。春は初戦で鵡川《むかわ》、2回戦で明豊《めいほう》をいずれも完封するなどの快進撃を見せ、決勝に進出。今村猛《たける》投手がエースとして君臨する清《せい》峰《ほう》との投手戦は、0対1で敗れ、準優勝。しかし、大会史上に残る、好投手同士の投げ合いでした。夏も出場しベスト4。一気に全国区となりました。

　さらに2年後の11年夏にも出場を果たすと、12年春にも出場。13年夏は済美《さいび》、鳴門などを下し、ベスト4。15年夏もベスト8と、出場すれば上位に進出しています。

　比較的県内出身の選手が多いということもあり、地元での人気もあります。09年オフには菊池投手、12年オフには大谷翔平《しょうへい》選手と、相次いでドラフト1位選手を生んだことでも注目を集めました。

注目データ

◆**甲子園歴**　春2回、夏8回。通算14勝10敗。準優勝1回、4強2回。

◆**主なOB**　大谷翔平《しょうへい》（日本ハム）、菊池雄星《ゆうせい》（西武）、岸里亮佑《きしさとりょうすけ》（日本ハム）、高橋樹也《みきや》（広島）。

◆**入学の目安**　特進コースもあるが、体育推薦など幅広い。

◆**備考**　女子駅伝や水泳部なども健闘している。

花《はな》咲《さき》徳《とく》栄《はる》 特

【埼玉県加須《かぞ》市】

佐藤栄《さとえ》学園の筆頭格として引っ張る

甲子園出場 実現度 ★★★★☆

埼玉県内だけではなく、北海道にも系列校を持つ学校法人佐藤栄《さとえ》学園の中核校で、同学園の野球部の中では、最も成果をあげているのがこの花咲徳栄です。

創立は1983年で、同時に創部。当初から強化部として全国出場を視野に。しかし、関東大会へは出場するものの、なかなか甲子園には届きませんでした。2000年、練習試合中に稲垣人司《ひとし》監督が亡くなるという悲しい出来事もありました。それを乗り越え、コーチの岩井隆氏が、翌01年、監督に就任。その夏に甲子園初出場を果たしました。

花咲徳栄《はなさきとくはる》の名を全国に知らしめたのは、03年春。準々決勝で東洋大姫路と延長15回引き分け。再試合でも、延長の末、5対6で惜敗という激闘でした。15年夏も、優勝した東海大相模と3対4の好試合。底力を印象づけました。16年春にも出場しています。

学校は、東武伊勢崎線の花崎駅から徒歩10分ほどの場所に位置。「1部活1施設」が学校のモットーとなっていて、それぞれの部活動が専用練習場を持っています。系列の平成国際大も施設の充実ぶりでは定評があり、関甲新学生野球リーグ戦の会場にもなっています。野球部には、2階建ての観覧席付きの専用球場があり、また、左翼後方には「徳栄ドーム」と呼ばれる室内練習場も併設しています。

注目データ

◆**甲子園歴** 春4回、夏3回。通算6勝7敗1分。

◆**主なOB** 根元俊一（ロッテ）、若月健矢《けんや》（オリックス）、大瀧愛斗《おおたきあいと》（西武）。

◆**入学の目安** 内申で5科15か、9科28が推薦基準。偏差値は、科によって、42～62と幅がある。

◆**系列校** 平成国際大（関甲新学生連盟）、佐藤栄《さとえ》学園グループ校（埼玉栄《さかえ》、栄北《さかえきた》、栄東《さかえひがし》、北海道栄《さかえ》など）。

◆**備考** 女子硬式野球部も強豪。ボクシングの元世界王者・内山高志も卒業生。

金沢 特 ［石川県金沢市］

歴史と伝統を背負う県内の老舗《しにせ》

甲子園出場実現度 ★★★★☆

石川県内では1960年代から台頭し、62年夏に甲子園初出場。64年春には甲子園初勝利も記録し、8強進出。70年代からは、県内のライバル的な存在でもある星稜《せいりょう》と競い合ってきました。伝統的に好投手を生むことで知られています。

星稜が、甲子園ファンのあいだで語り継がれるような試合を数多く演じているのに対し、金沢は、94年春に中野真博《まさひろ》投手が史上2人目となる完全試合を達成。「記録」の面で、甲子園の歴史に名を刻んでいます。それから2016年春までの時点で、甲子園では完全試合は記録されていません。

石川県最初の旧制私立中学として1928年に創立されましたが、野球部は現校名となった学制改革時に創部。58年から共学校となり、多くの運動部も好成績をあげてきました。

中野投手の完全試合は、81年からコーチをしていた浅井純哉《すみや》氏が93年夏に樺木義則《かばきよしのり》監督から指揮官を引き継いだ直後の甲子園初采配というタイミングでもありました。以降、浅井監督体制下では、春夏合わせて14回の出場。選手のほとんどは県内出身者という特色もあります。甲子園では春に3回、ベスト8まで進出していますが、1大会で3勝以上という実績がなく、星稜以上に強くアピールするためには、これが次の目標となっています。

注目データ

◆**甲子園歴**　春9回、夏13回。通算15勝22敗。

◆**主なOB**　釜田佳直《かまたよしなお》（楽天）、大松尚逸《おおまつしょういつ》（ロッテ）、高須洋介（元近鉄・楽天、現DeNAコーチ）。

◆**入学の目安**　スポーツは、偏差値47前後。

◆**備考**　相撲部も伝統があり、大相撲の元横綱・輪島大士《わじまひろし》や、元・大翔山《だいしょうやま》の追手風《おいてかぜ》親方がOB。女子ソフトボールの五輪金メダリストの坂井寛子《ひろこ》も卒業生。

星稜《せいりょう》 特 ［石川県金沢市］

幾多《いくた》のドラマと伝説を残す「北陸の雄《ゆう》」

甲子園出場
実現度
★★★★☆

今でも名勝負として語り継がれているのが、1979年夏の3回戦です。延長に入って2度までもリードしながら、その都度、本塁打で追いつかれるという息詰まる展開。結局、延長18回にサヨナラ負けを喫してしまいます。星稜《せいりょう》に競り勝ち、勢いづいた箕島《みのしま》は、春夏連覇を果たしました。

それから13年後の92年夏、2回戦の明徳義塾《めいとくぎじゅく》との試合。星稜の注目の4番打者・松井秀喜選手が5打席連続で敬遠されたことで、甲子園が騒然となりました。さらに3年後の95年夏、初戦で県岐阜商を下すと、関西《かんぜい》、金足農《かなあし》、智弁学園を倒し、北陸勢初の全国制覇への期待の中、決勝進出。結果的には、帝京に一歩及びませんでした。しかし、こうした甲子園での輝かしい歴史を背負って、躍進する北陸勢の旗頭として、全国区の存在となっていきました。

学校創立は戦前の1932年で、小さな簿記学校が母体です。その後、分離改称などを重ねて、62年に現校名となり、同時に創部しています。山下智茂氏が67年、監督に就任し、星稜の飛躍の礎《いしずえ》を築きました。2005年春の甲子園出場を最後に、山下監督が勇退して総監督となり、北川良監督で07年夏にも出場。その後、サードの松井秀喜選手と三遊間を組んでいたOBの林和成氏が、11年、監督に就任。

注目データ

◆**甲子園歴**　春11回、夏17回。通算24勝28敗。準優勝1回、4強2回。

◆**主なOB**　松井秀喜（元巨人・ヤンキースなど。国民栄誉賞受賞）、西川健太郎（中日）、島内宏明（楽天）、岩下大輝《だいき》（ロッテ）、小松辰雄（元中日）。

◆**入学の目安**　一般偏差値は幅が広く、55～67前後まで。

◆**系列校**　金沢星稜《せいりょう》大（北陸大学連盟）。

◆**備考**　サッカー日本代表の本田圭佑《けいすけ》もOB。

日本文理 特

［新潟県新潟市］

強烈な印象を残した、2009年夏決勝の猛追

甲子園出場 実現度 ★★★★★

高校野球では最も勝利数が少ない新潟県でしたが、2009年夏に日本文理が決勝進出を果たしたことで、新潟県勢も全国で上位に進出できるのだと勇気を与えました。しかも、決勝戦では9回二死走者なしから連打で追い上げて5点を返し、一打同点という場面まで迫ったことで多くの人を感動させました。

その後も甲子園では実績をあげています。14年に春夏連続出場を果たすと、夏には1回戦で大分、2回戦では東邦を下すなどして、ベスト4に進出。すっかり全国区の強豪となっています。

学校としては比較的新しく、1984年に新潟文理として創立され、同時に創部。2年後には、学校法人が日本文理学園に譲渡されたことによって、現校名に。野球部は、早稲田大出身の大井道夫氏を監督に招聘《しょうへい》したこともあって、80年代末ごろには、県内で上位に進出するようになりました。

甲子園初出場は97年夏。その後は02、04年夏にも出場しています。そして、06年春には、県勢のセンバツ初勝利を記録して8強。09年には、春夏連続出場。夏に決勝進出を果たしたのは、前述のとおりです。

選手は、南北に長い新潟県のほぼ全域から集まっています。10年冬には、雪国のハンデを克服する待望の室内練習場も完成し、練習環境は整ってきました。指導者歴の長い大井監督は、選手のモチベーションを引き出すことに定評があります。

注目データ

◆**甲子園歴**　春5回、夏8回。通算11勝13敗。準優勝1回、4強1回。

◆**主なOB**　飯塚悟史《さとし》(DeNA)、髙橋洸《こう》(巨人)、吉田篤史《あつし》(元ロッテなど、現オリックスコーチ)。

◆**入学の目安**　偏差値は、40くらいから。

◆**備考**　柔道部、陸上部、ソフトボール部、水泳部などの活動も活発。

霞《かすみ》ヶ《が》浦《うら》 特 ［茨城県稲敷《いなしき》郡阿見《あみ》町］

2015年に、「6度目の正直」で悲願達成

甲子園出場 実現度 ★★★☆☆

２００８年から、夏の茨城県大会の決勝で敗れること、７年間で５度。これだけ甲子園に近づきながら、あと一歩届かない悔しさ、もどかしさを何度も味わってきたのが霞《かすみ》ヶ《が》浦《うら》です。「悲運を背負ったチーム」などと地元では言われました。

そんな壁を突破したのが15年夏でした。「感無量ですが、となりで部長が泣くものですから、私は泣けませんでした」という高橋祐二監督の言葉が、甲子園出場を果たした喜びと、それまでの苦闘の重さをあらわしていました。それくらいに、甲子園は遠かったのです。

学校創立は１９４６年で、前身は霞ヶ浦農科大学校併設の実業校。その後、49年に普通科と農業科を併設する男子校に。しかし、55年に農業科が廃止されました。また、茨城県では唯一の男子校となっていましたが、04年に共学に。女子生徒が入ってきたことで、チア・ダンス部などがつくられ、学校には華やかさも出てきたと言われています。

中高一貫システムの大規模校ですが、中学から県内のほかの高校への進学を目指すコースを設置するなど、ユニークな学び方が特色となっています。高校としても、各大学へ進める指定校枠が多いことで人気があります。

注目データ

◆**甲子園歴**　春1回、夏1回。通算2敗。
◆**主なOB**　綾部翔《かける》（DeNA）。
◆**入学の目安**　特進コースなどもあるので、偏差値は幅広い。
◆**備考**　レスリング部は全国的な強豪で、アトランタ五輪銅メダリスト・太田拓弥《たくや》をはじめ、高塚紀行《のりゆき》、稲葉泰弘《やすひろ》など世界選手権のメダリストほか、ヨットの日本代表・中村健次も輩出。バレーボール部も全国大会出場実績がある。

聖光学院 特

［福島県伊達《だて》市］

全国の頂点も見据《みす》える県内の絶対実力校

甲子園出場
実現度
★★★★★

男子校の聖光学院工業として創立されたのが、1962年でした。74年に普通科を設置して77年に現校名となり、79年に共学化。

学校創立翌年に同好会から正式に野球部がスタートし、10年経過したあたりから、徐々に強化が図られ、2001年夏に悲願の甲子園初出場を決めました。04年夏に初勝利を記録。翌05年夏も出場。07年春夏以降は、福島県の甲子園出場校は21世紀枠を除くと、聖光学院が独占しています。08年夏、10年夏、14年夏にはベスト8に進出するなど全国レベルの強豪チームに。東京六大学や東都大学リーグなどの名門大学でプレーを続ける選手も多くいます。

注目データ

◆**甲子園歴**　春4回、夏12回。通算18勝16敗。

◆**主なOB**　横山貴明（楽天）、歳内宏明《さいうちひろあき》（阪神）、園部聡《そのべさとし》（オリックス）、八百板卓丸《やおいたたくまる》（楽天）。

◆**入学の目安**　一般偏差値は、43～45。

◆**備考**　サッカーも強化部として活動。

常《とこ》葉《は》菊《きく》川《がわ》 特

［静岡県菊川市］

甲子園に革命を起こした2007～08年の躍動

甲子園出場
実現度
★★★☆☆

高校野球に変革をもたらしたと言われたのが、2007～08年にかけての本校の活躍でした。果敢な攻撃野球は、高校野球の新しい形を示しました。

常葉《とこは》短大菊川《きくがわ》として、1972年に創立。76年に共学化され、現校名に。野球部強化にも注力し、07年春には積極果敢な攻撃野球で、一気に全国の頂点に。その年は、夏も4強進出。安定した強さを見せました。翌08年も春夏連続で甲子園出場。「攻めまくる野球」で決勝進出を果たしています。近年は、13年に春夏連続出場。

注目データ

◆**甲子園歴**　春4回、夏4回。通算16勝7敗。優勝1回、準優勝1回、4強1回。

◆**主なOB**　田中健二朗（DeNA）、桑原樹《くわはらたつき》（広島）、門奈哲寛《もんなてつひろ》（元巨人）。

◆**入学の目安**　普通進学コースで50～52、特進で59前後。

◆**系列校**　常葉大（東海地区大学）、常葉橘《たちばな》、常葉学園静岡リハビリテーション専門学校。

常《とこ》葉《は》橘《たちばな》 [静岡県静岡市]

県内有数規模の常葉《とこは》学園グループの中核

甲子園出場
実現度
★★☆☆☆

1963年に男子校として創立され、87年に全学科で共学に。創立と同時に、創部。2007年秋には、東海大会4強進出で、念願の甲子園出場に手が届きかけたときもありました。コーチだった黒澤学氏が、09年、監督に就任し、同年夏に甲子園初出場で2勝。翌年も連続出場を果たしました。近年も、県内の大会では上位の常連校です。16年4月から、小林正具《まさと》監督が再就任しました。16年も春季県大会を制し、東海大会でも優勝しています。系列の中学野球部も強豪で、全国優勝の経験も。中高一貫は学校の方針でもあり、普通科に加えて、英数科でも理系進学の実績があります。

注目データ

◆**甲子園歴**　夏3回。通算2勝3敗。
◆**主なOB**　庄司隼人《はやと》（広島）、木村聡司《さとし》（広島）。
◆**入学の目安**　英数59、特進53から普通45程度まで。
◆**系列校**　常葉大（東海地区大学）、常葉菊川《きくがわ》、常葉学園リハビリテーション専門学校。

豊《とよ》川《かわ》 特 [愛知県豊川市]

悲願の甲子園初出場でいきなり4強

甲子園出場
実現度
★★☆☆☆

曹洞宗《そうとうしゅう》の円福山豊川閣妙厳寺《えんぷくざんとよかわかくみょうごんじ》が母体です。1946年に創部。2003、04年夏に、愛知県大会決勝に進出。秋季東海大会にも数度駒を進めるなど、甲子園初出場も早くから視野に入ってきていました。そして、今井陽一氏が13年に監督に就任すると、13年春の21世紀枠に最終選考で落選したくやしさをバネに、14年春に悲願の初出場。初戦で日本文理を延長戦の末に破り、その勢いで4強進出を果たしました。15年夏も県大会でベスト4。近年、県大会では安定した力を見せています。両翼100mの専用球場に加えて室内練習場も完備するなど、施設は充実しています。

注目データ

◆**甲子園歴**　春1回。通算3勝1敗。
◆**主なOB**　森福允彦《まさひこ》（ソフトバンク）、内藤尚行《なおゆき》（元ヤクルトなど）、森谷昭仁《もりたにあきひと》（元近鉄・楽天）、白井康勝（元日本ハム・広島）。
◆**入学の目安**　スポーツ選抜で、偏差値45。
◆**備考**　水泳部も強豪で、リオ五輪代表の今井月《るな》も在学中。

近江《おうみ》 特 [滋賀県彦根市]

2001年夏の準優勝で全国区に

甲子園出場 実現度 ★★★★☆

前身は、株式会社オーミケンシの社員の近江《おうみ》実習工業学校。系列女子校を統合して、定時制でスタート。56年から全日制に。甲子園へは創部24年目の81年夏に初めて出場を果たし、初戦突破も達成。平安と龍谷《りゅうこく》大で捕手を務めていた多賀章仁《たがあきと》氏が、89年、監督に就任。徐々に戦力も整備され、県内では最も安定した実績を誇る学校になっていきました。2001年夏には、全国準優勝。盆地にあるため坂道なども多く、琵琶《びわ》湖の砂浜もあるので、冬場の下半身強化には最適です。

注目データ

◆**甲子園歴** 春4回、夏11回。通算13勝15敗。準優勝1回。
◆**主なOB** 小熊凌祐《おぐまりょうすけ》(中日)、植田海《うえだかい》(阪神)、木谷寿巳《きたにひさし》(元楽天)、島脇信也《しまわきしんや》(元オリックス)、竹内和也(元西武)。
◆**入学の目安** スポーツコースは、偏差値40程度。
◆**備考** バレーボール部も男女とも県内有力校で、女子はVリーグ入りした選手も多い。

中京 特 [岐阜県瑞浪《みずなみ》市]

軟式が歴史的試合で注目されたことも刺激

甲子園出場 実現度 ★★☆☆☆

愛知県の中京大中京とは準系列校で、1963年に創立。中京商の名称の時代を経て、2001年に、再び現校名に。中京大中京との区別のため、「岐阜中京」の呼称も。73年春の初出場から合計10回、甲子園へ。近年も、県大会では、15年秋季大会準優勝。16年春季大会4強の好成績。選手の多くは体育科所属。

注目データ

◆**甲子園歴** 春5回、夏5回。通算8勝10敗。◆**主なOB** 松田宣浩《のぶひろ》(ソフトバンク)、城所龍磨《きどころりゅうま》(ソフトバンク)。◆**入学の目安** 偏差値は体育で39、商業で41程度。

白樺《しらかば》学園 特 [北海道河西《かさい》郡芽《め》室町《むろちょう》]

冬季スポーツの強豪校だが、野球も頑張る

甲子園出場 実現度 ★★★★☆

1990年にOBで札幌大でも活躍した戸出《といで》直樹氏が監督に就任して以降、徐々に戦力を強化しました。2006年夏に初出場を果たし、道内の強豪校の仲間入り。11年夏にも出場し、鳥取商から初勝利を記録。15年夏も出場するなど、コンスタントに実績を残す存在となっています。

注目データ

◆**甲子園歴** 夏3回。通算1勝3敗。◆**入学の目安** 学校の偏差値は38程度。普通科体育コースも設置。◆**備考** スピードスケートでは、清水宏保など多くの有力選手を生んでいる。

木更津総合 特 ［千葉県木更津市］

今や千葉県の筆頭格としてすっかり安定

甲子園出場実現度 ★★★★☆

男子校の木更津中央として1963年に創立され、同時に創部。4年後には共学校となりました。71年春に甲子園に初出場。いきなりベスト4に進出して注目されましたが、そののち、やや低迷します。2003年には系列の清和女子短期大付を統合し、現校名に。その年の夏に、千葉県大会を勝ち進み、夏の初出場を飾りました。また、本番でも初戦で金沢に勝利。その後も、08年夏と、12、13年夏に連続出場。15、16年と、今度は春に連続出場を果たすなど、安定した成績を誇っています。

注目データ

◆**甲子園歴** 春3回、夏4回。通算10勝7敗。4強1回。
◆**主なOB** 井納翔一《いのうしょういち》（DeNA）、髙橋慎之介（巨人）、与田剛《つよし》（元中日など、現楽天コーチ）、古屋英夫（元日本ハムなど、現阪神コーチ）。
◆**入学の目安** 偏差値は特進が52～56、総合が40～46。
◆**系列校** 清和大（千葉県大学連盟）。

二松学舎大付 特 ［東京都千代田区］

宿願の夏の出場を果たし、またステップアップ

甲子園出場実現度 ★★★☆☆

1982年春、甲子園で準優勝。夏は、東京大会の決勝で敗れること9度。2002年からは3年連続東東京大会決勝で敗退。壁を破ったのが、14年夏。都内や近県から選手が集まり、投手育成には定評あり。15年秋、16年春は都大会準優勝。

注目データ

◆**甲子園歴** 春5回、夏1回。通算5勝6敗。準優勝1回。◆**主なOB** 鈴木誠也《せいや》（広島）、小杉陽太（DeNA）、竹安大知《たけやすたいち》（阪神）、初芝清（元ロッテ）。◆**入学の目安** 学校の偏差値は51程度。推薦資格は内申が3科10で、9科に1がないこと。

横浜隼人《はやと》 特 ［神奈川県横浜市］

タイガース似のユニで注目集めた「ハマトラ軍団」

甲子園出場実現度 ★★☆☆☆

学校創立は1977年で、当初は、隼人《はやと》の校名。93年に現在の横浜隼人となりました。グラウンドは校舎に隣接。腰を低くして行うグラウンド整備も有名。2009年夏、悲願の初出場。阪神タイガース似のユニフォームも人気。

注目データ

◆**甲子園歴** 夏1回。通算1勝1敗。◆**主なOB** 小宮山慎二（阪神）、宗佑磨《むねゆうま》（オリックス）。◆**入学の目安** 偏差値は普通で53程度だが、中学の活動実績などで考慮あり。◆**備考** 軟式野球部、水泳部、剣道部も県上位。女子野球部もある。

享栄《きょうえい》 特 【愛知県名古屋市】

愛知「私学4強」の4番目から浮上狙う

戦前からの強豪。1983年春には藤王康晴《ふじおうやすはる》選手（元中日）が11打席連続出塁を記録。近藤真一（真市）投手（元中日）らプロ選手も多く輩出。甲子園は2000年春以来、不出場。79〜05年に指揮をとった大ベテランの柴垣旭延《しばがきあきのぶ》監督が、13年に再就任し、翌14年の秋季県大会で準優勝。再浮上を目指しています。

甲子園出場 実現度 ★★☆☆☆

注目データ ◆**甲子園歴** 春11回、夏8回。通算18勝19敗1分。4強1回。◆**主なOB** 金田正一《まさいち》（元国鉄・巨人、元ロッテ監督）、大島洋平（中日）。◆**入学の目安** 偏差値は、特進で52、商業、機械で38程度。

横浜創学館《そうがくかん》 特 【神奈川県横浜市】

甲子園未出場ながらも、数多くのプロ選手輩出

甲子園には届いていませんが、プロ野球選手の輩出ということでは、横浜商工時代から定評があります。これは、横浜高出身の森田誠一《せいいち》監督が、選手の個々の資質や将来性を考慮しながら、しっかりした進路指導をしている成果です。

甲子園出場 実現度 ★★☆☆☆

注目データ ◆**甲子園歴** なし。◆**主なOB** 秋山翔吾《しょうご》（西武）、坂田遼《りょう》（西武）、石井裕也《ゆうや》（日本ハムなど）、高橋徹《とおる》（元ソフトバンク）、早坂圭介（元ロッテ）。◆**入学の目安** 総合進学は内申5科14で推薦資格。学校の偏差値は40〜45。

大阪偕星《かいせい》 特 【大阪府大阪市】

激戦区から初出場を果たした2015年夏

激戦地区で、2015年夏に初出場を果たし、話題に。熱血指導で知られる山本晳《せき》監督が「大阪一の練習量」と自負する厳しい練習の成果と言われました。1929年に此花《このはな》商として創立され、73年に此花学院となり、13年から現校名に。学校からバスで30分くらいのところに専用球場があります。

甲子園出場 実現度 ★★☆☆☆

注目データ ◆**甲子園歴** 夏1回。通算1勝1敗。◆**主なOB** 姫野優也《ひめのゆうや》（日本ハム）。◆**入学の目安** 偏差値は40〜45。スポーツコースは指定クラブの推薦生徒のみが受験可能。◆**備考** ハンドボール部も全国レベル。

石見智翠館《いわみちすいかん》 特 【島根県江津《ごうつ》市】

「江《ごう》の川《かわ》」からの校名変更も定着か

創立は1907年ですが、その後に江津《ごうつ》女子と合併し、64年に江の川となりました。66年に創部。75年に甲子園初出場。88年夏にベスト8、2003年夏にはベスト4に進出。09年に現校名に変更され、13年夏と、15年夏に出場。選手は、大阪などからも数多く集まってきています。

甲子園出場 実現度 ★★★☆☆

注目データ ◆**甲子園歴** 春1回、夏9回。通算5勝10敗。4強1回。◆**主なOB** 谷繁元信《たにしげもとのぶ》（元中日など、現中日監督）、戸根千明《とねちあき》（巨人）。◆**入学の目安** 偏差値は、特進が55、その他は45〜48。

秀岳館《しゅうがくかん》 特 ［熊本県八代市《やつしろ》］

強烈な印象を残した2016年春の強力打線

甲子園出場実現度 ★★★★☆

八代《やつしろ》町立代用実業補習学校として創立されたのが１９２３年。その後、八代商などの名称を経て、63年に八代第一、２００１年に現校名に。その年の夏に悲願の初出場を果たし、初戦で春の優勝校・常総《じょうそう》学院を下す快挙。14年には社会人野球や少年野球（枚方《ひらかた》ボーイズ）で指揮官としての経験がある鍛冶舎巧《かじしゃたくみ》監督を招き、「3年で全国制覇」を掲《かか》げました。16年春に出場した甲子園では、その言葉どおり、躍進。強力打線を看板として、ベスト8に進出しました。今後も期待が持てます。

注目データ

◆**甲子園歴**　春2回、夏1回。通算4勝3敗。
◆**主なOB**　国吉佑樹《くによしゆうき》（横浜・DeNA）、遠山奨志《とおやましょうじ》（元阪神・ロッテ）、松中信彦（元ダイエー・ソフトバンク）。
◆**系列校**　中九州短大（鍛冶舎巧《かじしゃたくみ》監督が副学長）。
◆**備考**　校内に専用グラウンドを保有し、寮も併設。
◆**入学の目安**　偏差値は40～46。

福知山成美《ふくちやませいび》 特 ［京都府福知山市］

自由奔放《ほんぽう》さで、ライバル・平安に対抗してきた

甲子園出場実現度 ★★★☆☆

京都の強豪・龍谷《りゅうこく》大平安のライバル的な存在として、長く対抗し続けてきています。母体は明治時代初頭の私塾で、１９４２年に福知山商となりました。甲子園初出場は99年夏。翌年には現校名に変更。２００６年夏に、甲子園でベスト8に進出しています。以降08年夏、09年春、13年夏、14年春と出場し、常連校に。ベースとなる奔放《ほんぽう》な野球を築いたのが田所孝二《たどころこうじ》監督でしたが、16年春から岐阜第一へ異動。前部長の井本自宣《さだよし》氏が後任監督となっています。

注目データ

◆**甲子園歴**　春2回、夏4回。通算7勝6敗。
◆**主なOB**　桑原将志《まさゆき》（DeNA）、島本浩也《ひろや》（阪神）、柳田殖生《やなぎだしげお》（DeNAなど）、横山徹也《てつや》（元近鉄・オリックス・楽天）。
◆**入学の目安**　アカデミーコースから総合コースまで、偏差値は45～60と幅広い。
◆**備考**　２００９年に、女子硬式野球部が誕生。全国でも珍しい、ビーチバレーコートを保有。

日南学園 特 ［宮崎県日南市］

幾多のプロ選手を生んだ、九州の素材の宝庫

甲子園出場 実現度 ★★★★☆

日南経済専門学院を母体とし、日南商を経て、1982年、現校名に。日南商時代に創部されましたが、実績をあげたのは80年代後半から。東海大での指導経験もある小川茂仁監督を92年に迎え、本格的な強化体制へ。95年春に初出場を果たすと、2勝して8強入り。以降、8強進出が3度。今や県内だけではなく、九州を代表する強豪校となっています。明治大を経て社会科教員として母校に赴任《ふにん》していた金川豪一郎《きんかわごういちろう》氏が、2007年、監督に就任。11年夏、14年夏、16年春に出場を果たしています。

注目データ

◆甲子園歴 春5回、夏7回。通算11勝12敗。
◆主なOB 寺原隼人《はやと》（ソフトバンクなど）、中﨑雄太《なかざきゆうた》（西武）、中﨑翔太《しょうた》（広島）、井手正太郎（DeNAなど）、信樂晃史《しがらきあきふみ》（ロッテ）、赤田将吾《しょうご》（元西武など、現西武コーチ）、有馬翔《ありましょう》（元ソフトバンクなど）。
◆入学の目安 偏差値は理数で55、特進で52、看護、調理、普通で40～45。

明豊《めいほう》 特 ［大分県別府市］

新しい「大分の雄《ゆう》」となりえるか

甲子園出場 実現度 ★★★★☆

明治後期に豊州《ほうしゅう》女学校として創立。その後、現体制に。野球部は別府大付のものを継承。柳ケ浦《やなぎがうら》で指揮官として実績のあった大悟法《だいごぼう》久志監督が、2002年に就任。09年夏はベスト8。その後、智弁和歌山で選手として全国制覇も経験した川崎絢平《じゅんぺい》氏が、12年、監督に就任。15年夏にも出場。

注目データ **◆甲子園歴** 春2回、夏5回。通算8勝7敗。**◆主なOB** 今宮健太（ソフトバンク）、城島《じょうじま》健司（元ソフトバンク、阪神など）。**◆入学の目安** 偏差値は、普通で40程度。

楊志館《ようしかん》 特 ［大分県大分市］

初出場ベスト8で、脚光浴びる

甲子園出場 実現度 ★★☆☆☆

1947年に後藤簿記・珠算塾として創立されたのが母体。6年後に高校に昇格し、大分桜丘《さくらがおか》。96年に現校名となり、野球部も強化。2003年夏、大分県大会決勝進出。07年夏に甲子園初出場。初戦で高知を下すと、3回戦でも開星を倒し、ベスト8。九州対決となった準々決勝では長崎日大に屈したものの、強い印象を残しました。2度目の出場を狙っています。

注目データ **◆甲子園歴** 夏1回。通算2勝1敗。**◆主なOB** （甲斐《かい》）拓也（ソフトバンク）**◆入学の目安** 偏差値は41～44。

Part4

文武分業進学校型

同一校内で、学問・運動それぞれの英才教育を行う

大阪桐蔭《とういん》、智弁和歌山、智弁学園、沖縄尚学《しょうがく》、桐光《とうこう》学園、桐蔭《とういん》学園、春日部《かすかべ》共栄、新潟明訓《めいくん》、成田、佐《さ》久長聖《くちょうせい》、土佐、高知、広島新庄、東福岡、三重、札幌第一、創価、京都成章《せいしょう》、前橋育英、金光《こんこう》学園、文徳《ぶんとく》、九州学院、延岡《のべおか》学園、平塚学園

教育の役割・目的の1つに、優れた能力のある生徒を育て、いっそう才能を伸ばしていくということがあります。それは、勉学の面もさることながら、身体教育という部分の「体育」の面においても同じです。つまり、「文(学問)」と「武(運動)」のそれぞれにおいて、優れた人材を育成していくということ。それを同一の学校で担っていこうという方針が明確なのが、このPart4のカテゴリーに挙げた学校です。

多くの場合、特別進学クラスとスポーツクラスが分けられていて、「文」のスペシャリスト、「武」のスペシャリストを、それぞれ別のカリキュラムで育成していくスタイルです。

その先駆者的な存在が、1970年ごろから、学問と甲子園実績を高めていった、神奈川県の桐蔭《とういん》学園でした。さらに80年代ごろ、追随《ついずい》するように智弁和歌山が、「文武分業」の成果をあげていきました。

学校側は、進学実績の面では、東大、京大を筆頭とした国公立大や早慶など難関私学への合格者を増

やし、自校の評価を高めることを目指します。その一方、スポーツの全国大会で実績をあげることでもイメージアップを図り、学校の存在を広くアピールしていきます。

これらの学校の野球部は、いずれも施設に恵まれています。専用球場はもちろんのこと、室内練習場や合宿所などもしっかりと備えられているところがほとんどです。加えて、指導体制も充実。少数精鋭に絞った入部システムを採用している一方で、入ってきた選手たちに対しては進学面までも含め、徹底して面倒を見ていきます。入り口と出口をしっかりと整備することで、生徒や保護者の信頼を得ているのです。大学野球や、さらにその上のステージでもハイレベルな成績を残し、野球界をリードしている卒業生も数多くいます。

なお、このPart4に属する高校の学費は、比較的高い傾向があります。そのためか、家庭環境に恵まれた生徒が多いようです。

神奈川県の桐蔭《とういん》学園は、学業とスポーツの両面の実績をトップクラスに引き上げた先駆者的存在。

大阪桐蔭《とういん》 特 ［大阪府大東市《だいとう》］

21世紀以降、圧倒的戦力を誇る全国的強豪

甲子園出場
実現度
★★★★★

ここ15年の実績で、圧倒的な存在となっている大阪桐蔭《とういん》。甲子園での勝利数もさることながら、高い能力を持つ選手が豊富に揃《そろ》っていて、プロ野球界へも数多くの人材を送り出しています。

大阪産業大高校大東校舎として１９８３年に設立され、その後、現校名となって独立分離したのが88年。91年に男子校から、共学となっています。

甲子園初出場は91年春で、いきなり和田友貴彦《ゆきひこ》投手のノーヒットノーランなどで8強入り。そして同年夏には、初出場ながら準々決勝で強豪・帝京に大勝するなど勝ち抜き、沖縄水産との決勝へ。乱打戦を制し、初優勝を果たしました。

報徳学園、関西大で捕手として活躍した西谷浩一《にしたにこういち》氏が、大阪桐蔭での7年間のコーチを経て、98年、監督に就任。その後、一時的に監督を離れていたこともありましたが、２００４年に復帰。05年夏に4強入りを果たすと、翌06年夏、07年春にも出場。スケールの大きなチームで優勝候補に挙げられましたが、06年夏は早稲田実、07年春は常葉菊川《とこはきくがわ》と、いずれも優勝校に敗れました。

しかし、08年夏には強力打線が火を噴《ふ》いて、3回戦で東邦、準々決勝で報徳学園、準決勝では横浜と、常連校を撃破。決勝では前年春に敗れた常葉菊川に対し、21安打で17点を奪い、大勝。17年ぶりの優勝を飾りました。伝統校や強豪校を軒並み圧倒し、強い大阪桐蔭を強烈に印象づけました。

そして、再び圧倒的な強さを見せたのが、12年春。初戦で大谷翔平《しょうへい》投手を擁《よう》した花巻東に快勝すると、九州学院、浦和学院、健大高崎を危なげなく下し、決勝でも光星学院に快勝しました。さらに同年夏も、優勝候補筆頭の位置づけで他校からマークされながら、準々決勝では天理、準決勝では明徳義塾《めいとくぎじゅく》と、全国制

覇の実績がある強豪校を次々と撃破。決勝は春と同じ顔合わせになりましたが、藤浪晋太郎《しんたろう》投手が光星学院を完封して、春夏連覇を達成。14年夏も、明徳義塾、健大高崎などを圧倒し、決勝では粘る三重に競《せ》り勝ち、2年ぶりの優勝を果たしています。

藤浪晋太郎《しんたろう》投手（阪神）、森友哉《ともや》捕手（西武）の活躍で、2012年に春夏連覇達成。

学校の進学コースの実績も一気に上がり、近年は、京大に40人前後の合格者を出すなど、「文武分業システム」が見事に機能しています。進路に応じて、Ⅰ～Ⅲ類にコースが分かれているのが特徴で、野球部はラグビー部、ゴルフ部、卓球部、サッカー部、吹奏楽部など体育・芸術系の多く集まるⅢ類の所属です。

注目データ

◆**甲子園歴** 春8回、夏8回。通算45勝11敗。優勝5回、4強2回。

◆**主なOB** 中田翔《しょう》（日本ハム）、平田良介（中日）、藤浪晋太郎《しんたろう》（阪神）、森友哉《ともや》（西武）、中村剛也《たけや》（西武）、浅村栄斗《ひでと》（西武）、岩田稔《みのる》（阪神）、西岡剛《つよし》（阪神など）、西田直斗《なおと》（阪神）、辻内崇伸《つじうちたかのぶ》（元巨人、現・女子プロ野球コーチ）、今中慎二（元中日）。

◆**入学の目安** 偏差値はⅠ類で67前後だが、スポーツのⅢ類は37程度と幅広い。

智弁和歌山 特

［和歌山県和歌山市］

エリート育成の理念に基づき、文武で強化体制

甲子園出場
実現度
★★★★★

奈良県の智弁学園の兄弟校として設立されたのが、1978年。翌79年に創部され、80年に、智弁学園で指揮をとっていた高嶋仁《ひとし》氏が異動してきて、監督に就任。このころから、「文武分業」の学校方針が明確に。進学面のほか、野球部の強化体制も整えられ、85年春に甲子園初出場を果たします。6度目の出場の93年夏に初勝利。翌94年春には、初戦で秋田を倒すと、横浜、宇和島東、PL学園と、優勝実績のある強豪を相次いで下し、初優勝を成し遂《と》げています。

以来、2006年までのわずか12年間で、春夏合わせて決勝進出が6回、ベスト4が2回と黄金時代を築きました。圧巻は、00年夏。6試合すべてで7点以上をあげ、2ケタ得点が3試合。圧倒的な打撃力での優勝でした。

当然ながら、県内ではぬきんでた強さを誇る存在で、3度目の全国優勝を果たした00年以降でも7度の春夏連続出場。05年以降の夏は7年連続出場を果たしています。常勝軍団として、全国で勝てるチームを目指しています。近年も、14年春、15年夏に出場。

選手は基本的に、複数のポジションをこなすことが求められます。これは、毎年選《よ》りすぐられた10人の選手だけが入部できる「超少数精鋭主義」のため、限られた人数で試合をこなしていく必要があるからです。1学年10人程度なら、すべての選手に目が行き届くという高嶋監督の指導方針に沿ったエリート育成教育にもなっています。1～3年生合計でも30人ですから、いろんなポジションを試してみることで、選手の新たな可能性の開発にもつながっていきます。

選手は、各学年2～3人が大阪府など近隣の県外生ですが、大多数は県内出身者。これも高嶋監督の「地元出身選手が多いほうが、地域から受け入れられやすいだろう」という配慮からのようです。

学校としては、中高一貫を基本とするコースでの進学実績も著《いちじる》しく、毎年、東大や京大をはじめ、大阪大、神戸大、名古屋大などの難関国立大や、大阪市立大、大阪府立大などの公立大にも多くの合格者を出しています。そのほか、早慶、関関同立などの関東、関西の難関大学にも多数の生徒を送り込んでいる、県内屈指の進学校です。

野球部の場合、突出した選手ならば、ドラフト指名を受けて、高校から直接のプロ入りもあります。しかし基本的には、野球を続けられる大学への進学を目標としています。

甲子園ではおなじみの赤文字のユニフォーム。少数精鋭でのチーム編成も特徴。

注目データ

◆**甲子園歴**　春11回、夏21回。通算56勝29敗。優勝3回、準優勝3回、4強2回。

◆**主なOB**　西川遥輝《はるき》（日本ハム）、武内晋一《しんいち》（ヤクルト）、坂口真規《まさき》（巨人）、岡田俊哉《としや》（中日）、中谷仁《なかたにじん》（元巨人）。

◆**入学の目安**　一般偏差値は65以上だが、スポーツクラスに関しては別枠。内申書3・5以上が目安だが、中学時代の実績重視。

◆**系列校**　智弁学園。

智弁学園 特 ［奈良県五條市《ごじょう》］

2016年春、ついに全国制覇を達成

甲子園出場
実現度
★★★★☆

弁天宗《べんてんしゅう》によって、1965年に創立され、同時に創部。学校は五條《ごじょう》市の小高い丘の上に位置。中高一貫教育の6年制と、難関国立大を目指す特別進学コースである高校のみの3年制があります。特別進学コースでは、近年は東大、京大、阪大など難関国立大への進学実績もあがってきています。

野球部は全員がスポーツコースに在籍し、部員は厳選され、3学年で40～50人前後となるのが通例です。創部3年目の68年夏には甲子園初出場を果たすなど、比較的早い段階で成果をあげました。その後、76年から連続出場を果たし、77年春には4強。

95年夏にも4強に進出。そのときの主将で、卒業後は法大、松下電器（現パナソニック）で活躍した小坂将商《こさかまさあき》氏が、コーチを経て、2006年、監督に就任。07年夏には、甲子園出場を果たし、2勝するなど、さらに実力校としての地盤を固めていきました。

しかし、系列校の智弁和歌山が3度全国制覇を果たしているのに対し、14年夏の出場も1回戦で敗退。ここまで甲子園では決勝進出もありませんでした。創立はこちらが先という兄貴分でありながら、野球部の実績はおくれをとっていたわけですが、16年春、ついに壁を突破しました。

準決勝は龍谷《りゅうこく》大平安、決勝は高松商といった名門相手に、いずれもサヨナラ勝ち。悲願を達成しました。小坂監督は、「智弁は、和歌山だけではない」ことを示せたと喜びを語っています。

注目データ

◆**甲子園歴**　春10回、夏17回。通算32勝26敗、優勝1回、4強2回。

◆**主なOB**　岡本和真《かずま》(巨人)、枡田《ますだ》慎太郎(楽天)、岡崎太一(阪神)、廣岡大志《ひろおかたいし》(ヤクルト)、青山大紀《だいき》(オリックス)。

◆**入学の目安**　一般は偏差値60前後だが、スポーツは中学の実績重視。

沖縄尚学《しょうがく》 特 ［沖縄県那覇市《なは》］

沖縄の高校野球に、新たな歴史を築く

甲子園出場実現度 ★★★★☆

沖縄県の勢力を興南《こうなん》と二分する存在と言っていい強豪校が、沖縄尚学《しょうがく》です。県内では他に先駆け、中高一貫の進学校という方針となりました。特別進学コースと体育コースを併設して、「文武分業」の形を構築。特進コースでは進学実績をあげていく一方、体育コースの看板でもある野球では、同県悲願の全国制覇を、興南《こうなん》よりも先の1999年春に達成しました。また、甲子園初出場は創立6年目の、校名が当初の「沖縄高」の時代の62年夏で、これも興南より先でした。

その後、68年春にも出場しますが、以降はしばらく低迷期が続きます。そして、83年には現校名に。92年夏、30年ぶりに甲子園へ復活。

愛知県の弥富《やとみ》（現・愛知黎明《れいめい》）を甲子園に導いた金城孝夫《きんじょうたかお》監督（現・長崎日大監督）が98年に就任したことが、翌99年春の県勢初の全国制覇につながります。この優勝時のエースで、愛知学院大を卒業後、社会科教諭として母校へ赴任していた比嘉公也《ひがこうや》氏が、2006年、監督に就任。08年春、指揮官としてチームを甲子園に導きます。そして、聖光学院、明徳《めいとく》義塾《ぎじゅく》、天理、東洋大姫路といった実績のある強豪校を撃破し、2度目の優勝を果たしました。

全校生徒は1100人程度で、野球部員は各学年30人前後です。

注目データ

◆**甲子園歴**　春6回、夏7回。通算21勝11敗。優勝2回。

◆**主なOB**　東浜巨《ひがしはまなお》（ソフトバンク）、伊志嶺翔《いしみねしょう》大《た》（ロッテ）、嶺井博希《みねいひろき》（DeNA）、比屋根渉《ひやねわたる》（ヤクルト）、真喜志康永《まきしやすなが》（元近鉄、現楽天コーチ）、安仁屋宗八《あにやそうはち》（元広島）、比嘉寿光《ひがとしみつ》（元広島）。

◆**入学の目安**　偏差値は、一般に該当する国際文化で52、体育で47程度。

桐《とう》光《こう》学園 特 ［神奈川県川崎市］

目標としていた桐蔭《とういん》学園を、今や凌駕《りょうが》

甲子園出場 実現度
★★★☆☆

「光《ひかり》」と「蔭《かげ》」。類似の校名であり、野球だけでなく、ほかの運動部や進学実績など、学校全体としても先を行く桐蔭《とういん》学園と、長く比較されてきました。追いつけ追い越せという姿勢でしたが、近年は文武において、互角以上になったと言っていいでしょう。それに伴《ともな》って、県内でのイメージもアップしていき、人気校となっています。

創立は1978年で、創部も同時でした。中学も併設しており、中・高合わせて3000人前後の生徒がいるマンモス校。当初は新鋭校として苦戦が続いていた野球部でしたが、野呂雅之《のろまさゆき》氏が早稲田大を卒業してすぐの84年に監督就任。環境の整備から始めて、少しずつ実績を残せるようになっていきました。県内では横浜などの壁に阻まれていましたが、2001年春、悲願の甲子園初出場。02年には、県の決勝へ進むこと4度目で、夏の初出場を果たしました。「あえて完璧《かんぺき》は求めない」という、気持ちをリラックスさせる野呂監督の柔軟な指導方針も特徴です。12年夏の甲子園で、松井裕樹《ゆうき》投手が1試合22奪三振の大会記録を樹立したことで話題にもなりました。

小田急多摩線・栗平《くりひら》駅から徒歩12分で、グラウンドは校舎に併設。スポーツ推薦枠などで毎年15人前後が入部。大学進学を進路目標と定めている選手がほとんどで、東京六大学や、青山学院大、中央大、国士舘大など東都リーグの強豪校へ数多く進みます。

注目データ

◆**甲子園歴** 春1回、夏4回。通算8勝5敗。

◆**主なOB** 松井裕樹《ゆうき》（楽天）、伊東亮太《りょうた》（楽天）、東條大樹《とうじょうだいき》（ロッテ）。

◆**入学の目安** 推薦基準は内申平均3以上で、中学時代の野球実績重視。一般偏差値は60～65。

◆**備考** サッカー部も強豪で、元日本代表の中村俊輔もOB。バスケットボール部も強豪。

桐《とう》蔭《いん》学園

［神奈川県横浜市］

「スポーツと勉学」の「分業校」の先駆け

甲子園出場
実現度
★★★☆☆

学校創立は1964年。のちに、中学校、小学校、幼稚園も開校。さらに大学も設立され、総合学園となっています。「文武分業スタイル」で徹底した成果をあげている私立の中で、いち早く東大合格者と高校野球全国優勝を実現した、先駆者的な存在です。

4000人前後のマンモス校であり、その中のスポーツコースには、野球部や全国トップレベルのラグビー部などの生徒が入学してくるのです。

野球部は、66年に創部。71年夏、甲子園初出場初優勝を果たし、一気に全国に知られました。広大なキャンパス内に、ネット裏には観戦用のスタンドも設けられている専用球場を保有。加えて、内野のダイヤモンド程度の広さの室内練習場があります。併設された桐《とう》蔭《いん》横浜大の野球部が午前中に専用球場を使用し、午後からは高校が使用するというシステムです。2003年春以来、甲子園から遠ざかっているものの、13年春季県大会に優勝し、関東大会8強。復活出場が期待されます。ドラフトで指名されて高卒でプロ入りするようなことがない限り、野球部のほとんどの選手が大学進学を目指しています。

注目データ

◆**甲子園歴**　春5回、夏6回。通算16勝10敗。優勝1回、4強1回。

◆**主なOB**　高橋由伸《よしのぶ》（元巨人、現巨人監督）、鈴木大地（ロッテ）、茂木《もぎ》栄五郎（楽天）、平野恵一《けいいち》（元阪神・オリックス、現阪神コーチ）

◆**入学の目安**　一般入試の偏差値は理数で68、普通で63と高いが、スポーツ推薦は技能実績重視。

◆**系列校**　桐《とう》蔭《いん》横浜大（神奈川大学連盟）は、明治神宮大会優勝（2012年）も経験。

◆**備考**　ラグビー部は花園の常連で、11年には全国優勝。専用グラウンドを有するサッカー部や、柔道部、軟式野球部も強豪。和太鼓部も有名。

春《かす》日《か》部《べ》共栄 特

［埼玉県春日部市］

埼玉の大規模校として、多くの人材輩出

甲子園出場 実現度 ★★★☆☆

1980年に創立し、同時に創部。88年には関東大会に進出し、着実に実績をあげていきました。本多利治《としはる》監督が母校・高知をイメージして導入した、エンジ系のユニフォームも定着。91年に春夏甲子園初出場を果たし、2年後の93年夏には準優勝。97年春夏、05年夏、14年夏にも出場。五輪選手も多く輩出し、このころから進学実績も上昇、県内では、文武両面で評価が高まっていきました。進学コースのほうは、東大を目指す選抜クラス、一般の普通科クラスなどに分かれています。したがって、進路指導は幅広いレベルに対応しています。

注目データ

◆**甲子園歴** 春2回、夏5回。通算10勝7敗。準優勝1回。

◆**主なOB** 中村勝（日本ハム）、斉藤彰吾《しょうご》（西武）、土《ど》肥《い》義弘《よしひろ》（元西武など、現西武コーチ）、小林宏之（元ロッテなど）。

◆**入学の目安** 単願推薦は内申5科20だが、中学時代の実績で若干考慮あり。一般偏差値は60～65。

新潟明《めい》訓《くん》

［新潟県新潟市］

『ドカベン』でも知られた、新潟の人気校

甲子園出場 実現度 ★★★☆☆

大正時代の私塾の夜間中学が前身。1948年の学制改革で現校名となり、そのころに創部。84年、佐藤和也氏の監督就任をきっかけに強化され、91年夏に甲子園初出場、さらに93年夏、96年春と、コンスタントに出場を重ねました。2004年の校舎移転の際、専用グラウンドを学校敷地内に隣接させ、利便性の向上が図られました。07年夏には花巻東、甲府商を下し、甲子園で2勝。10年夏には初のベスト8。12年夏にも出場しています。この年を最後に佐藤監督は勇退し、大学野球（新潟医療福祉大）の指導者に転身。現在は、同校のコーチをしていた本間健治郎氏が監督。進学実績も高いものがあります。

注目データ

◆**甲子園歴** 春1回、夏7回。通算7勝8敗。

◆**主なOB** 小林幹英《かんえい》（元広島、現広島コーチ）。

◆**入学の目安** 一般は偏差値63。スポーツ推薦は幅がある。

◆**備考** 水島新司の野球マンガ『ドカベン』のモデル校としても知られる。

成田 [千葉県成田市]

県内2番目の歴史を持つ学校の誇り

甲子園出場実現度 ★★☆☆☆

1898年に創立された、県内2番目の歴史を誇る伝統校。初出場は、1946年の夏（甲子園が米軍接収のため、西宮球場で変則的に開催）。翌47年夏も出場し、優勝した小倉に敗れますが、ベスト4進出。また、52年夏にもベスト4に進出しています。しかし、その後、55年夏を最後に、やや低迷。次は90年夏まで待つことに。2006年に春初出場を果たしたころから、再び県内の上位校となり、10年夏には初戦で智弁和歌山を下すと、一気にベスト4まで進出。13年、15年夏の千葉県大会はベスト8まで勝ち上がっています。また、国公立に毎年50名前後の合格者を出すなど、進学実績も県内上位です。

注目データ

◆**甲子園歴** 春2回、夏7回。通算11勝9敗。4強3回。
◆**主なOB** 唐川侑己《からかわゆうき》（ロッテ）。
◆**入学の目安** 偏差値は、特進が60〜65、スポーツ推薦は45〜50。
◆**備考** 陸上部も強豪で、増田明美や室伏広治《むろふしこうじ》も輩出。

佐久長聖《さくちょうせい》 特 [長野県佐久市]

文武に秀《ひい》でた信州の雄《ゆう》

甲子園出場実現度 ★★★★☆

当初は佐久《さく》高として、1964年に創立。中学を併設した95年に現在の校名となり、中高一貫教育の推進校に。東大や各校の医学部などトップクラスの進学を目指すⅠ類、スポーツ・文化の分野で実績をあげることを目指すⅡ類（野球部員が所属）、中高一貫で普通科に該当するⅢ類といった各クラスに分けられています。校名変更前年の94年夏に甲子園初出場で4強入り。現校名となった翌95年夏にも出場。県内出身者だけでなく、新潟、群馬など隣接県から入部する選手もいます。PL学園で前田健太らを育てた藤原弘介《こうすけ》監督が2012年に就任し、同年夏と14年夏に出場しています。

注目データ

◆**甲子園歴** 春1回、夏6回。通算6勝7敗。4強1回。
◆**入学の目安** 野球部の所属するⅡ類で偏差値55〜58だが、推薦は中学時代の実績を考慮。
◆**備考** 駅伝部は、全国大会の常連。女子バスケットボール部、スケート部、水泳部も強豪。

土佐 【高知県高知市】

全力疾走と文武分業で、一世《いっせい》を風靡《ふうび》

甲子園出場 実現度 ★★☆☆☆

土佐中として、1920年に創立。中高一貫の6年制教育を実践しながら、文武の実績をあげている私学として、創立当初から全国的にも注目されていました。53年夏に浪華《なにわ》商、中京商などを下して決勝進出。松山商に延長13回で敗退。しかし、その戦いぶりや、相手と遜色《そんしょく》ない実力から、「優勝旗なき優勝校」と賞賛されました。同時に、東大や慶大などの難関校にも多くの合格者を出していることで、文武がどちらも優れている学校としても称《たた》えられました。甲子園では64年春にベスト4。66年春も準優勝し、翌67年夏もベスト8。その後、数回出場したあと、93年春を最後に遠ざかりますが、21世紀枠代表として2013年に選出され、復活。16年春にも出場。

注目データ

◆**甲子園歴**　春8回、夏4回。通算15勝12敗。準優勝2回、4強1回。

◆**入学の目安**　偏差値65以上。

◆**備考**　俳優の北村総一朗も卒業生。

高知 【高知県高知市】

中高両方で「明徳義塾《めいとくぎじゅく》の壁」と戦いながらも健闘

甲子園出場 実現度 ★★★★☆

1899年に、前身の江陽学舎が創立され、名称変更を重ね、1956年に現校名に。幼稚園から短大までの一大学園として文武に実績。64年夏、4度目の甲子園出場で全国優勝を果たし、67年春にも準優勝。75年春にも東海大相模を破って優勝。代々、打力が光り、「黒潮打線」として有名に。2006年秋は四国大会を制し、明治神宮大会も優勝。同じ高知県の室戸に、神宮枠出場をもたらしました。07年春夏、08年夏、09年夏、10年春、12年春、13年春と、強豪・明徳義塾《めいとくぎじゅく》を抑え、出場を果たしています。系列の高知中野球部も、明徳義塾中とライバル関係にあります。

注目データ

◆**甲子園歴**　春17回、夏13回。通算34勝28敗。優勝2回、準優勝1回、4強1回。

◆**主なOB**　二神一人《ふたがみかずひと》（阪神）、和田恋《れん》（巨人）、木下拓哉《たくや》（中日）。

◆**入学の目安**　外部からの高校入学は、偏差値47が目安。

広島新庄 特 ［広島県山県《やまがた》郡北広島町］

広島県に現れた新勢力として注目

甲子園出場 実現度 ★★★☆☆

野球で台頭してきたのは比較的最近ですが、1909年に前身の学校が設立されています。県北の伝統校としての歴史は長く、地域では進学実績も高く評価されていました。立命館大、近畿大など、関西有力私大への合格者も増加中で、近年は、東大、京大などの難関国公立大合格者も出ています。野球部は広島商でも指揮官を務めた迫田守昭《さこだもりあき》監督を2007年に招いて強化され、14年春に初出場。翌15年夏も出場して、春夏両方での甲子園出場を果たし、それぞれで初戦を突破しています。16年の春季広島県大会でも、ベスト8に進出。

注目データ

◆**甲子園歴** 春1回、夏1回。通算2勝2敗1分。

◆**主なOB** 永川勝浩《かつひろ》（広島）、田口麗斗《かずと》（巨人）。

◆**入学の目安** 一般偏差値55前後、スポーツ系49。

◆**備考** 入学早々に、全生徒の新入生合宿が実施される。スポーツ奨学生の制度も設けられている。歌手の堂珍嘉邦《どうちんよしくに》も卒業生。

東福岡 特 ［福岡県福岡市］

サッカー、ラグビー、男子バレーでも高い実績

甲子園出場 実現度 ★★☆☆☆

1945年に創立され、現在は、1学年800人以上の生徒を抱えるマンモス校。多彩な人材を送り出しています。初の甲子園出場は93年夏。98年は春に初勝利を記録し、夏も出場。その後、2001年春と07年夏にも出場。最近も県大会では15年夏がベスト16、15年秋がベスト8。ただ、男子バレーボール、ラグビー、サッカーなどが全国トップクラスの実績を誇っているため、野球部が甲子園に出場しただけでは、校内での評価はそれほど高まらないのかもしれません。16年度の九州大の合格者数は23名と、進学実績も良好です。

注目データ

◆**甲子園歴** 春2回、夏4回。通算4勝6敗。

◆**主なOB** 村田修一（横浜→巨人）、田中賢介《けんすけ》（日本ハムなど）、吉村裕基《ゆうき》（横浜→ソフトバンク）、伊藤義弘（ロッテ）。

◆**入学の目安** 特進で偏差値60前後。学業の成績やスポーツの実績に応じて支援レベルがランク分けされた奨学生制度あり。

三重 特 ［三重県松阪市］

光る2014年夏の準優勝！ 中京大中京と同系列校

甲子園出場 実現度 ★★★★☆

全国一の甲子園勝利数と優勝回数を誇る中京大中京と同じ系列となる、学校法人梅村学園傘下《さんか》の高校です。創立は1961年で、同時に創部。当初から、甲子園出場を意識して強化され、69年春には全国優勝。その後は、進学実績強化と並行していく体制に。野球部の実績はやや低迷した時期もありましたが、90年春に復活出場。そして、3季連続出場となった2014年夏には、初戦で広《こう》陵《りょう》を延長で下すと、大垣日大、沖縄尚学《しょうがく》などの強豪校も破って準優勝。全国にアピールしました。

16年度は名古屋大8人、東大1人、京大2人と、難関大学の合格者を出し、進学実績もあげています。

注目データ

◆**甲子園歴** 春12回、夏12回。通算25勝23敗。優勝1回、準優勝1回。

◆**入学の目安** 一般偏差値54前後、スポーツ系49。

◆**系列校** 中京大（愛知大学連盟）、中京大中京。楽天・則本昂大《のりもとたかひろ》の出身校・三重中京大は13年に閉校。

札幌第一 特 ［北海道札幌市］

文武で躍進著《いちじる》しい、北海道の新鋭校

甲子園出場 実現度 ★★★☆☆

学校法人希望学園が男子校として創立したのが1958年ですが、67年から共学校となっています。当初は航空工学科も併設されていました。野球部は90年ごろから道大会進出などの実績を出し始め、2002年夏に甲子園初出場。その後は09年夏と12年夏に出場し、15年の秋季大会では5度目の道大会決勝を制し（秋季は初優勝）、翌16年の春初出場につなげています。専用球場、人工芝の室内練習場、筋トレルームも保有。近年は、進学コースの生徒を中心として、地元の国立大学・北海道大に30人以上の合格者を出すなど、進学実績も高まっています。

注目データ

◆**甲子園歴** 春1回、夏3回。通算1勝4敗。

◆**主なOB** 高梨利洋《たかなしとしひろ》（元ヤクルト）。

◆**入学の目安** 一般偏差値56前後、スポーツ系49。

◆**備考** 男子バレーボール部も全国大会出場実績がある。陸上十種競技の日本代表・右代啓祐《うしろけいすけ》、元ZONEの長瀬実夕《みゆ》も在籍。

創価 特 ［東京都小平市］

充実した練習環境のもと、久々の出場を目指す

宗教系の学校として1968年に創設。83年夏に甲子園初出場。95年夏は8強にも進出。13年夏の西東京大会4強。都内でも有数の専用球場を保有。東大合格者も輩出するなど、系列大学以外の選択肢もあり、進学実績も高評価です。

甲子園出場 実現度 ★★★☆☆

注目データ ◆**甲子園歴** 春3回、夏5回。通算5勝8敗。◆**主なOB** 栗山英樹（元ヤクルト、現日本ハム監督）、小谷野《こやの》栄一《えいいち》（日本ハム→オリックス）。◆**入学の目安** 一般偏差値は70前後と高いが、野球部などは、中学時代の技能実績を考慮。

京都成章《せいしょう》 特 ［京都府京都市］

1998年夏の準優勝で、全国にも知られる

男子校として1986年に創立され、同時に野球部も創部（2003年に共学化）。甲子園初出場は、95年夏。春夏連続出場の98年は、夏に準優勝。近年は京都府大会で龍谷《りゅうこく》大平安らに続く第2グループにつけており、甲子園への可能性は秘めています。進学クラスは関関同立などの合格で、メディカルスポーツクラスは各運動部の活躍で、実績をあげています。

甲子園出場 実現度 ★★☆☆☆

注目データ ◆**甲子園歴** 春2回、夏2回。通算5勝4敗。準優勝1回。◆**入学の目安** 一般偏差値58前後、スポーツ系49。

前橋育英 特 ［群馬県前橋市］

2013年夏の全国制覇達成で新たな歴史

初出場は2011年春。その2年後の13年は夏初出場で全国制覇を達成しました。学校法人群馬育英学園が1962年に男子校として創立し、70年に共学化、76年には体育コースを設置。指定校推薦枠を各大学に多く持つなど、早くから文武分業的な教育に取り組んでいました。16年春は関東大会優勝。

甲子園出場 実現度 ★★★★☆

注目データ ◆**甲子園歴** 春1回、夏1回。通算6勝1敗。優勝1回。◆**主なOB** 髙橋光成《こうな》（西武）。◆**入学の目安** 一般偏差値52前後、スポーツ系47。◆**備考** サッカー部も、全国レベル。

金《こん》光《こう》学園 特 ［岡山県浅口市］

宗教系の特色を生かした人間教育

前身は1894年設立の神道金光《しんとうこんこう》教会学問所。1948年に金光学園となり、「心の教育を土台にした人間教育」を継承しています。中高一貫システムで、特進（探究）クラスで難関校への対策を高1あたりから指導。2016年度は国公立大合格者55名。野球部は、甲子園未出場ですが、15年秋季岡山県大会に優勝、中国地区大会でも8強進出と、躍進中。

甲子園出場 実現度 ★★☆☆☆

注目データ ◆**甲子園歴** なし。◆**入学の目安** 一般偏差値は、60前後。◆**備考** 男子バレーボール部は、全国大会出場実績がある。

文《ぶん》徳《とく》 特 ［熊本県熊本市］

県大会準優勝で、復活気配

前身は、1949年設立の「君が淵電波塾」。数度の改称後、系列の熊本工業大（2000年、崇城《そうじょう》大に改称）設立に伴《ともな》い、67年、熊本工業大高の校名に。創部は66年で、78年夏に甲子園初出場を果たしています。96年に文徳《ぶんとく》と改称し、翌97年夏、鮮やかな青の新ユニフォームで出場（現在は薄いグレー）。15年夏、16年春の熊本県大会準優勝。東京六大学などに進学者多数。

注目データ ◆**甲子園歴** 夏2回。通算2勝2敗。◆**入学の目安** 偏差値は、コースによって41～59と幅が広い。

甲子園出場 実現度 ★★☆☆☆

九州学院 特 ［熊本県熊本市］

最初のタテジマ校!? 九州の老舗《しにせ》としての自負

ルーテル教会を母体として、1910年創立。当初は男子校（91年、共学化）。甲子園初出場は、63年夏。最初のタテジマ着用校とも言われます。2015年にも春夏連続出場。部活動は活発で、柔道部、駅伝なども強豪。特進コースから東大、九州大などへの進学者も出し、文武でイメージアップを図っています。

注目データ ◆**甲子園歴** 春6回、夏8回。通算12勝14敗。◆**主なOB** 小田裕也《ゆうや》（オリックス）。◆**入学の目安** 一般の偏差値は55前後で、特進は60前後。◆**備考** 競輪選手も数多く輩出している。

甲子園出場 実現度 ★★★★☆

延《のべ》岡《おか》学園 特 ［宮崎県延岡市］

光った2013年夏の全国準優勝

延岡《のべおか》高等経理学校が母体で、1966年、現校名に。78年夏に甲子園初出場を果たしました。そして、3年ぶりの出場となった2013年夏には、準優勝となっています。15年夏も、県大会でベスト8進出。薄い桜色のユニフォームも印象的です。進学面では、70％近い国公立大合格率を誇っています。

注目データ ◆**甲子園歴** 春2回、夏7回。通算6勝9敗。準優勝1回。◆**主なOB** 黒木知宏《ともひろ》（元ロッテ、現日本ハムコーチ）◆**入学の目安** 多彩なコースがあり、偏差値は40～50前後。

甲子園出場 実現度 ★★★☆☆

平塚学園 特 ［神奈川県平塚市］

激戦区の中で、2度目の出場を目指す

母体は1942年創立の平塚女子商。49年に共学化。63年に現校名となっています。創部は84年。激戦区の神奈川県の中、当初から甲子園を目指す方針で、実現したのが80回記念大会でもあった98年夏。近年は、県大会で優勝（2014年秋）などの実績で、2回目の甲子園のチャンスがあります。早大や明大などの合格者も着実に増えています。

注目データ ◆**甲子園歴** 夏1回。1勝1敗。◆**入学の目安** 一般偏差値は50、特進は60前後。◆**備考** SMAPの中居正広も一時在籍。

甲子園出場 実現度 ★★☆☆☆

まだある！
甲子園を
狙える高校
コラム4

「文武分業型」の学校以上に、野球に専念できる「通信制」がある！

教育の機会は、万人に平等に与えられるもの。一方、教育には、エリート養成やスペシャリスト育成という、もう１つのあり方も存在します。後者の考えに基づけば、学校という若者の養成機関の中に、学問を主体としたエリート教育と、スポーツを主体としたスペシャリストの育成の両方があることは、バランスがとれていると言えるでしょう。１人の生徒が文武両面でトップクラスの結果を残すことは、難しいものがあります。しかし、学校全体で別々の生徒が文武それぞれで高い成果をあげることは可能です。**智弁和歌山**(特P84)のような１学年10人、あるいは**桐光**《とうこう》**学園**(特P88)のような１学年15人という部員数制限は、少人数のため、きめ細かな教育、徹底した指導が可能になる利点もあります。

こうした背景の中、「通信制版」の「文武分業進学校」と言える高校が現れています。学問・文化芸術面や、スポーツのスペシャリストを養成。野球部ならば、通信課程制でありながら毎日のように登校し、徹底的に時間を割《さ》いて練習。グラウンド環境なども整備し、少人数体制で実績をあげ、それを大学進学に生かそうとする例もあります。

その典型的なスタイルの学校の１つが、長野県の**地球環境**で、2004年の創部。早い時期から野球部を強化し、12年春、通信制高校としては初となる甲子園出場を果たしています(他校含め、通信制の出場は、16年春まででこの１回のみ)。

また、**クラーク記念国際**は、14年、北海道校のスポーツコースに、野球部を創部。通信制ながら、週５日登校。学校側は、野球に専念できる環境を整えつつ、進学もサポートしていく方針です。16年の春季大会では、ブロック予選を勝ち抜き、16校のみが出場できる北海道大会に進出しています。クラーク記念国際の母体は、岡山県の**創志**《そうし》**学園**(特P110)。16年６月の全日本大学選手権に初出場した環太平洋大なども、同系列校です。そのほかの通信制では、多くの専門学校を運営する学校法人立志舎傘下《さんか》の**立志舎**《りっししゃ》(東京都)が、早期に創部されていました。16年春季東京都大会で３勝して夏のシード権を獲得した**日本ウェルネス**の東京キャンパスなども、通信制課程ながら、週５日の登校で野球に取り組める環境がつくられています。

このような新しいスタイルも、１つの教育のあり方と言ってもいいのではないでしょうか。通信制高校の野球部は今後、増えてくるかもしれません。

甲子園が見えてきたクラーク記念国際。

Part5

共学化移行校型

少子化が進む中、女子校が共学となり、野球部強化

健大高崎、済美《さいび》、遊学館《ゆうがっかん》、神村学園、
桐生《きりゅう》一、弘前聖愛《ひろさきせいあい》、本庄一、明秀《めいしゅう》日立、橘学苑《たちばながくえん》
愛知啓成《けいせい》、至学館《しがくかん》、英明《えいめい》、四国学院大香川西、
盛岡大付、創志《そうし》学園、滋賀学園、城北、柳ヶ浦《やなぎがうら》

生徒の減少傾向に伴《ともな》って、公立校では統廃合が進み、学校の再編が行われています。そうした生徒の減少は、私立校の場合、学校経営に影響を及ぼす事態になりかねません。

少子化に対応するため、それまで女子教育の専門校＝女子校を運営していた私立の学校法人が、入学できる生徒の枠を広げ、共学化していこうと模索する動きも増えてきました。同時に、男子校の共学化という流れもあらわれています。社会教育の狙いで、男子と女子が一緒に学ぶ機会を得たほうが望ましいという考え方から、共学化に踏みきった学校も数多くあります。

その共学化のいくつかの大きな動きのうち、第1期と言えるのは、1980年代後半から90年代にかけて。いわゆる「バブル崩壊」とともに、私学を経営する側としては、危機感をいだいたのでしょう。歴史ある女子校が、共学に転じていきました。ただ、第1期共学化校群の中には、このPart5で取り扱う

ような、現在、甲子園を狙えるような高校は、それほど多くは見られません。

共学化第2期の波は、90年代後半から2000年代にかけて。神村学園、遊学館《ゆうがっかん》、済美《さいび》、創志《そうし》学園、健大高崎（高崎健康福祉大高崎）など、もともとは各地の伝統ある女子校だったところです。

それらが共学化とともに創部し、短期間で甲子園出場を果たし、しかも上位に進出。一気に全国に名が知られるという現象が相次ぎました。

学校の認知度が高まることによって、志望する生徒は増えていきます。志望者が多くなれば、学校側は生徒を選択する幅も広くなっていきます。それは、よりレベルの高い生徒、個性的な生徒を入学させることにもつながります。

野球は、学校経営という面で、重要な任務を担っていると言えます。それは、ほかのカテゴリーの高校にも通じる話ではありますが、このPart5では、女子校から共学化し、加わった男子生徒で構成される野球部の徹底的な強化で、甲子園出場を達成し（あるいは、出場にあと一歩）、新たな学校の方向性や価値を見いだした高校を紹介していきます。

女子校から共学化し、甲子園にもコンスタントに出場を果たしている神村学園。

健大高崎 特 ［群馬県高崎市］

目指していた桐生《きりゅう》一に追いつき、今や追い越す勢い

甲子園出場
実現度
★★★★☆

正式な校名は、高崎健康福祉大高崎です。前身は服装和洋裁女学院で、1936年に創立。財団法人（のちに学校法人）須藤学園の開設に伴《ともな》い、須藤高等技芸学校と改称。その後、群馬女子短期大学を開校したのが66年でした。同大学の系列高校となる群馬女子短大付が、その2年後の68年に開校。高校女子駅伝やソフトボールなどの強豪として、全国でも知られるようになっていきました。

当時の経営母体である学校法人群馬女子学園の方針で、短期大が4年制大に移行し、同時に学部を増設したことに伴い、高崎健康福祉大と校名変更。付属校名も高崎健康福祉大高崎となり、男女共学となったのが2001年でした。当初は、野球部ではなく、野球同好会という形でわずかなスペースを使い活動していて、学校側も、とくに野球部を強化していこうという姿勢はありませんでした。ただ、同好会から部に昇格する段階で、「せっかくなら、野球を指導できる教員に任せよう」ということになり、前橋商で甲子園に出場し東北福祉大でも活躍経験があった青柳博文《あおやぎひろふみ》氏が、02年に監督として招かれました。

とはいえ、しっかりした練習設備などがあったわけではなく、かろうじてフリー打撃を行えるケージがいくつかある程度。それが徐々に整備されていくとともに成果もあがるようになり、創部6年目でグラウンドが完成。創部10年目となった11年夏に甲子園初出場を果たし、初戦で今治《いまばり》西を下しました。

さらに翌12年春も出場を果たすと、天理、神村学園、鳴門を下してベスト4に進出。優勝した大阪桐蔭《とういん》には敗れましたが、機動力を前面に出し、様々な形で仕掛けていく攻撃野球は、高く評価されました。「打てなくても、機動力でなんとかできる」と、手本にする学校も多くなりました。

14年夏も出場を果たすと、岩国、利府《りふ》、山形中央を下し、またしても優勝した大阪桐蔭に敗れはした

今や健大高崎の代名詞ともなっている「機動破壊」は、高校球界に革命をもたらした。

ものの、ベスト8と健闘。そして15年は、春夏連続出場。春は宇部鴻城《こうじょう》、天理を下し、ベスト8。夏も寒川《さんがわ》、創成館《そうせいかん》を下すなど、出場すればすぐには負けないという、安定した実力もついてきました。16年春季大会も準優勝しています。

「県内だけでは限界もある」という指導者側の考えから、関東近県はもちろん、東海地方や関西、沖縄などからも野球部員を積極的に勧誘し、受け入れ体制も整っています。自校グラウンドでの練習試合には北信越や東北などから有力校が訪れます。

注目データ

◆**甲子園歴**　春2回、夏3回。通算11勝5敗。4強1回。
◆**主なOB**　三ツ間《みつま》卓也(中日)、脇本直人(ロッテ)。
◆**入学の目安**　アスリートコースで偏差値40〜45。
◆**系列校**　高崎健康福祉大。
◆**備考**　女子サッカー部、女子ソフトボール部、陸上競技部も強豪。個性的な校歌「Be together」も話題に。

済美《さいび》 特 [愛媛県松山市]

一気に輝いた、2004年の優勝&準優勝

甲子園出場
実現度
★★★★☆

学校の歴史としては古く、1901年に、松山裁縫伝習所の名称で創立されました。その後、勝山女学校などの名を経て、1911年に済美《さいび》高女という校名に。そして、戦後の学制改革で、女子校の済美となりました。

女子校時代から積極的にスポーツにも取り組んでいて、バスケットボールやソフトテニス、陸上競技などでは成果をあげていました。さらには卓球部や体操部の活躍も目立つようになり、インターハイではこれらの競技で常連校に。女子教育の伝統校として、地元では人気も定着していきました。

共学校となったのは2002年で、同時に野球部を創部。宇和島東の指揮官として全国制覇を果たした実績もある上甲正典《じょうこうまさのり》監督を招聘《しょうへい》して、一気に強化体制を整えました。選手も関西など他県から積極的に迎え入れて、創部2年目の03年秋季愛媛県大会で優勝。四国大会でも、強豪の明徳義塾《めいとくぎじゅく》に逆転勝ちするなどして初出場初優勝を果たし、翌04年春、初出場の甲子園でも躍動しました。

初戦で関東大会優勝の土浦湖北を下すと、東邦、東北と常連校を撃破。準決勝では、同じ四国代表で前年秋の再戦となった明徳義塾に競《せ》り勝ち、決勝でも愛工大名電を接戦の末に破り、優勝を果たしました。

済美の躍進は、これだけではありませんでした。同年夏も甲子園出場を果たすと、秋田商、岩国を下し、準々決勝では中京大中京にサヨナラ勝ち。準決勝でも千葉経済大付を下し、決勝へ。いきなり春夏連覇かという期待も高まりましたが、打撃戦の末に駒大苫小牧《とまこまい》に敗れ、準優勝。それでも済美は、甲子園での初陣の04年、強烈な印象を残しました。

また、甲子園球場に流れた校歌の「やればできるは魔法の合言葉」という一節も、済美のキャッチフ

レーズのようになりました。

翌05年夏も出場して、すっかり甲子園の強豪として定着。そして13年春にも出場を果たすと、広陵《こうりょう》、県岐阜商、高知といった甲子園で実績のある学校を倒して決勝進出。最後は浦和学院に大敗したものの、注目された安樂智大《あんらくともひろ》投手の存在とともに、済美の名が再び大きくクローズアップされました。

もっとも、その後は不祥事や上甲監督が亡くなるなどの不幸もありました。それでも、15年秋季県大会は3位に入り、四国大会もベスト4と、急ピッチで再建が進められています。2000人近くの生徒が学ぶマンモス校で、特進コースやスポーツ科学コース、情報・商業コース、食物科学コースに美術科など、様々なコースがあるのも特徴です。

2002年の共学化から一気に強豪へ。13年春は安樂智大《あんらくともひろ》投手（楽天）の活躍で準優勝。

注目データ

◆**甲子園歴**　春2回、夏4回。通算15勝5敗。優勝1回、準優勝2回。
◆**主なOB**　福井優也《ゆうや》（広島）、安樂智大《あんらくともひろ》（楽天）、鵜久森淳志《うぐもりあつし》（日本ハム→ヤクルト）。
◆**入学の目安**　スポーツ科学コースで、偏差値は40〜42。

遊《ゆう》学《がっ》館《かん》 特 ［石川県金沢市］

金沢と星陵《せいりょう》との三つ巴《どもえ》を形成

甲子園出場実現度
★★★★☆

　石川県の女子教育の老舗《しにせ》。歴史は古く、１９０４年には金城遊学館《きんじょうゆうがっかん》として創立され、翌05年には金城女学校という校名に。さらに、24年には金城高女に。北陸地方の女子教育の名門としての道をたどってきました。

　その後、51年からは金城高校という名称の女子校となり、地元では人気が高かったのですが、96年の共学化と同時に、現在の遊学館に校名変更しました。創立当時の名にもある「遊学《ゆうがく》」には、「両親の住む家や故郷を離れて、必要な学問を習い、研究する」という意味があります。つまり、広く生徒を受けて入れて活動するための学び舎《や》ということ。その１つとして２００１年に、学校の活性化を目指し、サッカー部とともに共学校の看板となる野球部が創部されました。校名を広く全国へ知らせるために、甲子園出場は絶対目標でした。

　その際に、県内の高校野球をリードしていた、学校法人稲置《いなおき》学園傘下《さんか》の星稜《せいりょう》高の系列である星稜中で指導実績のあった山本雅弘監督を招聘《しょうへい》。選手も同中学から数多く迎え入れたことで、地元では話題になりました。そして、初参加となった01年夏の石川県大会では、１年生ばかりで４強に進出。これで注目されました。翌02年夏には、早くも甲子園初出場。初戦で桐生《きりゅう》市商を下して勢いに乗り、いきなりベスト８まで進出。一気に全国的な知名度をあげました。さらに、翌03年春、04年夏、05年夏、10年夏、12年夏、15年夏にも出場するなど、確実に実績をあげ、安定した力も評価されるようになりました。

　こうして、星稜と金沢の一騎討ちという構図が長らく続いていた石川県の勢力構図に割って入り、完全に三つ巴《どもえ》状態が形成されています。

薄いピンク地が太陽の光によって輝くユニフォー

ムも注目されました。また山本監督は、現在多くの学校で採用されているリュック型の野球バッグを導入した先駆者でもあります。肩かけよりもリュックのほうが、姿勢や体のバランスにいいということからでした。また、就任当初から、ビデオなどでフォームをチェックし、コマ送りで選手にも見せながら解説していく、同監督によるデジタル指導などの新しい取り組みも、多くのメディアで紹介され、話題になりました。そして山本監督は、言葉を大事にしようという姿勢で、どういう話し方や説明の仕方が選手によく伝わるか、模索しながら指導しています。

学校は金沢市の中心地に位置しますが、専用球場はバスで30分ほどの山の中腹《ちゅうふく》に設けられています。

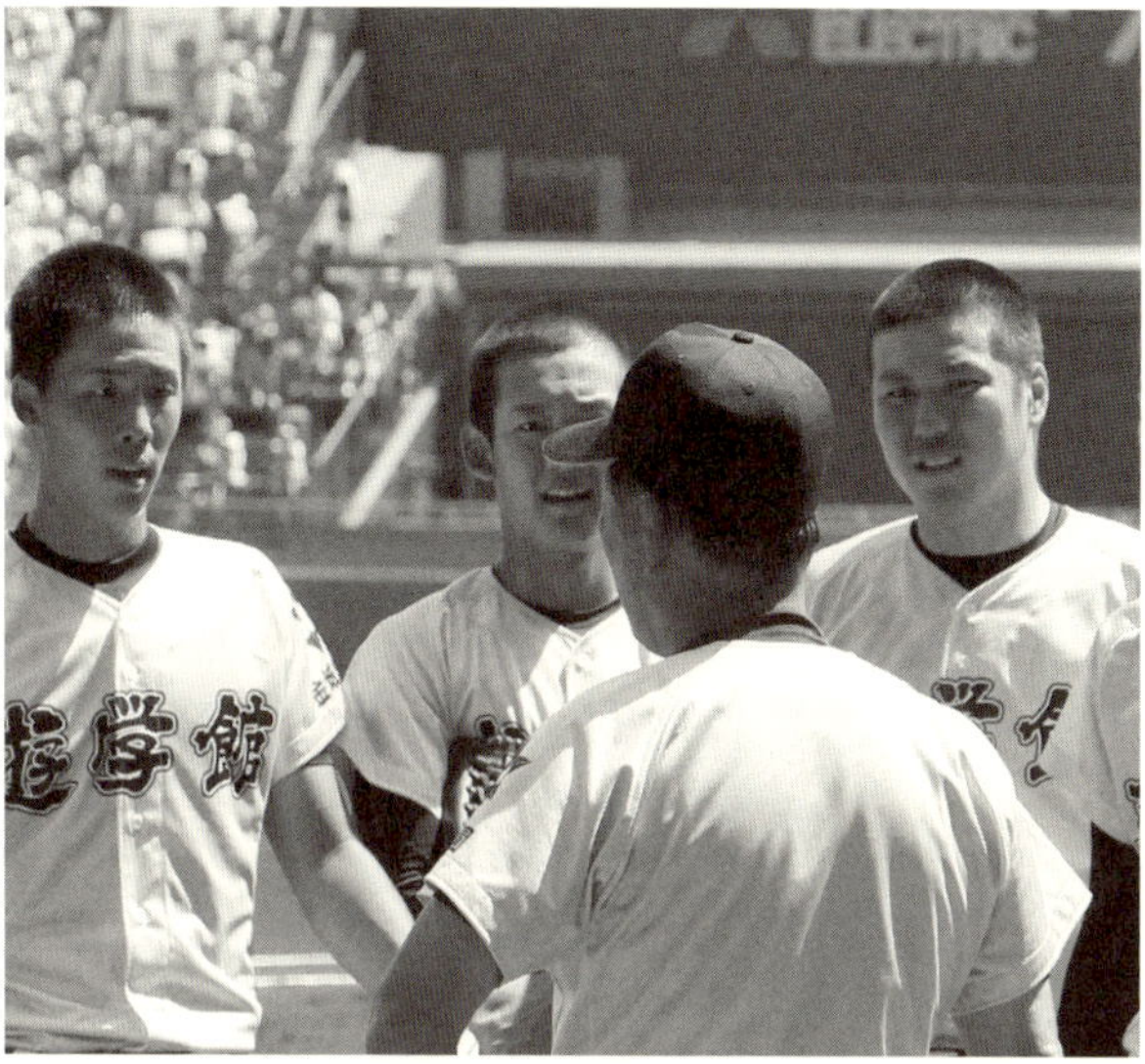

女子校としての創立から92年経過した1996年に、共学化。今では甲子園常連校に。

注目データ

◆**甲子園歴**　春1回、夏6回。通算7勝7敗。

◆**主なOB**　小嶋達也(阪神)、三木亮《りょう》(ロッテ)、鈴木将光《まさみつ》(元広島)。

◆**入学の目安**　偏差値は41~43。

◆**系列校**　金城《きんじょう》大(北陸大学野球連盟)。

◆**備考**　バトントワリング部は、全国でもトップレベル。陸上競技部の駅伝も強豪。卓球部も、インターハイ出場歴あり。

神村学園 特

［鹿児島県いちき串木野《くしきの》市］

甲子園出場
実現度
★★★★☆

男子だけでなく、女子野球も強豪校

前身は、1956年創立の串木野《くしきの》経理専門学校。そこから串木野女子高時代を経て、90年に、女子校のまま、神村学園高等部・中等部という名称となり、中高一貫の教育体制に。女子高校野球の強豪として知られる存在でした。共学化は、96年にまず中等部から行い、97年に高等部も実施。2002年に男子サッカー部、03年に男子野球部が創部されます。この両部が全国で活躍すれば学校が活性化するという目標を掲《かか》げ、強化を図ってきましたが、そのとおりにどちらも創部まもなく全国大会出場を果たしました。

野球部のユニフォームの胸文字は、大きく漢字で「神村」で、インパクトの強い赤を基調としたもの。そのユニフォームが、甲子園を駆けめぐったのが05年春でした。初戦で星稜《せいりょう》を下すと、市和歌山商、沖縄尚学《しょうがく》、羽黒を次々と破って決勝進出。愛工大名電には敗れて準優勝でしたが、創部早々の活躍は特筆すべきものでした。

選手は中等部にも体育コースを設定して、中学入学時から集めていますが、それだけではなく高校入学時も関西方面などからも積極的に有望選手を獲得。学校の方針として、「高校スポーツは、野球とサッカーと駅伝」を明確に打ち出しています。突出した能力を持つ選手を集め、英才教育していく姿勢です。

注目データ

◆**甲子園歴**　春5回、夏3回。通算8勝8敗。準優勝1回。

◆**主なOB**　野上亮磨《のがみりょうま》（西武）、柿澤貴裕《かきざわたかひろ》（楽天）。

◆**入学の目安**　体育コースは、中学の実績重視。

◆**備考**　女子高校野球では先駆的な存在として知られ、全国大会に第1回から出場。女子日本代表にも、中野菜摘《なつみ》ら多くの選手を送っている。また、女子サッカー日本代表「なでしこジャパン」の福元美穂、有吉佐織《さおり》、吉良知夏《きらちなつ》も卒業生。

桐生一《きりゅう》 特 [群馬県桐生市]

1999年、群馬県勢の悲願達成で大躍進

甲子園出場 実現度 ★★★☆☆

桐生《きりゅう》裁縫専門女学館として開校したのは、1901年。48年に桐ケ丘《きりがおか》となり、68年に男女共学となって創部。野球部強化体制をとるようになったのは、現在の校名に変更した89年からでした。

上尾《あげお》出身で東洋大を経た福田治男《はるお》氏を、85年の創部と同時に監督に招聘《しょうへい》。県内でも頭角を現してきました。91年春に甲子園初出場を果たし、99年夏には県勢の悲願だった全国制覇を達成。2003年夏にも4強。さらに04年春夏、06年夏、07年春、08年夏、14年春、16年春と出場しています。

練習施設は、新桐生駅をはさんで学校とは反対側。学校から自転車で20分ほど離れた桐生《きりゅう》大キャンパス内に、左翼98m、右翼95m、中堅126mの専用グラウンドがあります。また、室内練習場と野球部合宿所も併設されています。部員のほとんどは、進学スポーツコースに所属。つまり、野球を通じて進学を目指していくスタイルです。選手たちは、福田監督の母校・東洋大をはじめ、拓殖大など東都大学連盟の有力校のほか、関甲新学生連盟所属で大学日本一の実績もある上武《じょうぶ》大、同連盟の白鷗《はくおう》大など、関東地区を中心に、様々な大学へ進んでいます。

注目データ

◆**甲子園歴**　春5回、夏9回。通算17勝13敗1分。優勝1回、4強1回。

◆**主なOB**　松井雅人（中日）、藤岡貴裕《たかひろ》（ロッテ）、小島脩平《しゅうへい》（オリックス）、ルシアノ・フェルナンド（楽天）、小林正人《まさと》（元中日）、一場靖弘《いちばやすひろ》（元楽天・ヤクルト）、正田樹《しょうだいつき》（元日本ハムなど）。

◆**入学の目安**　スポーツコースで、偏差値41程度。

◆**系列校**　桐生《きりゅう》大。

◆**備考**　Jリーガーの鈴木武蔵《むさし》などが在籍したサッカー部をはじめ、柔道部、陸上競技部、バスケットボール部なども強化部。

弘《ひろ》前《さき》聖《せい》愛《あい》 特 ［青森県弘前市］

2013年夏、2強の壁を破って初出場

明治時代の1886年に、教会内につくられた女学校が前身。その後、校名変更を重ね、50年に現校名・弘前《ひろさき》学院聖愛《せいあい》（略称：弘前聖愛）に。2000年に男女共学となり、創部。13年夏には県内の両横綱である光星学院、青森山田の壁を越えて、甲子園初出場。近年は、14年夏の県大会4強など。

甲子園出場実現度 ★★☆☆☆

注目データ
◆**甲子園歴** 夏1回。通算2勝1敗。◆**主なOB** 大坂《おおさか》谷《や》啓《ひろ》生《き》（楽天）。◆**入学の目安** 偏差値は45前後。◆**備考** 部活動は盛んで、女子校時代からバスケットボール部は強豪。

本庄一 特 ［埼玉県本庄市］

県北部の実力校に成長し、2度出場

前身は塩原裁縫女学校で、その後、1939年に本庄高等家政女学校へと改称。さらに本庄女子と変わり、女子バレーボール部などを強化。93年に共学となり、現校名に。秀明《しゅうめい》を甲子園へ導くなどした須永三郎監督を迎え入れ、2008年夏、10年夏と甲子園へ。近年は、13年夏に県大会8強。

甲子園出場実現度 ★★☆☆☆

注目データ
◆**甲子園歴** 夏2回。通算1勝2敗。◆**主なOB** 奥田ペドロ（元マリナーズマイナー）。◆**入学の目安** 特進コースの偏差値は60～65前後。その他は50前後。

明秀日立《めいしゅう》 特 ［茨城県日立市］

茨城県に新しい風を吹かせられるか

助川裁縫女学校として1925年に開校。日立女子と改称し、96年に共学化。明秀《めいしゅう》学園日立（略称：明秀日立）となりました。同時期に特進コースなども設け、「文武分業校」的でもあります。光星学院を甲子園に導いた金沢成奉《せいほう》監督を招聘《しょうへい》。県外生も広く受け入れ、甲子園初出場を目指しています。

甲子園出場実現度 ★★★☆☆

注目データ
◆**甲子園歴** なし。◆**主なOB** 大原慎司（DeNA）。◆**入学の目安** 偏差値は41～59と幅広い。◆**備考** サッカー部、女子バスケットボール部なども全国レベルの強豪。

橘学苑《たちばながくえん》 ［神奈川県横浜市］

厳しい環境の中、工夫を施《ほどこ》した練習で実力向上

経団連の土光《どこう》敏夫元会長の母親が設立した橘《たちばな》女学校が前身です。2006年に、64年間続いた女子校から共学となり、創部。グラウンドもほぼない中、09年秋は県大会ベスト8、翌10年春は4強に進み、話題に。14年春にも8強に進出するなど、あと一歩のところまで迫ってきている状態です。限られた環境で工夫をしながらの練習に、共感が持たれています。

甲子園出場実現度 ★★☆☆☆

注目データ
◆**甲子園歴** なし。◆**入学の目安** 偏差値は特進が55前後、ほかは43～48。◆**備考** 研修や留学など、国際教育に熱心。

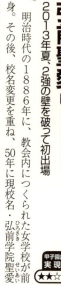

愛知啓成《けいせい》 特 ［愛知県名古屋市］

県内の「私学4強」に迫る一番手として、実績上昇中

甲子園出場実現度 ★★☆☆☆

学校法人足立学園傘下《さんか》の稲沢女子が2001年、現校名に変更し、同時に創部されました。室内練習場と専用グラウンドも完成し、系列校の大成《たいせい》で実績をつくっていた中京（現・中京大中京）出身の岡田敬三監督を招聘《しょうへい》。06年春には、甲子園初出場初勝利。近年は、14年春季県大会優勝など。

注目データ ◆**甲子園歴** 春1回。通算1勝1敗。◆**主なOB** 森越祐人《もりこしゆうと》（中日→阪神）。◆**入学の目安** サミッティア（特進）の偏差値は58前後、商業は41。◆**系列校** 愛知文教大、大成《たいせい》。

至学館《しがくかん》 ［愛知県名古屋市］

初出場時はポップス調の校歌も話題に

甲子園出場実現度 ★★☆☆☆

中京女子大付などの名称を経て、2005年の共学化の際に現校名となり、創部。11年夏、甲子園初出場。ポップス調の校歌『夢追人《ゆめおいびと》』も話題になりました。自前のグラウンドはなく、系列大や市内の施設を借りて練習。15年の春季県大会で準優勝。2度目の出場を目指しています。

注目データ ◆**甲子園歴** 夏1回。通算0勝1敗。◆**入学の目安** 偏差値は普通で50〜55、商業で43。◆**系列校** 至学館《しがくかん》大、至学館大短期大学部。神戸芸術工科大、大阪商大も準系列校。

英明《えいめい》 特 ［香川県高松市］

県内最後の女子校だったが、2001年共学化

甲子園出場実現度 ★★★☆☆

明善《めいぜん》高女の名称で、1917年に開校。学制改革時に香川明善に。県内最後の女子校でしたが、2001年に共学となり、現校名に。同時に創部。04年に専用球場ができるなど、強化されました。10、11年夏に、甲子園連続出場、15年春にも出場しています。女子駅伝やバスケットボールなども強豪。

注目データ ◆**甲子園歴** 春1回、夏2回。通算1勝3敗。◆**主なOB** 松本竜也（元巨人）。◆**入学の目安** 特進の偏差値は60、情報や総合は41〜44。◆**備考** 生徒自ら行先を選ぶ修学旅行が人気。

四国学院大香川西 特 ［香川県三豊《みとよ》市］

共学化で躍進した県内私学の旗頭的存在

甲子園出場実現度 ★★★☆☆

前身は上戸《じょうと》洋裁研究所で、1946年に創立。その後、上戸学園などの名称を経て、共学に。同時に創部。87年、校名が香川西となり、普通科の中に体育コースを設置し、野球部も強化。新鋭私学の旗頭的存在となりました。甲子園初出場は2003年夏で、06年夏には初勝利。15年夏の県大会は8強。16年度から、四国学院大の系属校化に伴《ともな》い、現校名に。

注目データ ◆**甲子園歴** 春1回、夏4回。通算1勝5敗。◆**主なOB** 十川孝富《そがわたかとみ》（元巨人）。◆**入学の目安** 体育コースの偏差値は40程度。

盛岡大付 特 ［岩手県盛岡市］

10回目にしてつかんだ甲子園初勝利で勢いづくか

甲子園出場実現度 ★★★★☆

盛岡生活学園が前身で、その後、1958年に女子校の生活学園の名称に。63年に共学になりましたが、キリスト教をベースにした教育方針は変わりません。系列大として盛岡大が開学したのが81年で、90年から現校名に。そのころから野球部も強化されて台頭し始めました。

甲子園初出場は、95年夏でした。以降、2003年春の初センバツなどを含めて、コンスタントに出場は果たすのですが、なかなか勝利に恵まれませんでした。そして、通算10回目の甲子園出場となった13年春に、安田学園を破って初勝利を記録。夏も14年に東海大相模を下し、甲子園2勝目をあげました。

注目データ

◆**甲子園歴**　春3回、夏8回。通算2勝11敗。
◆**主なOB**　松本裕樹（ソフトバンク）、伊東昂大《こうた》（元広島）。
◆**入学の目安**　スポーツコースで偏差値40～45。
◆**系列校**　盛岡大（北東北大学連盟）。

創志《そうし》学園 特 ［岡山県岡山市］

史上最速での甲子園出場は大偉業

甲子園出場実現度 ★★★★☆

1884年に開校していた志信裁縫女学校のベル学園と岡山女子が前身（現運営法人とは別）。2010年、新たに創志《そうし》学園の校名で開校。普通科と看護科があります。

野球部創部も同年でした。かつて創部2年目で神村学園を甲子園に導いた長沢宏行《ひろゆき》監督が指揮をとることに。今度は創志学園創立・創部初年度の秋季県大会を1年生だけで勝ち進み、11年春、新2年生だけで史上最速の甲子園出場を果たし、話題となりました。16年春にも出場し、東海大甲府相手に初勝利を記録しています。

注目データ

◆**甲子園歴**　春2回。通算1勝2敗。
◆**主なOB**　奥浪鏡《おくなみきょう》（オリックス）。
◆**入学の目安**　偏差値は、普通で45以上。
◆**系列校**　環太平洋大（中国地区大学連盟）、クラーク記念国際。
◆**備考**　ソフトボール部や柔道部も強化指定部で、全国大会にも出場している。

滋賀学園 特 ［滋賀県東近江市《ひがしおうみ》］

2016年春に、悲願の初出場でベスト8

八日市《ようかいち》女子の校名で、1984年に創立されました。99年に共学化。同時に現校名となり、野球部も創部。スポーツ系のコースも設置され、陸上競技部や卓球部なども強化指定に。選手は県内や隣接府県、沖縄などの出身者もいます。2009年夏に甲子園初出場。16年春も出場し、ベスト8に進出。

甲子園出場 実現度 ★★★☆☆

注目データ

◆**甲子園歴** 春1回、夏1回。通算2勝2敗。◆**入学の目安** スポーツコースの偏差値は40前後。◆**備考** 最強の留学生ランナーで知られるジョン・カリウキも卒業生。

城北 特 ［熊本県山鹿市《やまが》］

出場後にスポーツコース新設し、その後も甲子園へ

母体は、1950年創立の松浦洋裁教習所。何度か改称し、66年、女子校から共学化。68年、新たに学校法人松浦学園が設立され、城北が誕生。同時に野球部も創部され、93年夏に甲子園初出場。以降、95年春夏（この夏、初勝利）など、数度の出場を重ね、14年夏には、甲子園2勝目をあげました。

甲子園出場 実現度 ★★★☆☆

注目データ

◆**甲子園歴** 春3回、夏4回。通算2勝7敗。◆**主なOB** 牧原大成《たいせい》（ソフトバンク）、町豪将《まちかつまさ》（元オリックス）。◆**入学の目安** 偏差値は40前後。◆**備考** ボクシング部も強豪。

柳《やなぎ》ヶ《が》浦《うら》 特 ［大分県宇佐市《うさ》］

女子校から共学化で成功した、先駆的な存在

柳ヶ浦《やなぎがうら》裁縫学校が母体で、柳ヶ浦高女などの名称を経て、学制改革で校名が柳ヶ浦女子に。1966年に共学校となり、現校名に。体育進学コースとともに、5年制一貫教育制度の看護学科も設置。医療に従事することを目指す人づくりでも評価されています。66年の共学化とともに創部され、強化方針を打ち出します。10年後の76年夏に甲子園初出場。共学化で成果を出す先駆的な役割を果たしました。87年夏に2度目の出場を果たすと、その後は常連校に。94年夏にはベスト4に進出。2004年秋には、山口俊《しゅん》投手を擁《よう》し、明治神宮大会を制覇。15年夏は、県大会でベスト4。再び甲子園に迫っています。

甲子園出場 実現度 ★★★★☆

注目データ

◆**甲子園歴** 春2回、夏8回。通算8勝10敗。4強1回。

◆**主なOB** 山口俊《しゅん》（DeNA）、脇谷亮太《わきやりょうた》（巨人など）、山下和彦（元近鉄・日本ハム、現DeNAコーチ）。

◆**入学の目安** 普通科の偏差値は40前後。

Part6

旧制中学伝統継承校型

戦前から文武両道を目指し、質実剛健《しつじつごうけん》の校風

静岡、今治《いまばり》西、秋田、鳥羽《とば》、前橋、高崎、掛川《かけがわ》西、韮山《にらやま》、岐阜、彦根東、桐蔭《とういん》、新潟、鳥取西、湘南《しょうなん》、竜ヶ崎《りゅうがさき》一、日立一、明石《あかし》、豊田西、刈谷《かりや》、時習館《じしゅうかん》、旭丘《あさひがおか》、岩国、盛岡一、西条、松山東、丸亀《まるがめ》、済々黌《せいせいこう》、小倉《こくら》、東筑《とうちく》、鶴丸《つるまる》、首里《しゅり》

1948年の学制改革で現行制度となる前には、中等学校の生徒は、現在の中学1年から高校2年（旧制中学は5年制）にあたる年齢でした。今の高校野球は、旧制度では中等野球と呼ばれていたのです。中等学校には、県名や主要都市名のあとに一中、二中などと付けたもの（例：愛知一中→現・旭丘《あさひがおか》高）と、各県の県庁所在地など主要都市名を付けた学校（例：前橋中→現・前橋高）などが数多くありました。当時の中等教育にはエリート養成の狙いもあり、その中でも優秀な生徒が官立の旧制高等学校（だいたい現在の国立大学の教養課程にあたる）へ進学しています。

そういった長い歴史を持ち、現在も地元の名門公立と位置づけられている高校を「旧制中学伝統継承型」と定義し、このPart6で紹介したいと思います。現在でも甲子園出場を十分に狙える静岡、今治《いまばり》西、秋田、済々黌《せいせいこう》、高崎などはその代表的な学校と言えます。15年春、21世紀枠代表として選出された松山東などは、硬派なバンカラスタイルの応援でア

ルプススタンドを盛り上げました。

また、江戸時代の藩校が母体となって設立された歴史を持つ公立校も、愛知県や四国など、江戸時代末期に藩が栄えていた地域に数多く存在しています。これらの高校は、いずれも地元では一目置かれる人気校であり、本Partに含んでいます。

埼玉県や群馬県、栃木県の一部などにあるこうした名門校では、旧制中学からの伝統を受け継ぎ、今でも男子校となっています。もちろん、地元ではトップクラスの進学校というケースも多いのですが、野球部だけではなく運動部全般の活動も比較的盛んなので、学校には活気があふれています。

ここで紹介する高校は、地域の歴史を背負い、文武両道を本気で目指したいという生徒には、いちばんのおすすめです。私学有力校を倒して甲子園出場を果たしたいという気概があれば、なおさら青春を謳歌《おうか》できるでしょう。また、これらの学校は、秋季大会である程度まで勝ち上がれれば、翌年春の21世紀枠の推薦を比較的受けやすいという側面もあります。前述の松山東のほか、09年春に彦根東が、15年春は桐蔭《とういん》も同枠での出場を果たしています。

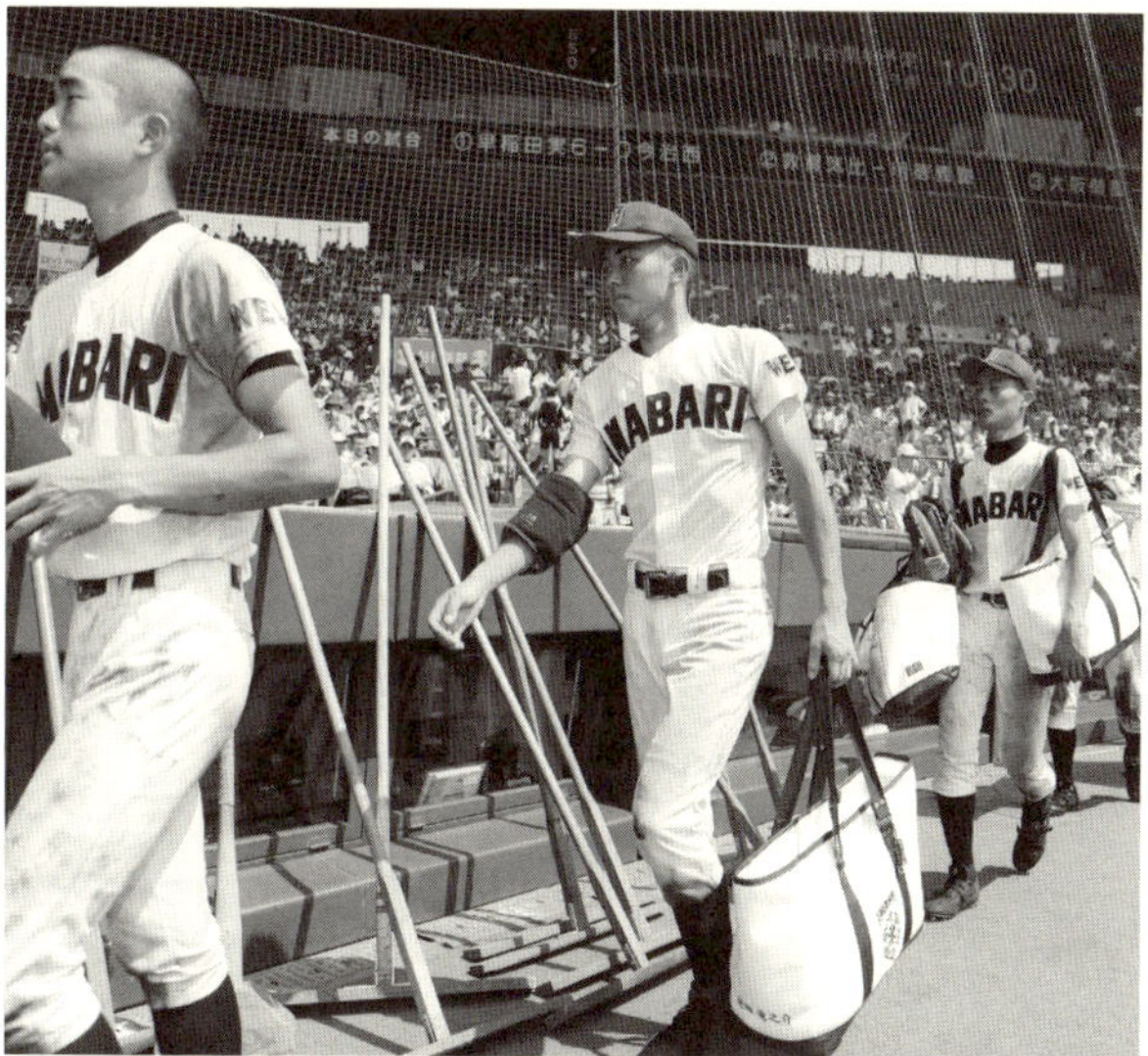

甲子園の常連・今治西《いまばり》も、旧制中学系。激戦の四国で確固たる地位を築いている。

静岡 [静岡県静岡市]

「強い静高」の存在が、静岡全県を引っ張る

甲子園出場実現度 ★★★★☆

前身は、1879年に師範学校から独立して創設された中学課です。翌年、静岡中となっています。その後、沼津、浜松の中学を合併し、尋常《じんじょう》中学などの時代を経て、1901年に再び静岡中の名称に。1895年には試合の記録があるようですから、創部はそれ以前でしょう。

全国大会初出場は、甲子園球場ができた1924年夏。開幕試合に登場しました。つまり、甲子園の全国大会の舞台で最初に試合をした学校と言えます。以降、夏は4年連続で出場し、26年には前橋との延長19回の激戦を制するなどで優勝。進学校でありながら、全国的な強豪としての地位を確立。戦前だけで春夏合わせて15回の出場を果たし、33年春までは県内の代表を独占していました。

学制改革時期の2度の改称後、53年に静岡高校という現校名に変更。「静高《しずこう》」の略称で、地元から愛されるようになりました。60年夏に全国準優勝。さらに73年夏にも、決勝進出。広島商のサヨナラスクイズで優勝はのがしますが、高校野球史を飾る名勝負として語り継がれています。80年代後半から90年代にかけてはやや苦戦しますが、99年に春夏連続出場を果たし、復活しています。

その後は県をあげて静高野球部を支援していこうという機運もあって、2003年夏、11年夏、さらには14年夏から3季連続出場を達成。「強い静高」は確実に県内をリードしています。

こうして、文武両面で県内最高峰という自負が、生徒の中に強く育てられています。県内外で活躍している卒業生も数多く存在しています。

校訓は、高きを仰ぐことという意味で、「印高《こうこう》」。かつての旧制高等学校の学生たちが大言壮語して人生を語った志を思い起こさせます。そんな校訓ですか

ら、「文武両道」の意識は根強く、その看板である野球部は強くあることを求められています。

甲子園で30勝以上している野球だけでなく、学業もトップクラスの実績を誇る静岡。

伝統校としての歴史は、「静岡県の早慶戦」とも言われている、静岡商との戦前からのライバル関係にもあらわれています。30年に昭和天皇が静岡県に視察に訪れた際、静岡商との試合を観戦したことが始まりとなって、毎年4月29日（昭和天皇の誕生日）か、その前後に、定期戦が組まれています。応援団も入り、公式戦以上の盛り上がりを見せています。

注目データ

◆**甲子園歴**　春15回、夏24回。通算31勝38敗。優勝1回、準優勝2回、4強1回。

◆**主なOB**　増井浩俊《ひろとし》（日本ハム）、堀内謙伍《けんご》（楽天）、赤堀元之《もとゆき》（元近鉄）、山﨑一玄《やまさきかずはる》（元阪神・近鉄）、高木康成《やすなり》（元近鉄・巨人など）。

◆**入学の目安**　県内トップの偏差値71だが、中学時代に実績のある野球部志望者は緩和措置あり。

◆**備考**　『声に出して読みたい日本語』などの著者で明治大教授の齋藤孝、元NHKアナウンサーの山川静夫、作家で詩人の三木卓《たく》、マンガ家のしりあがり寿《ことぶき》なども卒業生。

今治西《いまばり》

松山商に代わって愛媛県の高校野球をリード

［愛媛県今治市］

甲子園出場実現度 ★★★★☆

愛媛県の西条中の今治分校《いまばり》として創立されたのが1901年で、4年後に独立して今治中となっています。その後、学制改革を経て、49年から現校名に。県内東予《とうよ》地区では西条に並ぶ名門で、両校は文武におけるライバルですが、近年の野球の実績は今治西がリード。もはや四国を代表する名門校です。

1918年夏の第4回大会の地区大会から参加。この年、全国大会出場を決めましたが、米騒動で大会中止。その後、戦前の出場はなく、甲子園の土を踏んだのは63年夏が最初でしたが、いきなり4強に進出。以降、出場すれば、ほぼ初戦突破。決勝進出こそないものの、4強進出5回という実績があります。秋の国体も、81年と2007年の2回優勝しています。2000年以降もコンスタントに甲子園出場を重ねていて、06年から15年までのあいだでは、13年を除くと、春夏どちらかには出場しています。甲子園でも勝負になるような強いチームとなっているのが特徴です。

校風は、旧制中学を前身としている学校らしく「質《しつ》実剛健《じつごうけん》」。校歌の歌詞にも「朝夕仰《あお》ぎて胸ぬちに　深くきざめる石鎚《いしづち》の　無言の教訓《おしえ》か剛健《ごうけん》を」とあり、これこそ長い歴史を誇る伝統校らしさ。野球部員数は毎年、全学年合わせて60人前後と、公立校として活動するのに、理想的な規模と言えます。

注目データ

◆**甲子園歴**　春14回、夏13回。通算34勝26敗。4強5回。

◆**主なOB**　熊代聖人《くましろまさと》（西武）、藤井秀悟《しゅうご》（元ヤクルト・巨人など）、藤本修二（元南海など）、高井保弘《やすひろ》（元阪急）。

◆**入学の目安**　偏差値65が目安。

◆**備考**　東京都庁舎などの建築家・丹下健三《たんげけんぞう》、映画監督で『大魔神』などの1960年代の娯楽映画を支えた森一生《かずお》は旧制中学時代の卒業生。

秋田

歴史に輝く第1回大会の準優勝を誇りに

［秋田県秋田市］

甲子園出場実現度
★★★☆☆

秋田県だけではなく、東北地方を代表する伝統校です。学校の歴史はきわめて古く、1873年につくられた洋学校が母体。正式に秋田中として創立されたのが、1901年。野球部の歴史も古く、秋田中になる以前に創部しています。

最初の夏の全国大会にあたる、1915年の第1回中等学校優勝野球大会に、東北代表として唯一出場し、準優勝という記録が残っています。その後も、強豪校であり続けているのは、特筆すべきでしょう。また、創部当初からの秋田商とのライバル関係も、長く維持しています。直近の甲子園出場は、2003年夏。15年は秋季県大会で優勝を果たしましたが、東北大会は2回戦で青森山田に敗れたため、甲子園には届かなかったものの、名門の底力を見せています。

県内での人気は高く、普遍的。応援する人々に支えられ、県大会では上位に進出し、常に甲子園を意識できる位置にあります。ネット裏には、地元の人をよく見かけます。

自主自律の精神を尊重する学校なので、生徒主体で行事運営がなされています。生徒会活動も活発で、旧制高校・旧制中学のモットーであった「自治と自由の精神」を継承しています。

進学実績は県内一で、東大には毎年10人前後の合格者を出しています。東北地方の進学校の尺度となる東北大には、30〜50人ほど合格。県内では、「すべての県立校が、秋田高校からの影響を受けている」と言われるほど、高く評価されています。

注目データ

◆**甲子園歴**　春5回、夏19回。通算10勝24敗。準優勝1回、4強2回。

◆**主なOB**　後藤光尊《みつたか》（オリックス→楽天）、石井浩郎《ひろお》（元近鉄・巨人など、現参議院議員）。

◆**入学の目安**　理数、普通ともに偏差値70程度。

鳥羽《とば》 [京都府京都市]

紆余曲折《うよきょくせつ》はあったが、第1回大会優勝の矜持《きょうじ》は不変

甲子園出場実現度 ★★★☆☆

京都府立二中として創立されたのが、1900年。1915年夏の第1回全国中等学校優勝野球大会で最初の栄冠に輝いた学校です。それから100年後の2015年夏に、15年ぶり6回目の出場。

学制改革でいったんは廃校となり、併設夜間中の上鳥羽《かみとば》中が定時制として継続。やがて、朱雀《すざく》高校に吸収。84年に鳥羽分校が独立。旧京都二中の流れを汲《く》む府立鳥羽高校として再興された形に。そして88年には、それまでの野球部の記録は、鳥羽が継承していくこととされました。

注目データ

◆甲子園歴 春4回、夏6回。通算13勝8敗1分。優勝1回、準優勝1回、4強1回。

◆主なOB 平野佳寿《よしひさ》（オリックス）。

◆入学の目安 偏差値はコースによって幅があり、体育系のスポーツコースでは50～55。

◆備考 ソフトテニス部も強豪。大相撲の宇良《うら》は、同校から関西学院大へ進学後、角界入り。

前橋 [群馬県前橋市]

文化都市・前橋の象徴的存在という誇り

甲子園出場実現度 ★★☆☆☆

1877年創立の県下トップの名門校。甲子園出場実績は、春夏合わせて6回。1978年春に、史上初の完全試合を達成。地元での呼称は、親しみを込めて、「前高《まえたか》」。教育関係者だけではなく一般の人からも大きな注目を集めています。2016年春季大会4強で、関東大会に進出しています。

注目データ

◆甲子園歴 春2回、夏4回。通算2勝6敗。**◆入学の目安** 県内トップ級で、偏差値71。**◆備考** 終戦時の首相・鈴木貫《かん》太郎《たろう》、詩人・萩原朔太郎《さくたろう》、映画監督・小栗康平《おぐりこうへい》らも卒業生。

高崎 [群馬県高崎市]

「まえたか」に負けず、「たかたか」も元気

甲子園出場実現度 ★★☆☆☆

県の政治経済の中枢・高崎市にあり、地元では「高高《たかたか》」の愛称で呼ばれ、卒業生の中から首相が2人も出ている名門校。1980年秋季関東大会で國學院《こくがくいん》栃木や日立工などを下し、決勝に進出。翌81年春、甲子園初出場を果たしました。12年春も、前年秋の関東大会4強の実績で、出場しています。15年度入試での東大合格者数は、13人で県下一でした。

注目データ

◆甲子園歴 春2回。通算0勝2敗。**◆入学の目安** 偏差値69以上。**◆備考** 元首相の福田赳夫《たけお》、中曽根康弘も卒業生。

掛《かけ》川《がわ》西　[静岡県掛川市]

明治期の試合記録が残り、指導者も数多く輩出

甲子園出場 実現度 ★★☆☆☆

掛川《かけがわ》中の名で、1901年に創立。同年、野球部が対外試合を行い、東海五県連合大会などにも参加。県内でも有数の歴史を持っています。64年夏、甲子園に出場した際は、開幕戦で八代東と延長18回再試合という記録もあります。75年春には8強進出。88年ごろから県内で強さを発揮していき、93年夏、94年春、98年夏、2009年春にも甲子園出場を果たしました。15年秋も県大会優勝で、東海大会進出。県内外に多くの卒業生を送り出している文武の名門校であり、地元では「掛西《かけにし》」の呼称で親しまれ、高い支持を受けています。卒業生が県内の中学高校球界で数多く指導者になっているのも特徴です。

注目データ

◆**甲子園歴**　春4回、夏5回。通算3勝9敗1分。
◆**入学の目安**　偏差値は理数で65、普通は62程度。
◆**備考**　東大が東京六大学で唯一2位になったときのエースで、その後、東海大三(現・東海大諏訪《すわ》)を率いて甲子園出場を果たした山崎諭《さとる》監督は掛川《かけがわ》中OB。

韮《にら》山《やま》　[静岡県伊豆の国市]

かつて全国制覇という輝かしい記録もある

甲子園出場 実現度 ★★☆☆☆

韮山《にらやま》変則中学などの校名を経て、韮山中となったのが1878年。明治時代中期に創部されています。特筆すべきは1950年春。初出場ながら、決勝で高知商を下し、初優勝の快挙達成。その後ブランクがありましたが、95年夏に45年ぶりに出場し、3回戦進出。2013年夏は、県大会ベスト8。

注目データ

◆**甲子園歴**　春1回、夏1回。通算6勝1敗。優勝1回。◆**入学の目安**　偏差値は66～69。◆**備考**　社会人野球やKボール(硬球に近い軟球)普及などに尽力した、シダックスの創業者・志太勤《しだつとむ》も卒業生。

岐阜　[岐阜県岐阜市]

強化体制でのチャレンジが実り、久々の出場なるか!?

甲子園出場 実現度 ★★☆☆☆

1899年に岐阜中となり、学制改革時に岐阜女子と統合。中等野球の第1回大会から東海大会に参加。初出場の1948年夏に4強。翌49年夏は準優勝。2013年秋季県大会8強。近年は甲子園から遠ざかっていますが、OBで関《せき》商工を11年夏に甲子園に導いた北川英治《えいじ》監督が強化体制を組んでいます。

注目データ

◆**甲子園歴**　春3回、夏3回。通算7勝6敗。準優勝1回、4強1回。◆**主なOB**　森祇晶《まさあき》(元巨人、元西武監督など)。◆**備考**　2016年の東大合格者数は全国30位。◆**入学の目安**　偏差値は県内トップの71。

彦根東 〔滋賀県彦根市〕

春の21世紀枠から夏の代表へと、見事な夢の実現

甲子園出場 実現度 ★★★☆☆

18世紀末につくられた藩校が、1880年に彦根中の名称に。1948年の学制改革から現校名となった、県下有数の名門校。甲子園には50、53年の春に出場。以降、低迷気味でしたが、2005、07年夏の滋賀県大会では決勝進出。09年春には21世紀枠に選ばれ、56年ぶりに伝統の横断幕「赤鬼魂《あかおにこん》」(関ヶ原の合戦での彦根藩藩祖・井伊直政の戦いぶりに由来)が甲子園に復活。さらに、10年夏にも県大会決勝進出。13年にはついに、夏の甲子園初出場。

学校は彦根城の石垣のすぐそばで、グラウンドも隣接していますが、県内でもいちばん狭いくらい。それでも、効率のいい練習と積極的な県外遠征で強化を図っています。甲子園初勝利が待たれるところです。

注目データ

◆**甲子園歴** 春3回、夏1回。通算0勝4敗。
◆**入学の目安** 偏差値は68前後で、県内上位。
◆**備考** 元文部科学大臣の川端達夫、ジャーナリストの田原総一朗も卒業生。

桐《とう》蔭《いん》 〔和歌山県和歌山市〕

和歌山中時代に圧倒的な時代を築いた、伝統ある学校

甲子園出場 実現度 ★★☆☆☆

創立は1879年で、創部は1897年。1921、22年の夏に、全国大会連続優勝を達成。27年春も制覇。中等野球時代には、1915年夏の第1回大会から29年春まで、毎年すべての全国大会に出場するなど、圧倒的な強さを誇りました。2015年春は、21世紀枠代表として53年ぶりに出場。それが励《はげ》みになり、さらなる強化態勢が組まれています。

注目データ

◆**甲子園歴** 春16回、夏20回。通算45勝33敗。優勝3回、準優勝4回。
◆**入学の目安** 偏差値は68～69。

新潟 〔新潟県新潟市〕

東大野球部への選手供給源となっている側面も

甲子園出場 実現度 ★★☆☆☆

県内最古の中学で1892年創設の新潟中が前身です。学制改革を経て、共学化。「県高《けんたか》」と呼ばれ、自由な校風で、部活動が盛ん。野球部は、2015年夏の県大会ベスト4進出など。秋にベスト16以上を果たせば、21世紀枠代表候補推薦の可能性があります。16年度入試では、東大合格者17人を記録。毎年のように、東大野球部へ選手が入部しています。

注目データ

◆**甲子園歴** なし。
◆**主なOB** 大越健介《おおこしけんすけ》(東大野球部、NHK元キャスター、現番組編集長)。
◆**入学の目安** 偏差値は71～73。

鳥取西 ［鳥取県鳥取市］

今も県内で健闘する、夏の第1回大会開幕戦の登場校

甲子園出場 実現度 ★★★☆☆

1915年に大阪の豊中球場で開催された「第1回全国中等学校優勝野球大会」の開幕戦を戦った伝統校で、文武のリーダーたる自負を持った県内一の名門校です。

18世紀中期に設立された藩校・尚徳館《しょうとくかん》が前身で、学校創立は1873年。第1回大会以来、全27回の出場のうち、初戦敗退が7回だけというのは立派な成績です。鳥取県勢の甲子園勝利数が16年春現在で57勝で、鳥取西が半数近い25勝をあげていることからも、同校の全国での健闘ぶりと県内でのポジションの高さがわかります。

近年は2005年夏、08年夏に出場。その後は、15年夏の県大会で準優勝。

注目データ

◆**甲子園歴**　春4回、夏23回。通算25勝27敗。4強4回。
◆**主なOB**　福士《ふくし》（松原）明夫（福士敬章《ひろあき》／元南海・広島など）
◆**入学の目安**　偏差値は63前後。
◆**備考**　自由律俳句の尾崎放哉《ほうさい》も卒業生。

湘南《しょうなん》 ［神奈川県藤沢市］

初出場初優勝の1949年夏が輝く名門

甲子園出場 実現度 ★★☆☆☆

1921年創立。創部は戦後すぐの45年で、最初は軟式でしたが、すぐに硬式に。49年夏に、甲子園初出場初優勝を果たしています。その後は51、54年春に出場。94年夏の神奈川県大会でベスト4。近年は、2015年夏に県大会ベスト16など。県勢初の21世紀枠代表に最も近いとも言われています。

注目データ

◆**甲子園歴**　春2回、夏1回。通算4勝2敗。優勝1回。◆**主なOB**　佐々木信也（野球評論家）、上田誠（慶應義塾《けいおうぎじゅく》前監督）。◆**入学の目安**　県内最上位レベルで、偏差値は73～74。

竜《りゅう》ケ《が》崎《さき》一 ［茨城県龍ケ崎市］

地元の憧《あこが》れで、多くの指導者を生み出している名門校

甲子園出場 実現度 ★★☆☆☆

戦前に5回、戦後も4回の甲子園出場歴。卒業生は、県内中心に野球指導者多数。前身は土浦中学竜ケ崎《りゅうがさき》分校で、1902年に独立。左胸に竜をイメージした「R」が入るユニフォームは、地元の憧《あこが》れと誇り。2000年春が最後の出場。近年は、県大会ベスト16（14年夏）などで、復活へ向け、奮闘中。

注目データ

◆**甲子園歴**　春1回、夏9回。通算3勝9敗。（第4回大会は出場権を得たが、大会は中止）。◆**入学の目安**　偏差値67は県上位。
◆**備考**　持丸《もちまる》修一（専大松戸監督）など指導者のOBも多い。

日立一 ［茨城県日立市］

復活も見えた、2015年夏の茨城県大会

甲子園出場 実現度 ★★★☆☆

1927年に開校し、学制改革後に現校名となっています。創部は戦後で46年ですが、50年代後半からは県代表を争うポジションまで躍進しています。

甲子園初出場は85年夏。初戦で広島工を下し、初勝利も記録。その後は、県北地域ブロック予選でも苦戦していましたが、中山顕監督が就任して立て直しが図られました。その効果もあって、2013年春の21世紀枠候補として関東地区推薦校に選出され（最終的には選考漏れ）、15年夏は茨城県大会決勝に進出。さらに、秋も県大会4強に進出するなど、徐々に結果が出始めていて、今後の躍進に期待が持てそうです。

学校としても、企業都市である日立市の「地域一番校」と評されるほどの人気校です。

注目データ

◆**甲子園歴** 夏1回。通算1勝1敗。

◆**主なOB** 江尻亮《えじりあきら》（元大洋、元大洋・ロッテ監督）。

◆**入学の目安** 偏差値65前後。

明石《あかし》 ［兵庫県明石市］

中等野球時代に、野球史の1ページを形成

甲子園出場 実現度 ★★★☆☆

戦前から戦後まもなくにかけて、中等野球時代の歴史を築いた学校です。1924年に明石《あかし》市立明石中の校名で創設され、28年に県立に移管。30年春に、甲子園初出場を果たしています。

球史を飾る名勝負が、33年夏の中京商（のちに中京、現・中京大中京）との準決勝、延長25回の大熱戦です。また、当時の中等野球を代表する名選手たちが所属し、多くの名勝負を演じています。低迷していた時期もありましたが、伝統校を復興させたい周囲の動きもあり、その甲《か》斐《い》あって、84年夏に24年ぶりに甲子園へ。さらに、87年には春夏連続出場を果たしています。近年は、2015年秋の県大会優勝など、再び復活へ向けての歩みを進めています。

注目データ

◆**甲子園歴** 春8回、夏6回。通算21勝14敗。準優勝2回、4強2回。

◆**主なOB** 小谷正勝《こたにただかつ》(元大洋など、現ロッテコーチ)。

◆**入学の目安** 偏差値51以上。

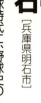

豊田西 ［愛知県豊田市］

練習環境も整備された、西三河《にしみかわ》の公立の雄《ゆう》

甲子園出場 実現度 ★★☆☆☆

夏の愛知県大会決勝で6度敗れたものの、1997年秋の東海大会を制覇。翌98年春、甲子園初出場し、2勝。24年間指導した平林宏監督が2011年春に異動。教え子で、守山《もりやま》、豊田北で指導歴がある古和田雅章《こわだまさあき》監督が就任。県大会では、12年夏4強、14年秋と15年春は8強。学校は40年創立。学制改革後、59年に挙母《ころも》中から現校名に。室内練習場も整備。

注目データ ◆**甲子園歴** 春1回。通算2勝1敗。◆**入学の目安** 偏差値は64〜66。◆**備考** 杉浦忠(元南海、のちに南海などの監督)もOB。

刈谷《かりや》 ［愛知県刈谷市］

元・愛知八中の進学校が、2回目の出場を目指して奮闘中

甲子園出場 実現度 ★★☆☆☆

愛知八中の歴史を受け継ぎ、創部は戦後の学制改革時。甲子園出場は、のちに県高野連理事長となる神谷良治《かみやよしはる》監督が率いた1985年春。筑波大を卒業し2005年に母校に赴任《ふにん》した岡田泰次《たいじ》監督のもとで、09年夏の愛知県大会では決勝進出。近年は、県大会ベスト8（15年秋）など。16年は東大合格者数が13人で、県内3位。名古屋大合格者数は全国1位。

注目データ ◆**甲子園歴** 春1回。通算0勝1敗。◆**入学の目安** 偏差値は、70前後。内申平均評定は、4・5以上。

時習館《じしゅうかん》 ［愛知県豊橋市］

進学校としても県内トップレベルの元・愛知四中

甲子園出場 実現度 ★★☆☆☆

吉田藩の藩校として江戸時代中期に創立された時習館《じしゅうかん》が母体。1900年に県立に移管され、愛知四中の名称に。夏の第1回大会代表となり、全国出場。その後、豊橋中の名を経て、前身の時習館を校名に。52、53年の春、甲子園に連続出場。近年は、2011年夏に中京大中京を倒して県ベスト16など。県内屈指の進学校ですが、運動部全般の活動も盛ん。

注目データ ◆**甲子園歴** 春2回、夏1回。通算1勝3敗。◆**入学の目安** 偏差値71は県内トップレベル。東大などにも選手を供給。

旭丘《あさひがおか》 ［愛知県名古屋市］

輝く愛知一中時代の実績！ 21世紀枠推薦への期待

甲子園出場 実現度 ★★☆☆☆

元・愛知一中で、県内一の名門校。開校は1870年で、創部は1893年。全国大会初出場は1917年夏の第3回大会で、敗者復活制で優勝。その後も数度出場していますが、戦後は出場なし。当時の筒状で二本線の入った帽子と、胸に鯱《しゃち》の図柄の校章入りのユニフォームを、今も継承しています。県大会ベスト16に残れば、21世紀枠の有力候補に。

注目データ ◆**甲子園歴** 春4回、夏8回。通算10勝11敗、優勝1回、4強3回。◆**入学の目安** 偏差値71以上で、県内最上位。

岩国 ［山口県岩国市］

古い歴史の藩校が前身で、多くの人材輩出

甲子園出場実現度 ★★★☆☆

江戸時代末期の岩国藩の藩校・養老館が前身となっている伝統校。1880年に岩国中として創立後、一時、山口県尋常《じんじょう》中学岩国分校となり、1900年に再び独立。学制改革時に岩国一女を統合し、現校名になりました。夏は第2回から地区大会に参加していますが、甲子園初出場は1971年春までかかりました。以降、たびたび出場しています。初勝利を記録した2003年夏には、ベスト8に進出。13年秋の中国地区大会を制し、翌14年春の甲子園出場も果たしています。16年の春季県大会もベスト8。ユニフォームの肩には、山口県を代表する観光地である、日本三名橋の1つ「錦帯橋《きんたいきょう》」をかたどった校章が入っていて、伝統校らしさを感じさせます。

注目データ

◆**甲子園歴**　春7回、夏5回。通算4勝12敗。
◆**主なOB**　杉本公孝《きみたか》（元サンケイなど）
◆**入学の目安**　偏差値は、普通で57。理数は64程度。
◆**備考**　作家の宇野千代、大庭みな子も卒業生。

盛岡一 ［岩手県盛岡市］

印象的な軍艦行進曲の校歌が、また甲子園で聞ける!?

甲子園出場実現度 ★★☆☆☆

1899年に創部され、盛岡中の名称で一時代を築き、1917年夏の第3回大会、19年の第5回大会で、いずれも準決勝に進出。戦前は5度全国大会出場。戦後は、『軍艦行進曲』と同じ旋律の校歌を、男子生徒だけで朗々《ろうろう》と歌い上げる応援風景も話題に。弊衣《へいい》破帽《はぼう》での応援スタイルが、さらにファンを増やしていきました。ここ20年ほどは私学勢の台頭に苦しみながらも、93年夏は県準優勝、96年秋は東北大会進出。2009年夏にも、県大会で決勝進出。13年夏にも、県16強など。好試合で多くの観戦者を魅了してきた学校なので、復活が待たれます。

注目データ

◆**甲子園歴**　夏9回。通算7勝9敗。4強2回。
◆**主なOB**　久慈《くじ》次郎（都市対抗野球の生みの親）。
◆**入学の目安**　スポーツ・文化活動において、中学時代に県大会ベスト8以上、または選抜選手に選ばれた者は、推薦入学の対象。偏差値65前後。
◆**備考**　作家・宮沢賢治、言語学者・金田一京助も卒業生。

西条 ［愛媛県西条市］

全国制覇も果たした、藩校からの歴史を背負う名門

甲子園出場 実現度 ★★☆☆☆

江戸時代後期の文化文政期の藩學所が前身です。1899年に西条中の校名となり、創部もそのころ。当時の地区大会である四国大会にはやや出遅れて、1923年からの参加となっています。

初出場は56年春。同年夏も出場し、4強進出。59年夏には全国優勝。62年夏にも、平安、日大三などを倒し、ベスト4まで勝ち上がっています。70年春の出場のあと、一時低迷しますが、85年の春に15年ぶりに出場して8強。92年夏、2005年春のほか、09年に春夏連続出場を果たしています。その後は、15年夏の県大会でもベスト8に進出していて、次の甲子園出場を狙っています。

注目データ

◆**甲子園歴** 春6回、夏6回。通算16勝11敗。優勝1回、4強2回。

◆**主なOB** 秋山拓巳《たくみ》（阪神）、藤田元司《もとし》（元巨人、元巨人監督）。

◆**入学の目安** 偏差値は普通52、理数59、商業40程度。

松山東 ［愛媛県松山市］

2015年春に、21世紀枠代表で出場

甲子園出場 実現度 ★★☆☆☆

1828年創立の藩校・明教館《めいきょうかん》が前身で、1878年に松山中となり、学制改革後に現校名に。創部は1892年でした。正岡子規《まさおかしき》が野球を伝えようとして設立した球技同好会が始まりです。1933年、甲子園に春夏ともに初出場。2015年春には21世紀枠で82年ぶりに出場し、久々の勝利も記録。同年夏の県大会も4強と、上位に進出しています。

注目データ ◆**甲子園歴** 春2回、夏2回。通算7勝3敗。優勝1回、4強1回（松山商と合併時代含む）。◆**入学の目安** 偏差値68前後。

丸《まる》亀《がめ》 ［香川県丸亀市］

創部から約120年を誇る、県内有数の進学校

甲子園出場 実現度 ★★☆☆☆

香川県尋常《じんじょう》中学校丸亀《まるがめ》分校が、1898年に独立。のちに、丸亀中の名称に。県内での文武両面の人気は高松商と双璧《そうへき》です。120年近い歴史を持つ野球部は、甲子園出場は1948年夏が最初で、次は90年夏。2000年には春夏連続出場を果たしています。13年夏出場、16年の春季県大会4強。県内屈指の進学校で、東大には、毎年5人前後が合格。

注目データ ◆**甲子園歴** 春1回、夏4回。通算2勝5敗。◆**入学の目安** 偏差値68程度。内申平均評定は4・5以上。

済《せい》々《せい》黌《こう》 〔熊本県熊本市〕

2012年夏、13年春の出場で、伝統の力を見せる

甲子園出場 実現度 ★★★☆☆

進取《しんしゅ》の気性《きしょう》に富んだ旧制第五高等学校は、剛健《ごうけん》さが定評。その風土に根差して、青年の育成のため、創立された中学が私立済々黌《せいせいこう》。やがて、県立に移管されましたが、戦後も校名を維持。帽子の黄線が伝統で、応援団のバンカラスタイルは甲子園でも注目の的。1958年春に全国制覇。その後低迷期もありましたが、2012年夏、13年春にも出場。14年夏の県大会もベスト8。校長は「黌《こう》長《ちょう》」、校門は「黌門《こうもん》」と表記するのも伝統です。

注目データ

◆**甲子園歴** 春4回、夏7回。通算16勝10敗。優勝1回。4強1回。

◆**主なOB** 古葉竹識《こばたけし》（元広島・広島監督など。現・東京国際大総監督）

◆**入学の目安** 偏差値は70〜71。

◆**備考** ラグビー部も実績があり、全国大会にも出場。俳優・財津一郎、政治学者・姜尚中《カン・サンジュン》、くりぃむしちゅーの上田晋也《しんや》、有田哲平も卒業生。

小《こ》倉《くら》 〔福岡県北九州市〕

中等野球と高校野球をつないだ、輝く2連覇

甲子園出場 実現度 ★★☆☆☆

中等野球時代から高校野球へ移行する中で、両方の栄冠に輝いた学校です。1947年春に準優勝し、同年夏には優勝を果たしました。そして、学制改革で高校となった48年夏にも優勝。3連覇はなりませんでしたが、高校野球の新時代を飾った名門校です。

その後も、54年春にも準優勝。平成になってからは苦戦が続いていましたが、2015年夏は県4強、秋季県大会は準優勝。九州大会は初戦で敗退し、久々の甲子園出場は叶わなかったものの、一躍、21世紀枠代表有力候補としても注目される存在となってきました。

注目データ

◆**甲子園歴** 春11回、夏10回。通算27勝19敗。優勝2回、準優勝2回。

◆**主なOB** 木谷《きや》良平（ヤクルト）、安田猛《たけし》（元ヤクルト）。

◆**入学の目安** 偏差値は68〜70。

◆**備考** 大会歌が誕生した年に優勝しているため、校内に、「栄冠は〝我〟に輝く」の碑《ひ》がある。

東筑《とうちく》 ［福岡県北九州市］

創部110年を超える伝統校

甲子園出場 実現度 ★★☆☆☆

創立・創部は明治時代。文武両道の旧制中学型の学校として、福岡県内では小倉《こくら》とともに、長いあいだ高い評価を受けてきました。甲子園初出場は、仰木彬《おおぎあきら》投手がエースで4番を務めた1953年夏。以降、甲子園になかなか届かない時期もありましたが、県内では安定した力のある強豪校という評価が定着しています。最後の出場は、98年春。近年は、県大会ベスト8（2015年夏）と健闘。旧制中学の名残《なごり》を感じさせてくれる、応援団の硬派なスタイルも魅力です。

注目データ

◆甲子園歴 春2回、夏5回。通算3勝7敗。

◆主なOB 仰木彬《おおぎあきら》（元西鉄、元近鉄・オリックス監督）、高信二《こうしんじ》（元広島、現広島コーチ）井生崇光《いおうたかみつ》（元広島）。

◆入学の目安 偏差値は69～70。

◆備考 日本を代表する映画俳優・高倉健、漫画家・国友やすゆき、『日蝕《にっしょく》』で芥川《あくたがわ》賞を受賞した平野啓一郎も卒業生。

鶴丸《つるまる》 ［鹿児島県鹿児島市］

県内一の歴史を有する名門校の2回目の出場なるか

甲子園出場 実現度 ★★☆☆☆

旧制鹿児島一中と鹿児島一女とが統合され、新制高校となりました。校名は、薩摩《さつま》藩の「鶴丸城《つるまるじょう》」に由来しています。県内一の伝統校、かつ文武両道実践校として受験生から人気があります。甲子園出場は、鹿児島一中時代の1925年春のみ。近年の成績は、県大会8強（2016年春）など。さらなる上位進出を秋季大会で果たせば、春の21世紀枠代表の有力候補に。

注目データ **◆甲子園歴** 春1回。通算0勝1敗。**◆主なOB** 池之上格《いけのうえとおる》（元南海・大洋）。**◆入学の目安** 偏差値は69～71。

首里《しゅり》 ［沖縄県那覇《なは》市］

沖縄勢として最初の甲子園出場！ 近年も県内で上位争い

甲子園出場 実現度 ★★☆☆☆

沖縄きっての名門校で、1880年に首里《しゅり》中として創立。その後、県立一中などの名称を経て、戦後、一時的に糸満《いとまん》高校の分校化ののち、1946年に独立し、現校名に。沖縄に野球が伝わった最初の学校とも言われます。58年に本土復帰前の沖縄の初代表として甲子園出場。63年夏、日大山形を下し、初勝利を記録。近年は、県大会ベスト4（2014年秋）などで、復活の予兆。

注目データ **◆甲子園歴** 春2回、夏2回。1勝4敗。**◆入学の目安** 偏差値は58～65。**◆備考** お笑い芸人のゴリ（ガレッジセール）もOB。

Part7

地場密着商業校型

かつて牽引《けんいん》し、今は衰退気味ながら、一部は力維持

県岐阜商、倉敷商、高松商、秋田商、広島商、津商、松山商、徳島商、静岡商、浜松商、水戸商、高崎商、前橋商、宇部商、岩国商、下関《しものせき》商、土岐《とき》商、長野商、富山商、高岡商、熊谷《くまがや》商、桐生《きりゅう》商、銚子商、横浜商、明石《あかし》商、三沢商、福井商、宇治山田商、福島商、八幡《はちまん》商、高知商、佐賀商、唐津《からつ》商、伊万里《いまり》商

第1回大会が始まった当初から中等学校野球は、中等学校と商業学校の対決構図という形で発展してきました。第1回大会で準優勝校を出した秋田県では、秋田中に対抗して、秋田商が台頭。野球どころと言われる地域、例えば東海地区では、愛知県の愛知一中と愛知商、岐阜県の岐阜中と岐阜商、静岡県の静岡中と静岡商。また四国では、香川県の高松中と高松商、愛媛県の松山中と松山商といったように、その地域を代表する公立の中学と商業校との対決で、中等学校野球のレベルを引き上げていました。

また私立校では、東海地区の中京商、東邦商、享《きょう》栄《えい》商を筆頭に、長野で松本商、大阪で浪華《なにわ》商、明星《めいせい》商、関西甲種《かんさいこうしゅ》商なども、地域を代表する存在に。もっとも、私立校の場合は、時代の流れの中で、戦後、ほとんどが校名変更しています。中京商が中京の名を経て現在は中京大中京、松本商が松商学園、浪華商が大体大浪商《だいたいだいなみしょう》、明星商が明星、関西甲種商が関大一といったように、普通校や大学系列校へと移行しています。

一方、公立校の場合は、地域に普通科の伝統校が存在していることもあり、その普通校と商業校の住み分けがずっとなされていました。そのため、私立ほど、商業校が普通校化することは、なかなかありませんでした。そうした中で、以前から高校野球をリードしていた地場の公立商業校は、1990年代ごろからの女子生徒の増加などで、有力男子の確保が難しくなり、徐々にチーム力を落としました。

それでも、地域に根差した学校として愛され、現在もその名を残して健闘しています。野球部は看板であるという意識も強いようです。商業校の全体的な力が落ちた中でも、積極的な有望選手の勧誘などによってチーム力を維持し、地区大会を突破したり、甲子園で活躍している学校も少なくありません。

ここでは、そんな甲子園出場を狙える商業校を紹介していきます。いずれも伝統校で、野球部の活動に積極的という背景もあり、しっかりとしたグラウンドを保有しているところも多数。また、OBが地元に多く残っており、支援体制も整っています。

このPart7の学校群だけの話ではありませんが、公立校の場合は、指導者のほとんどが教員であるので、「異動」は避けられない面があります。それでも、伝統を継承しようという姿勢が多く見られます。

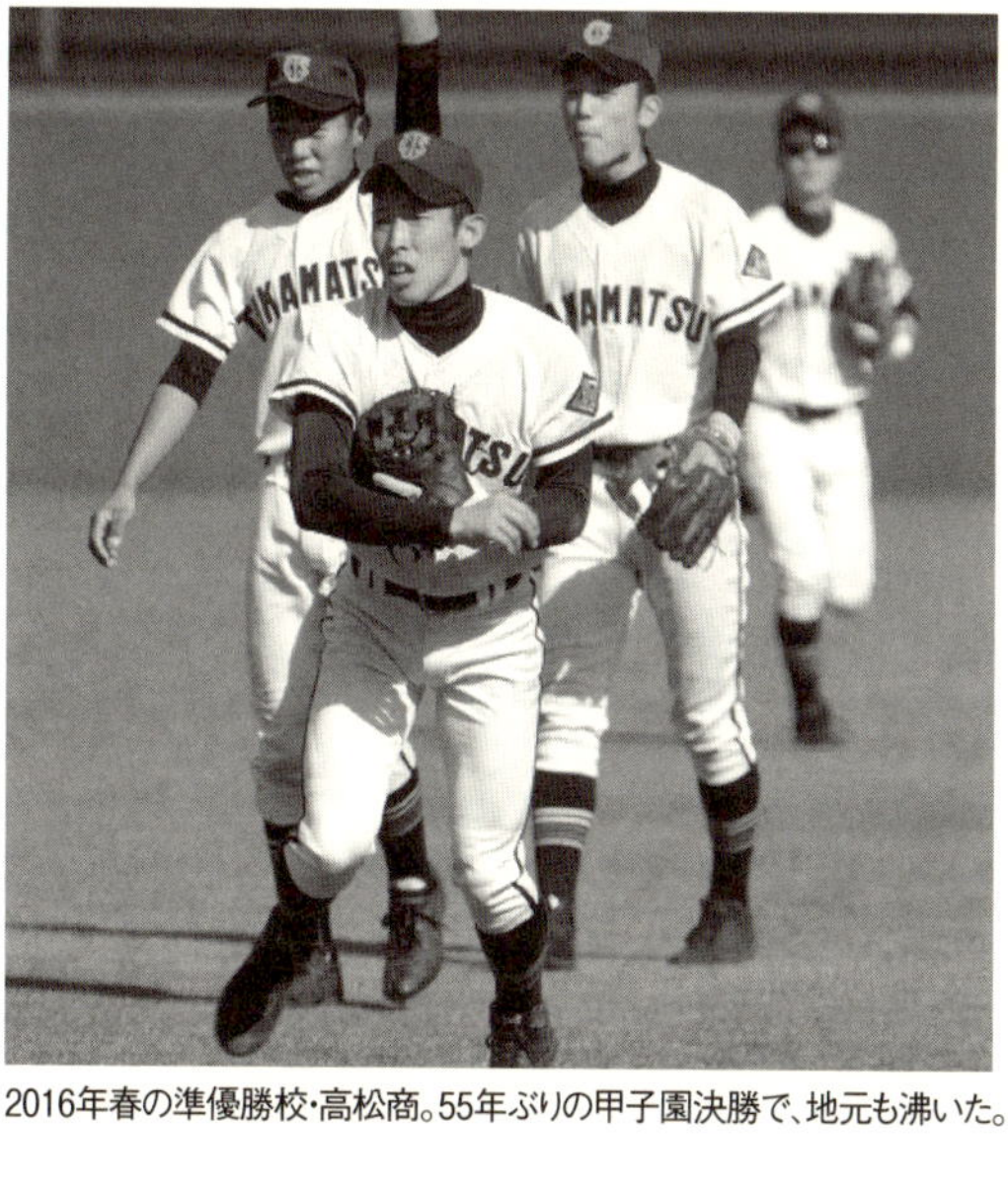

2016年春の準優勝校・高松商。55年ぶりの甲子園決勝で、地元も沸いた。

県岐阜商

［岐阜県岐阜市］

「岐阜県イコール県岐商《けんぎしょう》」と言われる伝統を背負う

甲子園出場実現度
★★★★☆

学校創立は1903年。県を代表する超名門校です。74年に市立岐阜商が設立されたことにより、地元では「県岐商《けんぎしょう》」という呼び方で親しまれるようになりました。

近年、大垣日大が著しい躍進を見せていますが、それまでの岐阜県の高校野球の歴史は、そのまま県岐阜商の歴史と言っても過言ではありません。地元の高野連関係者のほか、少年野球から大学野球までのアマチュア野球指導者も数多く送り出していて、地域に大きく貢献しています。

かつて、社会人野球の都市対抗に出場したこともある昭和コンクリートというチームが岐阜県に存在していましたが、ここは県岐阜商出身者を中心に構成。当時、使用していたグラウンドは、現在、別企業が所有していますが、練習試合などで県岐阜商が使用するというケースも多くあります。それだけ、岐阜県内では圧倒的な信頼を得ているのです。

戦前は春夏合わせて12回の甲子園出場。うち、決勝進出5回は、当時の東海地区の高いレベルを象徴しています。戦後も56年には春夏ともに準優勝するなど強さを発揮。このように、甲子園に出場すれば、当然のように、ある程度上位に進出していました。

ところが、1970年から県岐阜商を指導し続けた小川信幸監督が率いての78年夏の8強進出以降は、苦戦続き。早々に敗退することが多く、それが、そのまま県勢の低迷にもつながりました。

その後、小川監督が退《しりぞ》くと、指揮官がなかなか定着しない時代もあり、県岐阜商自体も低迷期に入りました。いったん退いていた小川監督が、82年に復帰。94年以降は再び監督が交代しがちになりますが、2006年春に岐阜城北を4強に導いた藤田明宏監督が、09年、本校の指揮官に就任。同年夏、06年夏以来の甲子園出場を果たし、13年ぶりに初戦突破すると、4強に。同年秋も東海大会に進出。「強い県岐阜商」は復活し、今では先に触れた大垣日大との2強対決の構図となっています。

2015年春の甲子園出場の原動力となった髙橋純平投手（ソフトバンク）。

藤田監督が異動し（現・朝日大監督）、その後は小川信幸元監督を父に持つ小川信和監督が率いて、15年春には髙橋純平投手を擁《よう》して出場を果たしました。

野球部員は、卒業後、愛知県やその他東海地区の大学へ進むケースが多いのですが、東京六大学の立教大や、和田一浩選手、石原慶幸《よしゆき》選手らが活躍したことにより、東北福祉大という進路もあります。愛知大学連盟の名城《めいじょう》大にも毎年のように進んでいます。

注目データ

◆甲子園歴　春28回、夏28回。通算87勝52敗1分。優勝4回、準優勝6回、4強7回。

◆主なOB　石原慶幸《よしゆき》（広島）、髙橋純平（ソフトバンク）、三上朋也《ともや》（DeNA）、和田一浩（元中日など）、高木守道《もりみち》（元中日、元中日監督）。

◆入学の目安　偏差値は、各コース52～54。

◆備考　男子バレーボール部、陸上競技部、ハンドボール部も強豪。女子マラソンの金メダリスト・高橋尚子《なおこ》も卒業生。

倉敷商

［岡山県倉敷市］

2008年以降だけで5回の甲子園出場

甲子園出場
実現度
★★★★☆

明治時代末期にいったんは廃校となった精思《せいし》農商学校を引き継ぎ、町立倉敷商業学校として創立。1928年に県立に移管されました。戦後になって倉敷女子商を合併して、改称していた時代もありましたが、53年からは現校名になっています。創部は31年で、36年には県大会準優勝という記録もあります。

甲子園初出場は58年夏でしたが、以降はライバルの倉敷工などの壁が破れず、次の出場は79年夏。ここで初勝利を記録。89年夏には、ベスト8に進出しています。

森光淳郎《もりみつじゅんろう》氏が2005年に監督に就任し、08年夏に出場すると、以降3年連続夏の出場を達成。12年には春夏連続出場で、夏はベスト8にまで進出。私学勢台頭が著しくなった時代にあって、評価されるべき成績でしょう。

派手さはなくても、着実なプレーをしていく手堅い野球が持ち味となっています。応援スタンドの「桃太郎サンバ」も人気です。

商業科、情報処理科、国際経済科があり、会計・情報処理力への教育に関しては高い評価を得ています。また、商業校としては大学の指定校制度での入学枠も多く、同志社大や関西大、大阪経済大、龍谷《りゅうこく》大、近畿大など関西地区の有力私学の商学部などに進学する生徒もいます。

注目データ

◆**甲子園歴**　春3回、夏10回。通算8勝13敗。

◆**主なOB**　岡大海《ひろみ》（日本ハム）、星野仙一（元中日、元中日・阪神・楽天監督）、松岡弘《ひろむ》（元ヤクルト）。

◆**入学の目安**　偏差値は50～54。

◆**備考**　ウエイトリフティング部は男女ともに強豪で、全国大会上位進出を果たしている。放送部も実績があり、声優なども輩出。

高松商 ［香川県高松市］

2015年秋の神宮大会&16年春の準優勝で復活

甲子園出場 実現度 ★★★★☆

香川県だけではなく、日本の高校野球史を代表する名門校と言っていい存在です。センバツの原型である第1回選抜中等野球大会の優勝（1924年春）をはじめ、4度の全国制覇の実績があります。国体優勝の1度とともに、それがストッキングのラインの数にもあらわれていたのですが、長く低迷。2015年秋に明治神宮大会を制し、久しぶりにラインが1本増えました。

そして迎えた、20年ぶりの出場となる16年春の甲子園。初戦でいなべ総合に延長サヨナラ勝ちして勢いに乗り、創志学園《そうし》、海星、秀岳館《しゅうがくかん》と次々と破って55年ぶりに決勝へ。智弁学園には延長の末サヨナラ負けを喫したものの、名門の底力を見せつけました。

学校創立は、1900年。創部は09年で、13年には高松中との対抗試合を行ったという記録もあります。前述のように、春は記念すべき最初の優勝校で、翌年も準優勝。60年春にも優勝しています。夏は17年の第2回大会に出場し、25年と27年に優勝。愛媛県の松山商とのライバル関係も強く、当時の北四国大会は命がけの決戦とも言われました。

96年の春夏連続出場以降、甲子園から遠ざかっていましたが、中学野球で実績をあげていた長尾健司氏が、14年、監督に就任。古豪復活を果たしました。商業校ながら、大学からの指定校枠も多く、進学実績も高いのも特徴と言えます。

注目データ

◆**甲子園歴**　春26回、夏19回。通算58勝41敗。優勝4回、準優勝3回、4強3回。

◆**主なOB**　松永昂大《たかひろ》（ロッテ）、水原茂（元巨人、元巨人・東映・中日監督）、島谷金二《しまたにきんじ》（元中日・阪急）、大森剛《つよし》（元巨人・近鉄）など。

◆**入学の目安**　偏差値は52〜55。

◆**備考**　女子ハンドボール部も強豪。

秋田商
［秋田県秋田市］

秋田高とともに県を支えてきた伝統校

甲子園出場
実現度
★★★★☆

早稲田型ユニフォームの地方版の元祖的な存在です。県内では、夏の第1回全国大会準優勝を誇る、ライバル・秋田と競い続けています。1921年の創部以来、その関係は続き、甲子園初出場は25年夏に果たしています。

60年春には、4強に進出。のちに早稲田大を経て母校監督となる今川敬三投手は、小柄なアンダースローのピッチャーとして、話題になりました。80年の春夏連続出場以降は、秋田経大付（現・明桜《めいおう》）などの台頭によって、やや甲子園から遠ざかりますが、能代《のしろ》商を甲子園に導いたことのある小野平監督が、95年、本校野球部の指揮官に就任。2年後の97年夏には石川雅規《まさのり》投手を擁《よう》して17年ぶりに甲子園出場。2004、06年春にも出場し、それぞれ8強に進出しています。

小野監督勇退後、青山学院大在学中からコーチとして指導していた太田直《すなお》氏が、08年、監督に就任。10年春に甲子園出場を果たしています。その後も、12、13年と、夏に連続出場。また、15年夏にも出場し、ベスト8に進出しています。太田監督は国語科教諭でもあるので、言葉を大事にした野球の指導と人間教育を行っています。

学校は、生徒数700人前後の中規模校で、全体の6割が女子。商業科のみで、会計、流通経済、情報の3コースが設けられています。

注目データ

◆**甲子園歴**　春6回、夏18回。通算18勝24敗。4強1回。

◆**主なOB**　石川雅規《まさのり》（ヤクルト）、成田翔《かける》（ロッテ）、高山郁夫《いくお》（元西武・広島など、現中日コーチ）、佐藤剛士《つよし》（元広島）。

◆**入学の目安**　各コースとも、偏差値53～54。

◆**備考**　軟式野球部やレスリング部も強豪で、格闘家・桜庭和志《さくらばかずし》もOB。珠算部も評価が高い。

広島商 ［広島県広島市］

ライバル・広陵《こうりょう》の一人勝ちで、OB連もやきもき

甲子園出場 実現度 ★★☆☆☆

全国2番目の優勝回数を誇る名門ですが、1988年夏を最後に、甲子園大会優勝からは遠ざかっています。出場自体も、2004年春が最後。戦前からライバルの広《こう》陵《りょう》が勢いを強め、ほかの私学も台頭しているだけに、復活を期待するOBや関係者はやきもきしています。近年は県大会ベスト4（14年夏）など。復活までもう少しです。

市立広島商業の名で、1899年に創立。1901年に県立に移管され、創部はそれ以前。16年夏の第2回大会に出場し、24年夏、30年夏、31年春と優勝。以来、バントや機動力をからめて緻密《ちみつ》さで勝負する「広商《ひろしょう》野球」が持ち味として定着していました。

注目データ

◆**甲子園歴** 春21回、夏22回。通算62勝35敗。優勝7回、準優勝2回。4強2回。
◆**主なOB** 柳田《やなぎた》悠岐《ゆうき》（ソフトバンク）、岩本貴裕《たかひろ》（広島）、達川光男（元広島、元広島監督）。
◆**入学の目安** 偏差値は、各コースとも50～53。

津商 ［三重県津市］

2015年夏に念願の初出場！ 今後も期待大

甲子園出場 実現度 ★★★☆☆

前身は1921年に創立された三重県励精《れいせい》中学校。48年の学制改革により、津市高等学校に。55年から現校名となり、同時に創部。現在はビジネス科と情報システム科があります。61年に初めて三重県大会を勝ち上がりましたが、岐阜県代表と出場1枠を争う、当時の三岐《さんぎ》大会で敗退。73、76年夏も、県大会決勝で敗退。前任の白子《しろこ》で、同校を44年ぶりに県ベスト8に進めた宮本健太朗氏が、2010年、監督に就任。15年夏に、念願の甲子園初出場を果たし、初戦で智弁和歌山に逆転勝ち。初勝利も記録。

地域に信頼される商業高校を目指し、ビジネスシーンで活躍できる人材育成をモットーとしていますが、指定校制度などで大学進学する生徒も多くいます。

注目データ

◆**甲子園歴** 夏1回。通算1勝1敗。
◆**入学の目安** 偏差値は52～53。
◆**備考** 女子バレーボール部も強豪で、ビーチバレーのアイドル的存在だった浅尾美和も卒業生。

松山商 ［愛媛県松山市］

「四国4商」の歴史と伝統を背負い、未来へつなぐ

甲子園出場 実現度 ★★☆☆☆

創立は1901年。四国では最古の商業校で、翌年に創部。当時から積極的に活動。以来、プロ、アマを問わず、野球界に数多くの人材を送っています。

69年夏の青森・三沢高との延長18回引き分け再試合後の優勝や、96年夏の外野からの劇的なスーパー返球で熊本工のサヨナラ勝ちを阻止しての優勝など、球史に残る試合も数多く経験。高松商、徳島商、高知商とともに「四国4商」と呼ばれ、歴史を築いてきました。

しかし、2001年夏の甲子園出場を最後に、本校の情勢はやや厳しくなっていますが、近年、県大会ベスト8(15年秋、16年春)など盛り返し気味。今後が期待されます。

注目データ

◆**甲子園歴** 春16回、夏26回。通算80勝35敗1分。優勝7回、準優勝4回、4強6回。

◆**主なOB** 藤本定義（元巨人・阪神監督など）、千葉茂(元巨人、元近鉄監督)、西本聖《たかし》(元巨人・中日など)。

◆**入学の目安** 偏差値は、各コースとも50～53。

徳島商 ［徳島県徳島市］

県内の強豪であり続けようという自負を持つ伝統校

甲子園出場 実現度 ★★★★☆

夏は1917年の第1回大会地方大会から参加している、数少ない学校の1つです。80年代は池田に圧倒されましたが、それ以外の時代は県内をリードする存在で、47年春の優勝、58年夏の魚津との延長18回引き分け再試合を経験しての準優勝などの実績を残しています。

2003年春にも4強進出。以降は06、07年と連続出場し、11年夏にも甲子園に進出。近年も、県大会ベスト4（13年春）など、あと一歩に迫っています。県内には硬式の中学生クラブチームがほとんどないこともあって、中学野球部（軟式）出身者が中心となっています。

注目データ

◆**甲子園歴** 春19回、夏23回。通算41勝41敗1分。優勝1回、準優勝1回、4強4回。

◆**主なOB** 杉本裕太郎（オリックス）、川上憲伸《けんしん》(元中日など)、板東英二（元中日、現タレント）。

◆**入学の目安** 偏差値48前後。

◆**備考** 池田の蔦文也《つたふみや》元監督（元東急）もOB。

静岡商 ［静岡県静岡市］

地域に根ざす「静商《せいしょう》ブランド」の意地を見せられるか

甲子園出場実現度 ★★★☆☆

旧制中学系の静岡とともに県を引っ張る存在。地元では「静高《しずこう》」に対し、「静商《せいしょう》」と呼ばれて親しまれ、ユニフォームの胸文字も「SEISHO」。1899年に市立静岡商として創立され、当時は男子校（1949年から共学に）。1922年、県立に移管されました。野球部も、戦前に創部。34年春、甲子園初出場。52年春に全試合完封で優勝。68年夏は、準優勝。低迷していた時代もありましたが、2006年夏、31年ぶりに甲子園に復活。近年も県大会ベスト4（15年夏）などと健闘しています。

注目データ

◆**甲子園歴**　春6回、夏9回。通算23勝14敗。優勝1回、準優勝2回。

◆**主なOB**　大石大二郎（元近鉄、元オリックス監督）、藤波行雄（元中日）、池谷公二郎《いけがやこうじろう》（元広島）。

◆**入学の目安**　偏差値は50〜53。

◆**備考**　歌手の久保田利伸《としのぶ》、プラモデルのタミヤの創業者・田宮義雄も卒業生。

浜松商 ［静岡県浜松市］

県西部の高校野球を支えてきた名門校

甲子園出場実現度 ★★★☆☆

2000年夏を最後に甲子園出場はありませんが、1960年代から90年ごろまでは一時代を築きました。県内では公立商業が優勢でしたが、近年は私学勢が強化。選手確保を含めて、公立高校の苦戦はまぬがれない状況が全国的にあります。浜松商も例外ではありません。それでも、バントなど粘り強い野球で少ないチャンスを生かす伝統のスタイルは継承。学校創立は明治時代で、野球部も1924年創部。78年春、スター不在の中、森下知《とも》幸《ゆき》主将を中心にまとまったチームで全国制覇。浜商野球の確かさを示したとも言われました。近年は県大会ベスト8（16年秋）など、もう一歩の状勢です。

注目データ

◆**甲子園歴**　春8回、夏9回。通算21勝16敗。優勝1回。

◆**主なOB**　船田和英《ふなだかずひで》（元巨人・西鉄・ヤクルト）、森下知幸《ともゆき》（常葉菊川《とこはきくがわ》監督）、佐野心《こころ》（元中日）。

◆**入学の目安**　各コースとも50〜52前後。

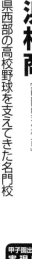

水戸商［茨城県水戸市］

伝統の「水商《すいしょう》」への期待も大きい

甲子園出場 実現度 ★★★☆☆

1902年に創立された、茨城県内最初の商業学校です。5年後に創部。甲子園初出場は、茨城商時代の27年夏。翌28年に水戸商となり、地元では親しみを込めて「水《すい》商《しょう》」と呼ばれています。戦前から戦後の40～50年代は、県内の高校球史をそのまま背負う活躍でした。

一時低迷しましたが、88年ごろから復活の気配を見せ、92年春、32年ぶりに出場。夏も94、95年と連続出場を果たし、99年春には準優勝。多くの県民を歓喜させました。その後も数回出場。県大会では、2013～15年秋が8強、16年春は4強に進出しています。

注目データ

◆甲子園歴 春4回、夏10回。通算14勝14敗。準優勝1回。
◆主なOB 井川慶《いがわけい》（元阪神など）、大久保博元（元西武・巨人、元楽天監督）、豊田泰光（元西鉄など）。
◆入学の目安 各コースとも偏差値55前後と商業校としては高い。

高崎商［群馬県高崎市］

経済都市・高崎を支える伝統校の自負

甲子園出場 実現度 ★★☆☆☆

経済都市・高崎の伝統ある商業校です。1918年に、市立から県立に移管されました。高崎駅から両毛《りょうもう》線で2つめの井野駅から徒歩約20分。広大なラグビー兼サッカーのグラウンドを越えた先に野球専用球場があるという、恵まれた環境です。2012年夏も出場を果たしました。地域にも支援者が多い人気校。近年は県大会ベスト4（15年夏）など。

注目データ

◆甲子園歴 春3回、夏11回。通算5勝14敗。4強1回。**◆入学の目安** 偏差値は、各コース48前後。**◆備考** ラグビー部も県内上位。

前橋商［群馬県前橋市］

私学勢優位の中、あえて立ち向かう

甲子園出場 実現度 ★★☆☆☆

市立前橋商業学校として、1920年に創立されました。34年に県立に移管されています。私学勢の台頭が著《いちじる》しい中、2005年夏以降、4回の甲子園出場（直近は、10年夏）。近年は、県大会ベスト8（15年秋）など。近隣の少年野球の好選手が集まり、チーム力向上に期待が持てます。

注目データ

◆甲子園歴 春3回、夏5回。通算5勝8敗。**◆主なOB** （後藤）駿太（オリックス）、篠田純平（元広島）。**◆入学の目安** 偏差値50～52。**◆備考** 『タッチ』などのマンガ家・あだち充《みつる》もOB。

宇部商 ［山口県宇部市］

全員のチーム力で、着実に実績を重ねてきた実力校

甲子園出場 実現度 ★★★★☆

市立宇部商業実践学校から1941年に県立に移管され、44年に現校名に。その後、商業科4コースと情報管理科を設置。66年春に初出場を果たし、甲子園史上初となる2ランスクイズを決めるなどで4強進出。初戦敗退の少ない甲子園常連校となり、85年夏には準優勝。突出した選手がいなくても勝てるチームとして注目されています。2005年夏にも4強。06年夏のあと、31年間チームを率いた玉国光夫《たまくにみつお》監督が勇退。教え子の中富力《なかとみつとむ》監督が引き継いで、07年春に甲子園へ導き、伝統を継承しています。15年秋も県大会準優勝で、中国大会進出。

注目データ

◆**甲子園歴** 春7回、夏12回。通算27勝19敗。準優勝1回、4強2回。
◆**主なOB** 上本達之《うえもとたつゆき》（西武）、有田修三（元近鉄・巨人など）。
◆**入学の目安** 商業科、情報科ともに、偏差値50前後。
◆**備考** 男子バレーボール部も全国レベルの強豪。

岩国商 ［山口県岩国市］

岩国に負けない意識で、チーム力を維持

甲子園出場 実現度 ★★☆☆☆

創立は、1929年。町立実業公民学校が前身で、変遷《へんせん》を経て、53年に現校名に。県内というよりも、岩国市内で旧制中の岩国と競い合う存在。「岩商《がんしょう》」の名で親しまれ、ユニフォームの胸にも「GANSHO」と記載。甲子園初出場は68年夏で、最近では、2013年に春夏連続出場を記録しています。

注目データ

◆**甲子園歴** 春1回、夏4回。通算3勝5敗。◆**主なOB** 中本富士雄（元広島）、山崎清（元南海）。◆**入学の目安** 偏差値は48前後。◆**備考** 卓球部。ソフトテニス部は県の強化指定校。

下《しもの》関《せき》商 ［山口県下関市］

県内の伝統をつくった「S」のプライド

甲子園出場 実現度 ★★★☆☆

1960年代に輝かしい歴史を刻んだ伝統校。当時からの左胸に「S」のユニフォームはその証《あかし》。創立131年目の2015年、夏は20年ぶりの出場（春は08年も出場）。古豪健在を広く知らしめました。16年春季大会は8強に進出。

注目データ

◆**甲子園歴** 春14回、夏9回。通算29勝22敗。優勝1回、準優勝2回、4強2回。◆**主なOB** 池永正明（元西鉄）、藤本英雄（元巨人など。兼任監督も）。◆**入学の目安** 商業科、情報科ともに、偏差値は50前後。◆**備考** 仁《じん》・義《ぎ》・智《ち》などのクラス名も伝統。

土岐《とき》商

［岐阜県土岐市］

「県岐商《けんぎしょう》に続け」の支援体制も整備

甲子園出場実現度 ★★☆☆☆

組合立土岐《とき》郡中央が1953年に県立に移管されて現校名となり、その際に軟式で創部。64年から硬式となり、77年夏に甲子園初出場を果たしました。以降は、県内では中堅レベル校として健闘しています。2005年夏に、28年ぶり2度目の出場を果たし、少しずつ周囲の支援体制も整備。さらに10年夏に、3度目の出場。初戦で鳥取の八頭《やず》相手に16安打と打線が爆発。15対2と圧倒し、初勝利も記録しています。岐阜の伝統校としてリードする県岐阜商に続けという意気込みです。14年秋は県大会3位で東海大会2回戦進出。15年春は県大会準優勝。

注目データ

◆**甲子園歴**　夏3回。通算1勝3敗。

◆**主なOB**　奥村武博《たけひろ》（元阪神）。土本恭平《つちもときょうへい》（元巨人）。

◆**入学の目安**　ビジネス科、ビジネス情報科ともに、偏差値50前後。

◆**備考**　陸上部、弓道部、ウエイトリフティング部などが全国大会出場歴あり。

長野商

［長野県長野市］

戦前から高い甲子園実績のある伝統校「長商《ちょうしょう》」

甲子園出場実現度 ★★★☆☆

明治時代に、前身の商業学校が設立され、1913年に市立長野商となり、県立移管は22年でした。創部はその前年。25年春に、甲子園初出場を果たしています。以降、戦前だけで春夏合わせて9回出場し、39年夏には4強に進出。その後ブランクがありましたが、63年夏、44年ぶりに出場。さらに、2000年春にも出場し、初戦の岩国を延長で下しています。15年秋は県大会優勝で、北信越大会でもベスト4などの成績を残し、次の甲子園出場を視野に入れています。

戦前から実績のある伝統校のため、古くから周囲の熱い応援があり、「長商《ちょうしょう》」の名で親しまれています。

注目データ

◆**甲子園歴**　春3回、夏8回。通算9勝11敗。4強1回。

◆**主なOB**　金子千尋《ちひろ》（オリックス）。

◆**入学の目安**　商業校としては比較的高く、偏差値50〜54。

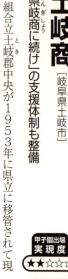

富山商

［富山県富山市］

県内の高校野球を支える、慶應《けいおう》スタイルの伝統校

甲子園出場実現度 ★★★★☆

県内で最も古い商業校の1つで1897年に創立され、1918年に創部。自然と県内の野球をリードする学校の1つとなっていきました。初出場は40年夏。商業高校同士の県内ライバル・高岡商に3年遅れましたが、以降は両校で競い合ってきました。初勝利は67年夏で、これも高岡商のあとでしたが、73年夏に8強進出。全国レベルでの上位進出実績では上回っています。

2014年夏にも、日大鶴ヶ丘を2対0、関西を3対1で下すなど接戦を制し、2勝をあげています。近年でも実績をあげている商業校の代表格と言っていいでしょう。ユニフォームは、09年春出場の際に従来の慶應《けいおう》義塾《ぎじゅく》型からブロック文字の「TOMISHO」に変更。

注目データ

◆**甲子園歴**　春5回、夏16回。通算10勝21敗。

◆**主なOB**　中澤雅人《なかざわまさと》（ヤクルト）、浅井樹《いつき》（元広島、現広島コーチ）、山本栄二（元オリックス）。

◆**入学の目安**　各科とも、偏差値46。

高岡商

［富山県高岡市］

伝統の早稲田カラーは健在！ 富山商と競い合う

甲子園出場実現度 ★★★★☆

明治時代創立の名門商業校。1923年の野球部発足当時に早稲田大から指導を仰《あお》いだという縁《えん》で、現在も早稲田カラーのユニフォームの伝統を継承。

甲子園初出場は県内のライバル・富山商に一歩先んじ、37年夏でした。47年夏に初勝利。その後もコンスタントに出場を果たすなど、代々、チーム力の安定感があります。2000年以降も、05年夏、06年春、08年夏、10年夏、15年夏に出場。16年春は北信越大会で準優勝。

「練習の理由を考える」ことなど、自分たちの頭を使って野球をしようという姿勢が浸透しています。

注目データ

◆**甲子園歴**　春4回、夏17回。通算8勝21敗。

◆**主なOB**　進藤達哉《たつや》（元横浜など、現DeNAコーチ）、紺田敏正《こんた》（元日本ハムなど、現日本ハムコーチ）、干場崇永《ほしばたかひさ》（元ロッテ）、土肥健二《どい》（元ロッテ）。

◆**入学の目安**　各科とも偏差値46。

◆**備考**　俳優の山田辰夫も卒業生。

熊《くま》谷《がや》商 ［埼玉県熊谷市］

名門復活への期待は高い、県内北部の雄《ゆう》

甲子園出場 実現度 ★★☆☆☆

大正時代に熊谷《くまがや》商の名で創立され、その後、熊谷商工に。商工時代に、1964、65年夏と、甲子園に連続出場。66年に工業を分離し、元の校名に。野球部の歴史を継承し、70、71年夏、85年春にも出場。が、その後は苦戦。八潮《やしお》南で好チームをつくっていた、本校OBの新井茂氏が、2013年、監督に就任。復活への期待も上昇。15年夏の県大会は久々のベスト16。

注目データ ◆**甲子園歴** 春1回、夏5回。通算6勝6敗。◆**主なOB** 君波隆《きみなみたか》祥《よし》（元ヤクルト）。◆**入学の目安** 偏差値は商業で43、情報処理で46。

桐《きり》生《りゅう》商 ［群馬県桐生市］

市立校として地元の人気は高い

甲子園出場 実現度 ★★☆☆☆

桐生《きりゅう》市実践女子青年学校が前身。1941年に市立実践女学校となり、さらに市立高等女学院と改称。学制改革時に桐生市立高に。53年に現在の桐生市立商となり、同時に創部されました。台頭したのは、68年夏の県4強から。86年夏も4強。甲子園初出場は、2002年夏。地元では、「桐商《きりしょう》」と呼ばれ、高い人気を誇ります。近年は県大会ベスト8（15年春）など。

注目データ ◆**甲子園歴** 夏1回。通算0勝1敗。◆**主なOB** 田面巧二郎《たなぼこうじろう》（阪神）。◆**入学の目安** 偏差値は53前後。

銚子商 ［千葉県銚子市］

地元では変わらぬ「銚商《ちょうしょう》」の人気ぶり

甲子園出場 実現度 ★★☆☆☆

1960〜80年代にかけて、全国の高校野球で一時代をつくった名門校です。65年夏、準優勝。72年春に4強入りし、74年夏には全国制覇を達成。低迷期もありましたが、95年春に準優勝。が、その後は2005年夏出場が最後。13年春の県大会は決勝に進出しましたが、習志野《ならしの》に0対1で惜しくも敗戦。

注目データ ◆**甲子園歴** 春8回、夏12回。通算39勝19敗。優勝1回、準優勝2回、4強1回。◆**主なOB** 篠塚利夫《としお》（現・和典／元巨人）。◆**入学の目安** 情報処理で49〜52、商業で47、海洋は38。

横浜商 ［神奈川県横浜市］

マリンブルーの甲子園復活を夢見るファンも多いが…

甲子園出場 実現度 ★★☆☆☆

前身は、1882年創立の横浜商法学校。1917年に横浜市立商業学校となり、48年、学制改革で市立横浜商に。「Y校」の愛称で人気。97年春を最後に甲子園出場はないものの、2015年夏は久々に県大会ベスト16入りで期待が膨らみました。

注目データ ◆**甲子園歴** 春9回、夏7回。通算25勝16敗1分。準優勝2回、4強3回。◆**主なOB** 山口鉄也（巨人）、荒井幸雄（元ヤクルトなど）、三浦将明《まさあき》（元中日）、河原隆一（元横浜）。◆**入学の目安** 偏差値は国際科で57前後、商業科で52。

明石商《あかし》 ［兵庫県明石市］

旋風を巻き起こした、2016年春の進撃

甲子園出場実現度 ★★★☆☆

初の甲子園となった2016年春、優勝候補の東邦を下すなどして8強入りして注目されました。狭間善徳《はざまよしのり》監督は、明徳義塾《めいとくぎじゅく》高で馬淵史郎《まぶちしろう》監督のもとでコーチを務め、さらに明徳義塾中で4度全国制覇を果たした経歴の野球人。07年からチームを率いて強化にあたり、県勢最初のタテジマユニフォームを採用。これには、明徳義塾に追いつけ追い越せの思いも込められています。

1963年創立で、同時に創部。明石《あかし》市唯一の市立校です。商業科には体育強化の「スポーツ科学類型」というコースがあり、県内全域から選手が集まります。そのため、学校近くで下宿しながら練習に励《はげ》む選手も数多くいます。

注目データ

◆**甲子園実績**　春1回。通算2勝1敗。

◆**入学の目安**　偏差値は42前後。

◆**備考**　パラリンピック女子車いすテニスの日本代表・上地結衣《かみじゆい》、マンガ家の井上トモヲ、小田原ドラゴンも卒業生。

三沢商 ［青森県三沢市］

2015年夏、29年ぶりに厚い壁を破って出場

甲子園出場実現度 ★★☆☆☆

青森県内では、私学の2強（青森山田、八戸《はちのへ》学院光星）が突出。それでも、多くの公立校は、その壁に挑みながら甲子園を目指しています。

2015年春からOBの浪岡健吾氏が監督に就任。その年の夏、決勝で延長の末に八戸学院光星を下し、ついに壁を突破。公立校としては、1996年の弘前実《ひろさき》以来、三沢商としては86年以来の出場に、学校関係者や地元は大いに沸きました。その後、15年秋は県ベスト16。2強などが立ちはだかりますが、まだまだ可能性も。

1963年創立で、商業科と情報処理科があります。三沢市内と近隣地域の軟式出身者がほとんどです。

注目データ

◆**甲子園実績**　夏2回。通算0勝2敗。

◆**主なOB**　佐々木明義（元オリックス・巨人）。

◆**入学の目安**　偏差値50前後だが、甲子園出場によって女子の志望者が増えると、上昇の可能性も。

◆**備考**　バスケットボール部、吹奏楽部なども活躍。

福井商 [福井県福井市]

名門の歴史を背負い、ニュー福井商での栄光を目指す

甲子園出場 実現度 ★★★★☆

福井商野球イコール北野尚文《なおふみ》監督。1968年から42年間にわたって福井商を指導し続け、春夏合わせて36回の甲子園に導いた同監督の存在感は、県の高校野球界において圧倒的でした。78年春の全国準優勝、86年夏からの8季連続甲子園出場など、多くの実績を残し、人材も生み出してきました。その北野監督が2010年で勇退し、ニュー福井商がスタート。その後、甲子園には、11年夏に出場するなど、結果も出ています。15年秋は県3位で信越大会も8強など、常に県内上位です。

名門校ながらグラウンドは専用ではなく、限られた環境の中で努力する姿勢も伝統です。

注目データ

◆**甲子園歴** 春17回、夏22回。通算33勝39敗。準優勝1回、4強2回。
◆**主なOB** 中村悠平《ゆうへい》(ヤクルト)、天谷宗一郎《あまやそういちろう》(広島)、齊藤悠葵《ゆうき》(元広島)、横山竜士《りゅうじ》(元広島)。
◆**入学の目安** 偏差値54は、商業校としては全国上位。

宇治山田商 [三重県伊勢市]

伊勢神宮が身近にある、県内有数の伝統校

甲子園出場 実現度 ★★★☆☆

県内有数の伝統を誇る商業校です。明治時代末期に、前身の市立校が創立。1920年、県立に移管されました。両翼98m、中堅115mの球場に、室内練習場も完備。2003年夏、25年ぶりに甲子園に復活。07年夏には優勝した佐賀北と延長15回引き分け再試合なども経験しました。08年春にも出場し、初勝利。近年は、県大会ベスト4(16年春)など。

注目データ

◆**甲子園歴** 春1回、夏3回。通算1勝4敗1分。◆**主なOB** 中井大介(巨人)、江川智晃《ともあき》(ソフトバンク)。◆**入学の目安** 偏差値54前後。

福島商 [福島県福島市]

復活待ち望む地元の声は多いが…

甲子園出場 実現度 ★★☆☆☆

明治年間に、補習学校が乙種商業校として設立され、1922年、県立に移管。創部も同年です。初出場は51年夏。71年春に初勝利を記録し、8強に進出しています。また、2000年は春夏連続出場で、春8強。近年は苦戦が続いていますが、15年秋に県大会ベスト4。伝統のユニフォーム「Fc」の甲子園復活を望む人も多く、一歩ずつ近づいています。

注目データ

◆**甲子園歴** 春3回、夏8回。通算6勝11敗。◆**主なOB** 古《ふる》溝克之《みぞかつゆき》(元阪急・阪神など)。◆**入学の目安** 偏差値50~53。

八幡商《はちまん》［滋賀県近江八幡市《おうみはちまん》］

甲子園出場実現度 ★★★☆☆

近江商人の地元に根づく伝統校

地元では「八商《はっしょう》」と呼ばれて親しまれており、ユニフォームの胸文字も「HASSHO」。130年の歴史を有する伝統校で、ネット裏には、保護者だけでなく、地元の人やOBなども熱心に足を運んでいます。

甲子園初出場は、1951年春。70年代にはやや低迷していましたが、80年代後半からは常連校と言ってもいいぐらいの実績をあげています。2000年代なかばには、04年春、05年春、06年夏など集中的に出場。11年夏には3回戦の帝京戦で、9回表に3点のビハインドを跳《は》ね返して5対3で勝利するなど、強烈な印象を残しています。近年は、県大会ベスト8（15年夏）など。

注目データ

◆**甲子園歴**　春7回、夏7回。通算12勝14敗1分。

◆**主なOB**　則本昂大《のりもとたかひろ》（楽天）、大辻秀夫（元国鉄）、荒川昇治（元松竹・大洋など）。

◆**入学の目安**　国際は偏差値54、商業は48前後。

◆**備考**　元首相・宇野宗佑《そうすけ》もOB。

高知商［高知県高知市］

甲子園出場実現度 ★★★☆☆

私学の躍進で苦戦しても、地元では圧倒的人気

高知市立校で地元では「市商《ししょう》」と呼ばれて親しまれている伝統校です。帽子の「S」マークも、欧文表記の「SHISHO」からだとも言われています。1918年、創部。

甲子園初出場は戦後で、48年の春。以降、強さを発揮して、50年春に準優勝、57年春も準優勝。78年春も準優勝ですが、このころは出場すれば8強以上までは進出するほどの強さを見せていて、80年春には、ついに初優勝を果たしました。近年はやや苦戦し、2006年夏の出場が最後となっていますが、15年秋の県大会では準優勝。県内では圧倒的な人気があり、復活が待たれています。

注目データ

◆**甲子園歴**　春14回、夏22回。通算59勝35敗。優勝1回、準優勝3回、4強3回。

◆**主なOB**　藤川球児《きゅうじ》（阪神など）、江本孟紀《たけのり》（元南海・阪神など）、中西清起《きよおき》（元阪神）、鹿取義隆（元巨人、西武）、岡林洋一（元ヤクルト）、津野浩（元日本ハムなど）。

◆**入学の目安**　偏差値46前後。

佐賀商

［佐賀県佐賀市］

1994年夏、九州対決を制して全国制覇

甲子園出場実現度 ★★★★☆

創立は、明治時代の1907年。創部は、大正期に入ってからの21年です。35年夏に初出場を果たしていますが、なんといっても輝いているのは、94年夏。春夏合わせて15回目の甲子園でしたが、過去は82年の2勝が最高。しかしこの年は、初戦で浜松工を下すと、2回戦は関西《かんぜい》、3回戦は那覇《なは》商、準々決勝は北海、準決勝は佐久《さく》を破って決勝進出。そして、夏の大会初となる樟南《しょうなん》との「九州同士の決勝戦」では、リードされながらも8回に追いつき、9回表に満塁本塁打が出て逆転。初優勝を飾りました。

以降も、97年夏、2000年春など出場を重ね、初戦突破も果たしています。最後の出場は08年夏。15年夏は県大会ベスト4、15年秋は県大会優勝で、九州大会進出。

注目データ

◆**甲子園歴** 春6回、夏15回。通算17勝20敗。優勝1回。

◆**主なOB** 田中豊樹《たなかとよき》（日本ハム）、新谷博《しんたにひろし》（元西武）、於保浩己《おほひろみ》（元ロッテ）、兵動秀治《ひょうどうひではる》（元広島、現競輪選手）。

◆**入学の目安** 各科とも、偏差値53前後。

唐津《からつ》商

［佐賀県唐津市］

風光明媚《ふうこうめいび》な城下町の伝統校として地元で人気

甲子園出場実現度 ★★★☆☆

原点は、大正期の私立補習学校です。そこから町立、県立への移管を経て、唐津《からつ》実の名称に。さらに工業科が独立分離し、1962年に現校名になっています。

初出場は唐津実時代の61年春。その後、5度目の出場となった84年夏に初勝利。2011年夏に27年ぶりに出場し、初戦突破も果たしています。15年夏に佐賀県大会準優勝。

注目データ

◆**甲子園歴** 春2回、夏4回。通算2勝6敗。◆**主なOB** 藤井将雄《まさお》（元ダイエー）。◆**入学の目安** 偏差値48前後。

伊万里《いまり》商

［佐賀県伊万里市］

徐々に力をつけ、2006年春に初出場。2回目は…

甲子園出場実現度 ★★☆☆☆

明治時代後期に、組合立商業補習学校として創立。伊万里《いまり》中などの名称を経て、伊万里高女と統合して伊万里高に改称。1953年に商業科が再独立し、現校名に。50年代当初は県内8強が最高でしたが、98年夏に県準優勝で躍進。2006年春、甲子園初出場。近年は県大会ベスト8（15年夏）など。ライバルの壁は高いものの、2回目の出場を狙っています。

注目データ

◆**甲子園歴** 春1回。通算0勝1敗。◆**主なOB** 迎祐一郎《むかえゆういちろう》（元オリックス・広島、現広島コーチ）。◆**入学の目安** 情報処理46、商業45。

まだある! 甲子園を狙える高校 コラム5

その他の注目の商業校も紹介! 甲子園での全盛期、そして新時代へ

戦前には、土地名を冠した中学と商業学校が競い合う構図が多くありました。その後、終戦を経て学制改革などがあったあとも、まだまだ商業校が十分に甲子園出場を果たしていました。ここでは、Part 7本編で紹介できなかった、注目の商業高校を解説したいと思います。

地域的に見ていくと、東北では**青森商**（夏1回）、岩手県の**盛岡商**（春1回、夏3回。ほかに、盛岡高校としての2回）、関東では埼玉県で**深谷商**が1971年に春夏連続出場、**所沢商**が76年、78年、83年と夏に3度出場。千葉県では**千葉商**が50年代から活躍して、春1回、夏7回の出場。山梨県の**甲府商**（春2回、夏3回）は、86年春のあと、2007年夏に復活出場。新潟県では**長岡商**（夏2回）と**新潟商**（春1回、夏7回）、長野県では**須坂《すざか》商**（夏1回）なども出場、岐阜県の**大垣商**（夏3回）は、63年夏に初出場。その後、88年夏には篠田淳《じゅん》投手（元ダイエー）を擁《よう》して2勝し、94年夏にも出場しています。近畿では、奈良県の**高田商**が60年代に春夏1度ずつ、94年春にも出場。和歌山県では79年春に、田辺商（現・**神島《かしま》**）が出場。四国では85年春に高知の**伊野商**が初出場でいきなり初優勝を成し遂《と》げる快挙を見せました（ほか、夏1回）。愛媛県の**新居浜《にいはま》商**（春4回、夏2回）も、75年夏に準優勝。山口県では防府《ほうふ》商（現・**防府《ほうふ》商工**／春4回、夏2回）が夏に準優勝と活躍していて、萩商（現・**萩商工**／夏1回）、柳井《やない》商（現・**柳井《やない》商工**／夏3回）なども出場歴あり。島根県の**松江商**は春7回、夏3回出場。通算7勝10敗の成績です。九州勢は、長崎県の**長崎商**（春2回、夏6回）、大分県では名門・**大分商**などが出場。大分商は戦前からの出場実績のある伝統校で、春5回、夏は15回出場で、通算16勝19敗。直近では、2013年夏に16年ぶりの出場。鹿児島県では、県立ではなく、鹿児島市立の**鹿児島商**が、86年夏にはベスト4に進出し、07年春にも出場。春12回、夏13回、通算15勝25敗1分という記録が残っています。

2013年夏は、久々の甲子園となった大分商。

このように、出場が難しくなった近年でも、Part 7で紹介した、15年夏が初出場の**津商**（P135）や、16年春が初の**明石《あかし》商**（P143）、13年夏に27年ぶりの出場となった**岩国商**（P139）や、15年夏に29年ぶり出場の**三沢商**（P143）、さらに前述の大分商など、健闘している商業校は多数。これからも、懐《なつ》かしい校名や新しい校名が、出場校に名をつらねるチャンスが訪れることでしょう。

Part8

地場密着工業・農水産校型

男子部員確保と指導体制の安定で、実力維持

熊本工、宇都宮工、前橋工、南陽工、倉敷工、鹿児島工、豊橋工、広島工、岐阜工、関《せき》商工、富山工、砺波《となみ》工、小松工、伊勢工、日田林工《ひたりんこう》、松本工、有田工、金足《かなあし》農、大曲《おおまがり》工、川越工、沖縄水産、美里《みさと》工、八重山《やえやま》商工

今の時代の全体的な傾向として、高校生世代の普通科志向が強くなってきています。それは20年ほど前から続いていて、実業系高校の存続の危機にもつながる状況です。商業校では女子生徒が増え、逆に男子生徒の志望者が減少し、野球部員確保が困難になっていることは、すでに129ページで述べたとおりです。

一方、工業校などの場合、学科がより細分化されて総合技術高校という形になっているケースが増えてきました。さらには普通校との統合などで、公立実業校が総合学園として生まれ変わっている場合もあります（Part9参照）。また、学科を増やして、工科高校という呼称を用いている学校も多くなってきています。

そういった流れの中でも、伝統を維持しながら地域でも求められる工業校、あるいは農業校や水産校などが存在しています。各ジャンルの専門教育の役割を果たしていきつつも、男子部員を確保し、野球

部活動の実績をあげてきている学校もあります。

戦前からの実力校として、多くの地元ファンもいる熊本工などはその最たる存在と言っていいでしょう。ほかにも、北関東では一時代をつくった前橋工や宇都宮工、近年、甲子園出場で躍進している鹿児島工なども高評価に値します。

また、沖縄水産や金足《かなあし》農といった高校も、それぞれの実業指導を行っている学校の中で、野球実績のある代表格と言っていい存在です。ともに、甲子園でも活躍しました。

実業校の場合、実習の授業が多く、野球の練習時間をなかなか確保できないという現実もあります。しかし、それらを承知のうえで、伝統ある実業校の中に身を置いて頑張っていきたいという生徒もいるでしょう。そんな選手には、これら実業系の学校も、甲子園出場を目指すための選択肢に十分なりうると思います。Part8では、すでに解説した商業校を除く実業系である、工業、商工（商業科、工業科を併設）、農業、水産などの高校を紹介していきます。教科が限られる工業校などは、普通校や商業校より教員異動が少ないので、同じ監督が1つの野球部を比較的長く指導できる傾向にあります。

前橋工も、地元企業の尽力などで練習設備が整えられている工業校の1つ。

熊本工

県内をリードし、全国の工業校も引っ張る

［熊本県熊本市］

甲子園出場実現度 ★★★★☆

熊本県工業学校として、1898年創立。大正時代に入って創部された野球部は、1932年に甲子園初出場し、4強入り。翌33年夏には2度目の出場で準優勝。以来、幾多の名勝負を繰り広げ、名選手も生み出してきました。

近年の甲子園で、語り継がれる試合と言えば、96年夏の松山商との劇的な決勝戦。松山商が1点リードで迎えた9回裏2死走者なし。もう、あとがないところから、熊本工の1年生・澤村幸明《こうめい》選手が起死回生の同点本塁打。さらに延長10回には、犠飛で熊本工のサヨナラ勝ちかと思われた場面で、松山商の矢野勝嗣《まさつぐ》外野手の好返球で間一髪アウト。熊本工は11回表に3点をとられて惜しくも優勝はのがしましたが、素晴らしいプレーの連続の好ゲームでした。

その後は04年に春夏連続出場を果たして以来、夏は3年連続出場。07年春にはベスト4に進出して、健在ぶりを見せています。さらに、09年夏と13年夏にも出場。14年秋は県大会準優勝で九州大会に進出しています。

球界への人材輩出という面では、のちに「打撃の神様」と言われ、巨人軍指揮官としてV9を達成した名将・川上哲治監督が挙げられるでしょう。川上投手を擁《よう》して、37年夏に2度目の準優勝。こうして、戦前に2度、戦後は前述の96年と、都合3度の決勝進出がありますが、全国制覇には届いていません。とはいえ、県の高校野球史を背負ってきた学校です。伝統を受け継ぎ、地元ファンの熱い声援にも支えられ、県内では圧倒的な人気を誇ります。

グレー地に漢字の筆文字で「熊工」と書かれたユニフォームは、工業校らしい力強さが感じられます。これをモチーフにしてユニフォームデザインをしている、ほかの工業系の学校もあるほどです。県内で

は九州学院や秀岳館《しゅうがくかん》など私学の有力校が、ますます強化体制に入ってきていますが、そんな中で、毎年

グレー地に筆文字というユニフォームからも、工業高校らしい力強さが感じられる熊本工。

高いレベルでチーム力を維持しているのは、さすが伝統校と言っていいでしょう。

これほど実績のある学校とはいえ、公立校なので、選手の大多数は県内出身者。ただ、県外出身者も受け入れ可能な定時制や寮があり、選手を広く集められる体制は整っています。

学科は、機械、電子、繊維工業など10科に細分化。全校中2割前後が女子生徒です。

注目データ

◆**甲子園歴**　春20回、夏20回。通算45勝40敗。準優勝3回、4強5回。

◆**主なOB**　伊東勤《つとむ》（元西武・西武監督、現ロッテ監督）、荒木雅博（中日）、藤村大介（巨人）、前田智徳《とものり》（元広島）、緒方耕一（元巨人）、（田中）秀太《しゅうた》（元阪神）など。

◆**入学の目安**　コースによって偏差値は50～55くらいの幅がある。

◆**備考**　ラグビー部も強豪で、ソフトテニス部、吹奏楽部などの活動も盛ん。

宇都宮工

［栃木県宇都宮市］

実績ある公立工業校だが、近年はやや苦戦が続く

甲子園出場実現度 ★★☆☆☆

1923年の創立で、同時に創部という歴史を持つ工業校。甲子園初出場は50年夏で、いきなり4強に進出。59年夏は大井道夫投手の活躍で県勢初の決勝進出を果たし、準優勝。89年春にも出場し、96年春には8強に進出。ちなみに大井投手は、現在は新潟の日本文理で監督を務め、2009年春の準優勝にも導いています。

02年春を最後になかなか甲子園に届いていませんが、名門復活を期待する声は多くあります。近年は苦戦が続いているものの、伝統校らしく支援体制は厚いので、今後に期待は持てます。工業校ながら、女子生徒も2割近く在学しています。

注目データ

◆**甲子園歴**　春5回、夏4回。通算12勝9敗1分。準優勝1回。4強1回。

◆**主なOB**　仁平馨《にへいかおる》（元広島など）、大井道夫（日本文理監督）。

◆**入学の目安**　各科ともに、偏差値は46〜48。

前橋工

［群馬県前橋市］

文字どおり地場密着で、練習環境は最高レベル

甲子園出場実現度 ★★★☆☆

創立は1923年。市立で始まり、県立に移管されたのが37年。そのころから他校との対抗戦を行っていた歴史があります。

初出場は66年春。その後、74年夏と、96、97年夏に4強入り。2002年夏、10年春にも出場しています。近年は、15年秋、16年春と県大会ベスト4進出。

学校は05年に移転し、新校舎が完成。地元企業の尽力で、夜間照明付きの両翼102m、中堅120mという立派なグラウンドがつくられ、室内練習場も併設。練習環境には恵まれています。公立校だけではなく、私立校まで含めても、県内最高レベルの施設と言われています。

注目データ

◆**甲子園歴**　春4回、夏9回。通算15勝13敗。4強3回。

◆**主なOB**　狩野恵輔《かのうけいすけ》（阪神）、井野卓《いのすぐる》（楽天・ヤクルトなど）、渡辺久信（元西武、元西武監督）、佐野仙好《のりよし》（元阪神）。

◆**入学の目安**　偏差値は45〜50。

南陽工［山口県周南市］

「炎のストッパー」の心を引き継ぐ

甲子園出場
実現度
★★★★☆

創立は比較的新しい1962年で、翌年に創部。当時の南陽町に進出してきた企業から要請を受けての工業校創立という背景があります。当初は、県内でもそれほど注目を浴びる存在ではありませんでした。

しかし、のちにプロ入りして「炎のストッパー」と呼ばれるようになった津田恒美《つねみ》投手を擁《よう》し、77年秋の中国大会初出場で初優勝。翌78年は春夏甲子園出場を果たし、春は刈谷《かりや》、東海大四を下してベスト8。夏は初戦突破したものの2回戦で敗退しましたが、津田投手の豪速球は注目を集めました。

これで、県内では有力校という位置づけに。それでも78年夏以降は甲子園になかなか届きませんでしたが、2000年春、06年にも春夏出場を果たしています。その後は09年春、10年夏、16年春と比較的コンスタントに甲子園行きを決めています。校内には両翼95mの専用グラウンドがあり、そこには、病のため若くして故人となった津田恒美投手の記念碑や「弱気は最大の敵」と書かれた自筆のメッセージなどが並んでいます。選手はそれを毎日目にして心に刻みます。目標となる先輩がいたこと、練習設備が充実していることなど、公立校ながらも恵まれていると言えるのではないでしょうか。

毎年部員は各学年20人前後です。全校生徒は350人ほどで、9割以上が男子生徒。設立の経緯からも、地元企業への就職率は高く、卒業生たちは地域から厚い信頼を受けています。このあたりも、地場密着校として評価されているところです。

注目データ

◆**甲子園歴**　春5回、夏3回。通算6勝8敗。
◆**主なOB**　津田恒美《つねみ》(のちに恒実《つねみ》／元広島)、岩本輝《あきら》(阪神)。
◆**入学の目安**　偏差値は45～46程度。
◆**備考**　ソフトテニス部、弓道部も強豪。

倉敷工 【岡山県倉敷市】

伝統を維持し、県勢の歴史を引っ張ってきた意地

甲子園出場実現度 ★★☆☆☆

創立は1939年で、その2年後に創部となりましたが、戦争で、部活動はすぐに中断。47年に再開。49年夏、甲子園に初出場し、ベスト4に進出。以来、県内をリードしていく存在となります。57年春にもベスト4。その後は報徳学園に延長で大逆転負けするなどの試合もありましたが（61年夏）、67年は、春夏でベスト4。70年代までは、県内一の実績でした。

それ以降はやや停滞期をはさみ、86年夏に、11年ぶりの復活出場。さらに、96年夏、2003年夏、09年春にも出場を果たしています。近年は、16年春季県大会で準優勝。

注目データ

◆**甲子園歴** 春10回、夏9回。通算25勝19敗。4強4回。

◆**主なOB** 守屋《もりや》功輝《こうき》（阪神）、水本勝己《かつみ》（元広島、現広島二軍監督）、槌田《つちだ》誠《まこと》（元巨人など）。

◆**入学の目安** 各科ともに、偏差値45前後。

◆**備考** ウエイトリフティング部も強豪。

鹿児島工 【鹿児島県鹿児島市】

私学3強に食い下がり、甲子園を狙える

甲子園出場実現度 ★★★☆☆

1908年創立の鹿児島郡立工業徒弟学校が前身で、学制改革後に現校名に。創部は21年ですが、鹿児島実、樟《しょう》南《なん》（旧・鹿児島商工）、神村学園の県内私学3強などの壁で、甲子園出場はなかなか叶《かな》いません。川内《せんだい》で木佐貫洋《きさぬきひろし》投手（元巨人・日本ハム）を育てた中迫俊明《なかさことしあき》監督が、2003年、鹿児島工の指揮官に。06年夏には県立校としては53年ぶりとなる甲子園出場で、いきなりベスト4に進出。08年春にも出場し、勝利をあげています。近年は、県大会ベスト16（14年秋）など。ユニフォームの胸文字は紫色の漢字で、「工」の文字の下の線を大胆に引っ張ったロゴですが、これはインテリア科の生徒がデザインしたものです。

注目データ

◆**甲子園歴** 春1回、夏1回。通算4勝2敗1分。4強1回。

◆**主なOB** 川﨑宗則《むねのり》（ソフトバンク、シカゴ・カブスなど）、榎下陽大《えのしたようだい》（日本ハム）。

◆**入学の目安** 偏差値は、工業校としては高く、55～57。

豊橋工
［愛知県豊橋市］

歴史的出場の2015年春の21世紀枠代表

甲子園出場
実現度
★★☆☆☆

2015年春の21世紀枠代表。地域美化を行い、日本善行賞で表彰されたことも評価対象に。県大会実績はセンバツ推薦理由にもなった14年秋4強などですが、甲子園出場効果でチーム力が上がる可能性も。2年時から、コースが機械科、電子機械科、電気科、電気工学科、建築科に分かれます。スコアボードやトンボなどの備品を、手づくりで後輩に残すのも工業校らしい伝統。

注目データ ◆**甲子園歴** 春1回。通算0勝1敗。◆**主なOB** 牧勝彦《かつひこ》(元阪神・東京など)。◆**入学の目安** 偏差値は45～50。

広島工
［広島県広島市］

地元では「県工《けんこう》」の呼称で親しまれる

甲子園出場
実現度
★★☆☆☆

県立職工学校として明治時代後期に創立。改称や統合分離を経て、53年から現校名に。市立広島工もあり、区別のため地元では「県工《けんこう》」と呼ばれ、胸文字も「KENKO」。75年春、甲子園初出場。86年春と89年春、92年夏はいずれも8強に進出。12年夏にも出場しました。近年の県大会では14年秋8強、15年夏16強と安定しているので、可能性はあります。

注目データ ◆**甲子園歴** 春5回、夏5回。通算12勝10敗。◆**主なOB** 新井貴浩《たかひろ》(広島など)。◆**入学の目安** 偏差値は47前後。

岐阜工
［岐阜県羽島郡笠松町］

関東遠征などで経験を積み、高みを目指す

甲子園出場
実現度
★★☆☆☆

愛知県寄りの笠松町にあり、学制改革時に前身の第一工から改称して現校名に。部活動は盛んで、強豪のサッカー部やラグビー部などに野球部も刺激を受けています。積極的に関東遠征などを組んで力をつけていった成果が出て、14年夏は岐阜県大会で決勝に進出しました。1952年夏以来2度目の甲子園出場を狙える位置をキープしています。

注目データ ◆**甲子園歴** 夏1回。通算0勝1敗1分。◆**主なOB** 横山守《まもる》(元国鉄)。◆**入学の目安** 偏差値は50前後。

関《せき》商工
［岐阜県関市］

2011年夏の出場後、グラウンドも整備された市立校

甲子園出場
実現度
★★★☆☆

母体は財団法人が設立した関《せき》工業学校。商業科も設置され、市に移管。工業系の3課程と総合ビジネス科の商業課程があり、商と工で別校舎。ラグビー部は花園の常連で、野球部も2011年夏に悲願の初出場。専用グラウンドは、その翌12年に完成。同年夏も、岐阜県大会決勝まで進出。近年は、県大会ベスト4(14年秋)などの実績があります。

注目データ ◆**甲子園歴** 夏1回。通算0勝1敗。◆**入学の目安** 偏差値は43前後。◆**備考** バレー部も強豪。芸能人の綾野剛《あやのごう》、熊田曜子《ようこ》も在籍。

富山工 ［富山県富山市］

大胆なデザインのユニフォームにも注目

1916年、県立工業学校として創立。100年を迎える歴史ある学校です。51年、現校名に。機械工学科や金属工学科など6つの学科に分かれ、進路指導も定評あり。2012年夏、初の甲子園出場。「Tomiko」の「o」が大きく跳ね上がる大胆な胸文字は、デザイン性も高く、インパクトあり。近年は、県大会ベスト4（15年夏）で、14年秋も県準優勝です。

甲子園出場 実現度 ★★☆☆☆

注目データ ◆**甲子園歴** 夏1回。通算0勝1敗。◆**入学の目安** 学科によってやや差があり、偏差値は48～52。

砺波《となみ》工 ［富山県砺波市］

2010年夏、悲願の初出場達成

砺波《となみ》高に工業科が設置されたのは、1958年。4年後に工業科が分離独立して現在の校名に。機械、電子、電気の3学科は、地域産業に密接に関連。それまで県内でも上位進出できなかったのが、10年夏に快進撃で、甲子園初出場。近年は、県大会ベスト8（15年秋）などですが、コンスタントに8強前後なので、2度目の出場を予感させます。

甲子園出場 実現度 ★★☆☆☆

注目データ ◆**甲子園歴** 夏1回。通算0勝1敗。◆**主なOB** 高堀和也《かずや》（楽天）。◆**入学の目安** 偏差値は42前後。

小松工 ［石川県小松市］

大手機械メーカーの企業都市の実業校

戦前から、地元の大手企業の要請もあって、地場密着の実業校として存在。学制改革などで一時は小松商を統合して、小松実となっていた時代もありましたが、1965年の商業科廃止に伴《ともな》い、再び現校名に戻っています。46年創部で、64年夏に初出場。2000年夏に36年ぶりに出場。近年は、県大会ベスト8（15年夏）などの結果を残しています。

甲子園出場 実現度 ★★☆☆☆

注目データ ◆**甲子園歴** 夏2回。通算0勝2敗。◆**主なOB** 北篤《あつし》（巨人など）。◆**入学の目安** 偏差値は45～48。

伊勢工 ［三重県伊勢市］

伊勢神宮のおひざ元の工業校

明治時代の大湊《おおみなと》工業補習学校が前身で、何度か改称。学制改革時には宇治山田商や女子商との統合などで、宇治山田実という校名時代も。58年、現校名に。そのタイミングで創部。88年夏に初出場。その後も、県内で中堅以上の位置にいる上位校でしたが、2011年夏に2度目の出場。近年、毎大会のように、県ベスト16までには進出しています。

甲子園出場 実現度 ★★☆☆☆

注目データ ◆**甲子園歴** 夏2回。通算0勝2敗。◆**主なOB** 中川誠也《せいや》（中日）。◆**入学の目安** 偏差値は47～50。

日《ひ》田《た》林《りん》工《こう》

鮮烈な印象を与えた甲子園初登場

［大分県日田市］

甲子園出場実現度 ★★★☆☆

大分県立農林学校の名で創立されたのが、1901年。その後、日田《ひた》農林、日田山林などと改称。30年、現校名に。48年の学制改革時、一時的に日田二という時代も。53年、日田林工《ひたりんこう》の名に戻っています。創部は49年。強化され始めたのが70年ごろからで、73年に初出場。このときは糸魚川《いといがわ》商工、浜田商を下し、3回戦で、優勝した広島商に1点差で敗戦。鮮烈な印象を与えました。76年春は「2ランスクイズを決めるために甲子園に来た」と監督が宣言。実際に決めて4強に進出しました。90年春以降は、やや遠ざかっていましたが、99年夏に復活出場。2015年秋季県大会も4強に進出し、健在ぶりを見せています。

注目データ

◆甲子園歴 春2回、夏3回。通算7勝6敗。4強1回。
◆主なOB 源五郎丸洋《げんごろうまるひろし》（元阪神）、渡辺麿史《たかふみ》（元近鉄）、村岡耕一（元大洋・西武）。
◆入学の目安 偏差値は40～45。

松本工

北アルプスに囲まれた環境から甲子園へ

［長野県松本市］

甲子園出場実現度 ★★★☆☆

1939年創立。機械、電子、電子工業の3学科があり、「高校生ものづくりコンテスト」などでも、実力が評価されています。北アルプスを仰《あお》ぎ見る風光明媚《ふうこうめいび》な環境。中信地区では上位クラスの有力校で、2010年夏、甲子園初出場。毎年6月には関東遠征を行うなど強化。今後も期待が持てます。

注目データ

◆甲子園歴 夏1回。通算0勝1敗。**◆主なOB** 柿田裕太（DeNA）、御子柴《みこしば》進（元阪神）。**◆入学の目安** 偏差値は51～54前後と、科によって幅がある。

有田工

2013年夏の初出場で、意識も高まる

［佐賀県西松浦郡有田町］

甲子園出場実現度 ★★★☆☆

前身は、日本初の陶磁器《とうじき》産業技術者養成機関として設立された勉脩学舎《べんしゅうがくしゃ》。機械、電気、デザインの各科に加え、有田焼の地ならではのセラミック科があり、地場密着実業校の典型とも言えます。2013年夏に初出場。近年も県大会ベスト8（15年秋）などで、次の出場を見据《みす》えています。

注目データ

◆甲子園歴 夏1回。通算1勝1敗。**◆主なOB** 古川侑利《ゆうり》（楽天）。**◆系列校** 石川県工、高松工芸、高岡工芸などが提携校。**◆入学の目安** 各科、偏差値46前後。**◆備考** バスケットボール部も強豪。

金《かな》足《あし》農 ［秋田県秋田市］

語り草となった、1984年夏のベスト4

甲子園出場 実現度 ★★☆☆☆

甲子園で圧倒的な強さを見せていた1980年代のPL学園を、準決勝であと一歩まで苦しめたのは84年夏の大会。2度までもリードしながら、8回裏に桑田真澄《ますみ》投手に逆転2ランホームランを打たれ、2対3で敗戦。しかし、金足農《かなあし》の名前は、そのときに一躍注目を浴びました。95年夏にも、ベスト8に進出しています。

県立金足農学校として創立されたのが1928年。32年、創部。60年代に入って台頭しました。初出場は84年春で、同年夏にも甲子園へ。当時から、全国の農業校の代表として戦う姿勢を見せ、鮮やかな紫色もインパクトを与えました。近年は、県大会ベスト4(13年夏)など。

注目データ

◆**甲子園歴** 春3回、夏5回。通算8勝8敗。4強1回。
◆**主なOB** 石山泰稚《たいち》(ヤクルト)、小野和幸《かずゆき》(元西武・中日など)、足利豊(元ダイエーなど)。
◆**入学の目安** 偏差値は46前後。

大曲《おおまがり》工 ［秋田県大仙《だいせん》市］

歴代保護者などが手づくりで支えた

甲子園出場 実現度 ★★☆☆☆

創立は1962年で、機械科、電気科、土木・建築科の3科がある共学校。400人前後の生徒のうち、女子は15%ほど。創部は63年で、2015年春に悲願の初出場、さらには初戦突破。過去、秋田県大会4強は4度、東北大会進出も春5回、秋6回。近年は、県大会ベスト4(16年春)など。グラウンドや防球ネットなどは、選手やOBたちの手づくり。

注目データ ◆**甲子園歴** 春1回。通算1勝1敗。◆**主なOB** 後松重栄《うしろまつじゅうえい》(元メッツマイナー)。◆**入学の目安** 各科とも、偏差値48前後。

川越工 ［埼玉県川越市］

かつては甲子園4強の実績も

甲子園出場 実現度 ★★☆☆☆

川越染織《せんしょく》学校が前身。1937年に川越工業学校となり、48年、川越工業高校に。創部は46年で、56年に春季県大会初優勝。69年夏、甲子園初出場。2度目となった73年夏は、ベスト4。県を代表する強豪として一時代を築きました。その時代を知る熊澤光監督の指導で甲子園への復活を目指しています。近年は県大会ベスト16(14年夏)など。

注目データ ◆**甲子園歴** 夏2回。通算3勝2敗。4強1回。◆**主なOB** 太田賢吾(日本ハム)。◆**入学の目安** 偏差値は43前後。

沖縄水産

［沖縄県糸満《いとまん》市］

強い沖縄の基礎をつくった伝統校

甲子園出場 実現度 ★★☆☆☆

沖縄の球史を飾る高校の1つです。明治時代から水産学校として存在していて、1973年夏に、初めて沖縄県大会決勝に進出。甲子園初出場は84年夏。豊見城《とみしろ》から異動した栽弘義《さいひろよし》監督が率いて、88年夏ベスト4、90年夏、91年夏と連続準優勝という輝かしい実績があり、今日の強い沖縄勢の根底を築いたとも言われます。98年の春夏連続を最後に出場はありませんが、復活すれば話題になることは間違いないでしょう。2013年夏の県大会ベスト16などで、復活の兆《きざ》しも見せています。甲子園での校歌斉唱では、水産校の誇りが歌詞に入った「水産の利は無限大」から始まる3番の歌が流されます。

注目データ

◆甲子園歴 春3回、夏9回。通算21勝12敗。準優勝2回、4強1回。

◆主なOB 新垣渚《あらかきなぎさ》（ダイエー・ソフトバンク→ヤクルト）、上原晃《あきら》（元中日など）。

◆入学の目安 総合学科、海洋技術科で36程度。

美《み》里《さと》工

［沖縄県沖縄市］

能力の高い選手が集まり、勢いに乗る

甲子園出場 実現度 ★★★☆☆

琉球政府立中部産業技術学校が前身。1970年、実質的な後継校・美里《みさと》工が開校。72年、沖縄の本土復帰に伴《ともな》い、県立校に。創部も同年で、浦添《うらそえ》商をベスト4に導いた神谷嘉宗《よしむね》監督が、2012年に就任。14年春、初出場。機械、電気、建築、設備工業、調理の5科がある。通学が困難な部員のために、民家を借り上げて共同生活を行う場合もあります。

注目データ **◆甲子園歴** 春1回。通算0勝1敗。**◆備考** 男子バレーボール部は、全国的な強豪。**◆入学の目安** 偏差値は40前後。

八《や》重《え》山《やま》商工

［沖縄県石垣市］

「世界3位」の実力で、2006年の春夏連続出場

甲子園出場 実現度 ★★★☆☆

琉球政府立八重山《やえやま》商工として石垣島に開校したのが、1966年9月。翌年に創部。73年、県立に移管。2004年のポニーリーグ世界大会で3位となった八重山ポニーズの選手たちが中心となり、伊志嶺吉盛《いしみねよしもり》監督も市の要請でそのまま本校の監督に就任。06年、そのメンバーで甲子園に春夏出場。夏は2勝。県大会では、13年春秋4強、15年秋8強。

注目データ **◆甲子園歴** 春1回、夏1回。通算3勝2敗。**◆主なOB** 大嶺《おおみね》祐太《ゆうた》、大嶺翔太《しょうた》（ともにロッテ）。**◆入学の目安** 偏差値37程度。

Part9

地場密着普通・総合校型

統合や再編成による、学校と野球部の強化例も

習志野《ならしの》、佐賀北、市立和歌山、北大津、清峰《せいほう》、市立船橋、利府《りふ》、土浦湖北、成章《せいしょう》、菰野《こもの》、大府《おおぶ》、岐阜城北《じょうほく》、いなべ総合学園、鳴門渦潮《うずしお》、丸亀城西《まるがめじょうせい》、観音寺《かんおんじ》中央、富士市立《いちりつ》、市立川越、坂戸《さかど》西、鳥栖《とす》、波佐見《はさみ》、

高校野球には、地場産業と関連している一面があります。野球部が強くなっていくことで、地域そのものが発展し、活性化していく現象が起きるからです。とくに地方都市であれば、顕著になります。その理由の1つが、学校が地域に密着しているということ。地元の高校生が自分の夢や目標に向かって努力している姿を応援したい人たちが、高校野球を支えているのです。

このPartで紹介するのは、地域に密着した公立校で、Part6のような「旧制中学伝統継承校型」ではない普通校や、普通科とともに実業系の学科を併設している学校、商業校として実績をあげたあと、普通科の設置などもあって校名を変更した学校、あるいは、いくつかの学科が統合されて総合学科として設立された学校などです。統合や再編成に伴《ともな》い、学校だけでなく、野球部が強化された例もあります。

いずれにしても、地場で支えられているだけに、市立校が多くなっているのも特徴と言っていいでしょ

う。したがって、ほとんどの学校で、生徒は基本的に地元の中学から進学してきています。というのも、学区の決まりなどで、その地域もしくは隣接地域に住んでいることが入学の条件となっているからです。

しかし、かつての池田のように指導者が私費を投じて寮をつくったり、地域の協力によって下宿先が完備されたりして、遠方からの生徒を受け入れるケースもあります。「この学校で甲子園を目指したい」という生徒を集めて強化していくスタイルです。

また、体育科を設置して、スポーツに実績のある生徒を積極的に受け入れている学校もあります。

地場に根づいた公立校ながら、一部県外生が見られるのはそうした背景があるからです。

129ページでも解説したように、公立校の場合、多くの野球指導者は学校の教員であり、監督の異動は、ある意味避けて通れません（都道府県によって、事情は多少異なります）。目指したい学校が、これら地場密着型であり、とくに指導者の姿勢に魅力を感じて志望するのなら、そうした異動情報も把握しておくことも大切です。なお、都道府県立校より市立校のほうが、学校の総数が少ないこともあって、異動の頻度《ひんど》は低いでしょう。

派手さはないが、2007年夏に全国制覇した佐賀北も、地場密着普通校。

習《なら》志《し》野《の》【千葉県習志野市】

昭和の新時代をつくった、強い千葉県の一番手

甲子園出場
実現度
★★★★☆

戦後になって一気に台頭してきた、首都圏の新都市の強豪です。1967年夏、75年夏の2度、全国制覇を果たしました。これで、「地場に根づいた野球部」の人気が、不動のものになったと言えます。全国上位の吹奏楽部の演奏で、チアガールが踊るスタンドの光景を含め、習志野《ならしの》の活躍は「高校野球新時代の象徴的な存在」として話題になりました。

一時的な低迷もありましたが、2001年夏、14年ぶりに甲子園に出場した際は、地元の関係者やファンを喜ばせました。その後、09年春に再び復活。11年夏にも出場を果たし、ベスト8に進出しています。近年も、13年秋は県大会優勝、15年夏は県大会準優勝。常に甲子園を視野に入れています。

学校は京成電鉄の実籾《みもみ》駅から徒歩7分程度のところにありますが、専用球場は学校から約2キロ離れた場所。選手は授業後、自転車で10分ほどかけて移動します。5人が一斉に打って、さらにその横ではバント練習もできる広さです。室内練習場も2つ保有しています。ネット裏には、見に訪れる地元ファンのための観覧席も整備されています。

学校創立は1957年で、同時に創部。選手は希望すれば入部可能ですから、各学年30人以上集まります。全校生徒は950人ほどで、男女比はほぼ同じ。普通科と商業科があります。部活動は、非常に活発です。

注目データ

◆甲子園歴 春3回、夏8回。通算21勝9敗。優勝2回。

◆主なOB 福浦和也（ロッテ）、（山下）斐紹《あやつぐ》（ソフトバンク）、福田将儀《まさよし》（楽天）、掛布雅之（元阪神、現阪神二軍監督）、小川淳司《じゅんじ》（元ヤクルトなど、元ヤクルト監督）、谷澤健一（元中日）。

◆入学の目安 偏差値は商業で50～51、普通で55。

佐賀北

［佐賀県佐賀市］

多くの人の共感を呼んだ、2007年夏の全国制覇

甲子園出場
実現度
★★★☆☆

普通の公立校で、部の年間予算も60万円程度。グラウンドも他部との共用で、平日はフルには使えず、練習時間も限られていました。そんな環境の中、2度目の甲子園出場となった2007年夏に大活躍。2回戦で宇治山田商と延長15回引き分け再試合を制し、準々決勝で帝京、準決勝では長崎日大、決勝では広陵《こうりょう》という強豪私学を撃破。大方の予想に反し、優勝を果たしました。当時はまだ公《おおやけ》には認められてはいなかった特待生制度に対する問題が表面化した年だっただけに、普通の公立校の活躍がよりインパクトを与え、多くの人々の共感を呼びました。また、全国の公立校の指導者や選手たちにも、「その気になれば勝てる」と勇気と刺激を与えたと、称《たた》えられました。

創立は1963年。歴史は比較的浅いのですが、多くの生徒が地元の国公立大などへ進学し、高く評価されています。創部も創立と同時で、当初から県内ではベスト16以上の実績をつくっていました。2000年夏に甲子園初出場を果たし、12年と14年の夏にも出場しています。

学校としては、学年による教育課程の区分けをしない方針。単位制を導入したのも、県内では早いほうで、96年からでした。到達度や進路目標に応じたクラス編成を行い、少人数授業も導入しています。生徒の個性の伸長を図り、主体性を尊重しています。

注目データ

◆**甲子園歴**　夏4回。通算6勝3敗1分。優勝1回。

◆**主なOB**　岸川勝也（元ダイエー・巨人など）。

◆**入学の目安**　偏差値は普通で60前後、芸術で50前後。

◆**備考**　女子バレーボール、男女バスケットボール、陸上、サッカーなど部活動は盛んで、全国大会出場の部も多い。また、吹奏楽部や美術部などの文化系も活発。

市立和歌山
［和歌山県和歌山市］

かつての「市和商《しわしょう》」から校名変更

甲子園出場実現度 ★★★☆☆

市立和歌山商として創立されたのは1951年で、57年に創部。先に県立和歌山商もあったため、地元では区別する意味と親しみを込めて「市和商《しわしょう》」と呼ばれていました。普通科も設置されたことをきっかけに、2009年から現校名となっています。現在は、普通科と、総合ビジネス科、デザイン表現科の3科があります。

校名変更で「市高《いちこう》」と呼ばれることが多くなり、ユニフォームの胸文字も「ICHIKO」に。ストッキングは市和商時代と同じもの。岡山東商と戦った65年春の決勝で、延長13回の末にサヨナラ負けを喫しましたが、エンジのラインは、その準優勝を記念したものです。

箕島、智弁和歌山などが一時代をつくっている和歌山県にあって、その間隙《かんげき》を縫うように数回甲子園出場を果たしています。65年春の準優勝のほか、67年も春はベスト8、夏はベスト4と、実績を残しました。04年夏と05年春も連続出場し、いずれも初戦突破。現校名になってからも、14年夏と16年春に出場しています。

注目データ

◆**甲子園歴**　春5回、夏4回。通算10勝9敗。準優勝1回、4強1回。

◆**主なOB**　川端慎吾（ヤクルト）、益田《ますだ》直也（ロッテ）、藤田平（元阪神、元阪神監督）、正田耕三《しょうだこうぞう》（元広島）。

◆**入学の目安**　偏差値はデザイン49、普通47、ビジネス45が目安。

◆**備考**　2015年、川端慎吾がセ・リーグ首位打者となり、藤田平（81年）、正田耕三（87、88年）に続いて3人目の首位打者を獲得した川端の妹で女子プロ野球で首位打者を獲得した川端友《ゆ》紀《き》も卒業生。在学中はソフトボール部だった。

北大津 ［滋賀県大津市］

「滋賀2強」の1つに成長した、県立校の雄《ゆう》

甲子園出場実現度 ★★★★☆

国際交流を行っていくなどの教育方針で、1984年、創立。普通科と国際文化科があり、同時に創部。比叡山《ひえいざん》から中京大に進んだ宮崎裕也氏が、94年、監督に就任。野球部は強化され、98年夏には県決勝進出。2002年には春季県大会で優勝するなど、着実に前進。03年夏は県の決勝敗退でしたが、04年夏にサヨナラ勝ちで甲子園初出場。以降は、ほぼ隔年で出場を果たすようになりました。08年春、10年夏とともに2勝をあげ、12年夏にも出場。実績を一段ずつ積み上げています。近年の県大会では、15年秋優勝、16年春4強など、次のチャンスも近そうです。

県内全域から集まる選手の多くは、普通科の体育クラスで入学しています。

注目データ

◆**甲子園歴** 春3回、夏3回。通算5勝6敗。
◆**主なOB** 石川駿(中日)、中西健太(元ソフトバンク)
◆**入学の目安** 偏差値は普通で39、国際文化で42程度。
◆**備考** アメリカンフットボール部なども強豪。

清峰《せいほう》 ［長崎県北松浦郡佐々町］

わずかな期間で、2度の決勝進出

甲子園出場実現度 ★★☆☆☆

1952年、普通科の学校として、北松南《ほくしょう》の名称で創立されました。2003年、総合科に転じて現校名になっています。初出場の05年夏、同年春優勝校の愛工大名電を初戦で下して注目を浴び、翌06年春には準優勝。同年夏も出場。そして09年春、今村猛《たける》投手(広島)を擁《よう》し、決勝で花巻東を破って優勝。近年では、16年春季県大会でベスト8に進出しています。

注目データ ◆**甲子園歴** 春2回、夏3回。通算13勝4敗。優勝1回、準優勝1回。◆**入学の目安** 偏差値は、普通で39～44。

市立船橋 ［千葉県船橋市］

体育科の設置という試みの先駆け

甲子園出場実現度 ★★★☆☆

船橋市が1983年に県内初の体育科を設置。男女とも各運動部を強化。野球部の甲子園初出場は、88年春でした。93年には春夏連続出場し、夏は4強。体育科1期生として活躍した桜内剛氏が、2007年、監督に就任し、同年夏に出場。近年は県大会ベスト8(15年秋)など健闘しています。

注目データ ◆**甲子園歴** 春2回、夏5回。通算8勝7敗。4強1回。◆**主なOB** 岩嵜翔《いわさきしょう》(ソフトバンク)、林昌範《はやしまさのり》(巨人・DeNAなど)。◆**入学の目安** 偏差値は普通51、商業47、体育43。

利府《りふ》 ［宮城県宮城郡利府町］

21世紀枠の出場で、4強進出を果たした2009年

甲子園出場 実現度 ★★☆☆☆

仙台育英、東北という圧倒的2強が存在している宮城県ですが、勝てる公立校としての期待を背負っているうちの1つが、この利府《りふ》。2009年に、21世紀枠で創部25年目にして甲子園初出場。習志野《ならしの》、早稲田実などを下し、4強に進出して注目されました。県内では2強に対して挑み続け、宮城県大会では5度目の決勝進出となった14年夏、ついに壁を破って自力出場を果たしました。初戦で佐賀北を下しています。

84年に普通科が開設され、98年に単位制に移行するとともに、スポーツ科学科が設置されました。公立のスポーツ推進校となっています。

注目データ

◆**甲子園歴**　春1回、夏1回。通算4勝2敗。4強1回。
◆**入学の目安**　偏差値は普通50、スポーツ科学48が目安。
◆**備考**　陸上部、ハンドボール部、サッカー部も強豪。剣道部や女子バレーボール部も強化。

土浦湖北 ［茨城県土浦市］

県内を引っ張る公立の一角を担う

甲子園出場 実現度 ★★☆☆☆

高校拡張期の1982年に創立。進学実績などでも県内中堅校としての評価。進学レベル向上のため、部活動に制約はあるものの、2004年春に甲子園初出場。県内で、水戸桜ノ牧、下妻《しもつま》二、藤代《ふじしろ》と、公立4強を形成。近年も、県大会ベスト4（14年秋）など健闘。選手は近隣学区からも、公立普通科校での甲子園出場を目指して入学してきます。

注目データ　◆**甲子園歴**　春1回。通算0勝1敗。◆**入学の目安**　偏差値47〜48。◆**主なOB**　須田幸太（DeNA）。

成章《せいしょう》 ［愛知県田原市《たはら》］

21世紀枠出場で初勝利の2008年春

甲子園出場 実現度 ★★☆☆☆

前身は田原《たはら》藩の成章館《せいしょうかん》。旧制中学伝統継承校型でもいいのですが、商業科と生活文化科も併設し、地場密着性が強いので、このカテゴリーに。2度目の甲子園出場となった21世紀枠代表の2008年に開幕戦で駒大岩見沢を下し、初勝利。毎年5月上旬には関東遠征を行い、強化しています。

注目データ

◆**甲子園歴**　春2回。通算1勝2敗。◆**入学の目安**　偏差値は、44〜58と幅あり。◆**主なOB**　小川泰弘《やすひろ》（ヤクルト）。◆**備考**　お笑いコンビ・オアシズの光浦靖子と大久保佳代子も卒業生。

菰野《こもの》

［三重県三重郡菰野町］

県立校ながら、愛知県など県外生受け入れも可

甲子園出場 実現度 ★★★★☆

四日市《よっかいち》実業高の分校として、1948年に創立。50年に独立し、現校名に。当初は定時制でしたが、52年に全日制に。創部は57年で、66年、71年に夏の三重県大会でベスト4に進出するなど、徐々に力を見せていました。

本格的に強化されたのは、大府《おおぶ》、大阪体育大出身の戸田直光氏が、87年、監督に就任し、県外生も迎え入れる態勢が整えられてから。現在は普通科クラスのみとなっていますが、実業系のなごりで、学区に関係なく入学できるのも特徴です。

2000年、翌01年と、夏の県大会で準決勝まで進出し、05年夏、ついに甲子園初出場。その後も08年夏と13年春に出場。近年も県大会ベスト8には進出しています。

注目データ

◆甲子園歴 春1回、夏2回。通算0勝3敗。

◆主なOB 西勇輝《ゆうき》（オリックス）、辻東倫《つじはるとも》（巨人）、関啓扶《けいすけ》（元中日）、市川卓《すぐる》（元日本ハム）。

◆入学の目安 一般偏差値で、40前後。

大府《おおぶ》

［愛知県大府市］

愛知県の公立勢としては、いちばんの実績を誇る

甲子園出場 実現度 ★★★☆☆

私学優位の愛知で健闘している公立校。知多《ちた》半島エリアを中心に、公立で甲子園を目指す選手が集まります。創立は1949年。51年、創部。64年夏、甲子園初出場。その後も80年夏、81年春、93年春から3年連続出場と健闘。近年は県大会ベスト8（14年夏）、ベスト16（15年夏）など。

注目データ **◆甲子園歴** 春4回、夏3回。通算4勝7敗。**◆主なOB** 小山雄輝《ゆうき》(巨人)、槙原寛己《まきはらひろみ》(元巨人)、赤星憲広《あかほしのりひろ》(元阪神)。**◆入学の目安** 普通科は55前後、生活文化は43前後と、幅がある。

岐阜城北

［岐阜県岐阜市］

2015年夏にも出場して健在ぶりを示す

甲子園出場 実現度 ★★☆☆☆

岐阜三田と岐阜藍川《あいかわ》が2004年に統合され、岐阜城北に。ビジネス、会計、情報、人文科学芸術文化の各コースに加え、ファッション科があるのも特徴。野球部は、岐阜三田の歴史を継承。同校時代は98年夏と01年夏と2度出場（岐阜藍川は出場なし）。統合後、06年春に4強。15年夏にも出場。

注目データ **◆甲子園歴** 春1回、夏3回。通算4勝4敗。4強1回。**◆主なOB** 伊藤準規《じゅんき》(中日)、辻空《つじそら》(広島)。**◆入学の目安** 偏差値は総合で48前後、生活文化で41前後。

いなべ総合学園

［三重県いなべ市］

菰野《こもの》との新ライバル関係でリードか

甲子園出場実現度
★★★★☆

1922年創立の員弁《いなべ》農学校が母体。員弁などの名称を経て、2001年に「平成の大合併」で県北部の4町が「いなべ市」となり、同市唯一の高校として誕生。総合学科のみの単科校で、生徒が自分自身の興味や進路を見据《みす》えて、170に及ぶ科目の中から選択できる仕組みとなっています。総合学科では、生き方や職業についての考え方を学ぶことを重視しています。

学校としては員弁時代の歴史を継承する形となっています。野球部は、54年創部。前任の四日市《よっかいち》工で春夏合わせて6回の甲子園に導いた尾崎公也《きみや》監督が、06年に本校の指揮官となったころから本格的な強豪校となっていきます。グラウンド環境などが整い、同時に選手の意識も高まりました。

2010年夏の県大会では、準決勝でライバルとも言える菰野《こもの》に1対0で勝ち、甲子園初出場。その後、秋季も春季も毎回のように東海大会に進出。15年秋に初めて準優勝し、翌16年春のセンバツ出場を果たしています。ここへ来て、菰野に対しても一歩リードの印象があります。毎年5月の連休は、神奈川県への遠征が恒例《こうれい》です。横浜や東海大相模といった全国制覇の実績のある強豪に挑みながら、強烈な打球、スピードや、球威のある投手に対応する技術だけではなく、野球に取り組む意識も高めています。

学校の敷地は、13万平方メートルという全国的にも広大なもの。専用球場はもちろん、陸上競技場や体育館、ゴルフ練習場、ソフトボール場など、施設は充実しています。学校全体として、地域ボランティア活動などに積極的に取り組んでいます。

注目データ

◆**甲子園歴**　春1回、夏1回。通算0勝2敗。
◆**主なOB**　石垣幸大《こうだい》（中日）。
◆**入学の目安**　偏差値49前後。

鳴門渦潮《うずしお》［徳島県鳴門市］

鳴門工と鳴門第一が統合されて誕生

甲子園出場実現度 ★★★☆☆

1963年に鳴門市立鳴門工が創立。2012年に、旧・鳴門商（出場歴1回の撫養《むや》を統合）で甲子園出場歴も5度ある鳴門第一と統合され、総合科と県内初の体育科を有する学校になりました。創部は鳴門工当時の63年。73年春に初出場を果たすと、高松商、天理などを下して4強に進出。同年夏にも出場。その後は、99年春、26年ぶりに復活。02年春に準優勝。同年夏、05年夏にも8強。近年は、16年春に県8強。新校名での出場が待たれます。

注目データ

◆**甲子園歴** 春9回、夏6回。通算16勝15敗。準優勝1回、4強1回（うち鳴門工として春5回、夏5回。通算16勝10敗。準優勝1回、4強1回。撫養《むや》・鳴門商・鳴門第一として春4回、夏1回。通算0勝5敗）。

◆**主なOB** 美間優槻《みまゆうき》（広島）、多田大輔（広島）、谷哲也（鳴門工／中日）、里崎智也《ともや》（鳴門工／元ロッテ）、渡辺亮《りょう》（鳴門工／元阪神）。

◆**入学の目安** 総合科、スポーツ科ともに、偏差値42。

丸《まる》亀《がめ》城《じょう》西《せい》［香川県丸亀市］

丸亀商からの校名変更後、すでに数回出場

甲子園出場実現度 ★★★☆☆

大正期に市立丸亀《まるがめ》商として創立され、1944年に県立に移管。学制改革時に、丸亀商工の名称に。53年に県立となり、丸亀商の名が復活。93年、普通科設置に伴《ともな》い、現校名に。37年春、初出場。63年春、初勝利。80年春、ベスト4。新校名では97年と2005年夏に出場。近年は、県大会準優勝（15年夏）など。05年から、普通科のみの総合選択制となっています。

注目データ

◆**甲子園歴** 春9回、夏4回。通算7勝13敗。4強1回。◆**入学の目安** 普通科で、偏差値50程度。◆**備考** ソフトボール部も強豪。

観《かん》音《おん》寺《じ》中央［香川県観音寺市］

1995年春、初出場初優勝！あの年の輝きをもう一度

甲子園出場実現度 ★★☆☆☆

阪神淡路大震災の年（1995年）だけの春夏連続出場。春は、2回戦で東海大相模を完封で下すなど勢いに乗り、決勝では銚子商にも完封勝ちし、優勝。かつての観音寺《かんおんじ》商が94年に普通科を新設し、現校名に。観音寺商時代から県の上位には進出していました。近年は、2014年の秋季県大会準優勝。四国大会にも出場。17年に三豊《みとよ》工と統合し、新校名は観音寺総合の予定。

注目データ

◆**甲子園歴** 春1回、夏1回。通算6勝1敗。優勝1回。◆**入学の目安** 普通科は、偏差値50前後。

富士市《いち》立《りつ》

［静岡県富士市］

吉原《よしわら》商が総合校化して生まれ変わり、県東部の強豪に

甲子園出場 実現度 ★★★☆☆

吉原《よしわら》市立商として開校したのが1962年。その後、市町村合併で吉原市が富士市となったこともあり、2011年に商業科募集を廃止し、富士市立高校に。総合探究科、ビジネス探究科、スポーツ探究科を設置しました。

また、野球部も、埼玉栄《さかえ》で指導していた戸栗《とぐり》和秀監督を08年に招き、強化。6基の夜間照明を完備したグラウンドなど、練習施設も整備。近年は、ブロック大会突破などの結果も出てきていて、県東部では強豪校として注目されており、甲子園初出場が待たれます。

注目データ

◆**甲子園歴** なし。

◆**主なOB** 加藤初《はじめ》（元太平洋・巨人など）、武藤潤一郎（元ロッテなど）。

◆**入学の目安** 偏差値は総合で49、ビジネス、スポーツは各47前後。

◆**備考** 陸上選手として活躍し、現指導者の高野進もOB。

市立川越

［埼玉県川越市］

川越商時代の1989年夏に出場し、近年も県上位

甲子園出場 実現度 ★★☆☆☆

埼玉県川越商業学校が前身。学制改革時に市立川越となり、市立高女を統合し、1950年に川越商業高校に。90年夏、甲子園初出場を果たしています。2002年、普通科の設置とともに再び市立川越の校名になりました。学校に隣接した球場もあり。14年夏の埼玉県大会決勝進出など、近年も県内上位。

注目データ

◆**甲子園歴** 夏1回。通算0勝1敗。◆**主なOB** 仁村薫《にむらかおる》（元巨人・中日）。◆**入学の目安** 偏差値は、普通科53、国際経済50、情報処理52が目安。◆**備考** 女子バレーボール部も強豪。

坂《さか》戸《ど》西

［埼玉県坂戸市］

日本一の体育祭の実施を誇りに、甲子園を目指す

甲子園出場 実現度 ★★☆☆☆

運動部の活動が盛んな高校。体育祭の盛り上がりと整然とした行進は、地元紙に「日本一の体育祭」と紹介されるなど、高い評価。県大会決勝進出は2度ありますが、甲子園未出場。近年は、県内の地区大会を勝ち上がる力は見せています。宿泊施設があるため、遠方にある多くの他校が試合に訪れます。

注目データ

◆**甲子園歴** なし。◆**主なOB** 伊藤和雄（阪神）、佐藤充《みつる》（元中日など）。◆**入学の目安** 偏差値は48前後。◆**備考** バレーボール部は強豪。日本代表・米山裕太もOB。

鳥栖《とす》 ［佐賀県鳥栖市］

大規模練習試合「鳥栖リーグ」の運営で地域貢献

甲子園出場実現度 ★★★☆☆

旧制時代は鳥栖《とす》高女でしたが、1948年の学制改革で校名変更し、翌49年、共学化。2007年から中高一貫校として中学を併設。野球部は、49年に創部、83年夏、甲子園初出場。01年春、02年夏にも出場。

94年から、平野國隆前監督が主導し、5月の連休に九州内の他校と交流試合を開催。年々盛り上がりを見せ、今では100校以上が集う大規模交流会となっています。参加校は九州内にとどまらず、中国、四国、東海、関東など拡大。鳥栖は会場主催幹事校という重責を担っていますが、県内外から人を集め、地域を活性化するという、高校野球を軸とした地元への貢献例の最たるものと言っていいでしょう。近年は、県大会8強（12年夏）などの成績を残しています。

注目データ

◆**甲子園歴**　春1回、夏2回。通算1勝3敗。
◆**主なOB**　緒方孝市（元広島、現広島監督）、権藤博（元中日、元横浜監督）、豊福晃司《とよふくこうじ》（元ソフトバンク）。
◆**入学の目安**　偏差値は56前後。

波佐見《はさみ》 ［長崎県東彼杵《ひがしそのぎ》郡波佐見町］

焼き物の町！ 地域に根差した、高校野球の原点

甲子園出場実現度 ★★★☆☆

川棚《かわたな》高校の分校から1977年に独立して現校名となり、軟式で創部。2年後に硬式に移行。甲子園初出場は96年夏で、いきなりベスト8に進出しています。2001年夏にも出場。11年春にも甲子園の舞台に登場し、初戦で横浜を下しています。近年は、県大会ベスト8（15年夏）など、上位進出しています。

商業科と普通科がありますが、波佐見焼《はさみやき》で知られているという土地柄もあって、普通科の中の陶芸デザインコースが、14年に美術・工芸科として新設されました。

注目データ

◆**甲子園歴**　春1回、夏2回。通算3勝3敗。
◆**主なOB**　松田遼馬《りょうま》（阪神）、大平成一《せいいち》（元日本ハム）、石橋尚登《なおと》（元広島など）。
◆**入学の目安**　普通科、商業科は偏差値43～44、美術・工芸は40。
◆**備考**　美術・工芸科の生徒が波佐見町の公式ゆるキャラ「はちゃまる」をデザインし、話題に。

まだある！甲子園を狙える高校
コラム6

21世紀枠代表校に最も近いカテゴリーは、公立の…!?

2001年から設けられた、春のセンバツでの21世紀枠の代表校を見ると、私立はほとんどなく、ほぼ公立校で占められています。Part 9の地場密着普通校もある程度選ばれていて、例えば、03年の**隠岐**《おき》（島根県／甲子園歴は、この春１回のみ。以下、記載ない学校は同じ）、12年の**女満別**《めまんべつ》（北海道）、13年の**遠軽**《えんがる》（同）、**益田翔陽**《ますだしょうよう》（島根県／春１回、夏２回）、14年の**海南**（和歌山県／春15回、夏４回、通算16勝19敗、４強２回）などです。また、公立の商業、工業などの実業系の高校からは、05年の**一迫商**《いちはさま》（宮城県）、12年の**石巻工**《いしのまき》（宮城県）などが選出されていますが、多くはありません。21世紀枠での選出が最も多いのは、「旧制中学伝統継承校型」。進学校であることに加え、野球部がある程度の実績をあげれば、「文武両道」が成立し、最もわかりやすく、「21世紀枠の理念」を具現しているからです。

21世紀枠の推薦条件は、当該のセンバツ前年に開催された秋季都道府県大会において、参加校数が129校以上の都道府県はベスト32、それ以外の県ではベスト16以上で、なおかつ次のような選考基準があります。①少数部員や自然災害などで困難な環境を克服している。②学業と部活動の両立。③近年の試合成績が良好ながら、強豪校に惜敗するなどして甲子園出場機会に恵まれていない。④創意工夫した練習で成果をあげている。⑤部外を含めた活動が、ほかの生徒や地域に良い影響を与えている。以上のような基準です。現在は、東日本、西日本で各１校、さらに地域不問であと１校という３校選出が通常。

16年春までの21世紀枠代表校は42校。そのうち私立校は、13年の土佐のみ。土佐は、かつて甲子園で準優勝を２度経験し、高知県を代表する進学校でもあるので、条件②に当てはまります。また、グラウンドでの全力疾走は、条件④の基本でもあると、とらえられたのでしょう。ただ、過去の例を見ても、前述したように、条件②に当てはまる、旧制中学の流れを汲《く》む地域一番校が非常に多くなっています。例えば、02年の**松江北**（島根県／春２回、夏２回）、04年の**一関一**《いちのせき》（岩手県／春２回、夏４回＝うち１回は中止）、05年の**高松**（香川県／春４回、夏４回）、06年の**金沢桜丘**《さくらがおか》（石川県／春３回、夏４回）、11年の**佐渡**《さど》（新潟県）などは、すべてそうです。なお、08年の**成章**《せいしょう》（P166）と**安房**《あわ》（千葉県）は、両校とも旧制中の流れではありますが、実業系との統合の歴史もあり、地場密着普通校のカテゴリーにも入りますし、むしろ条件③に該当した印象でした。

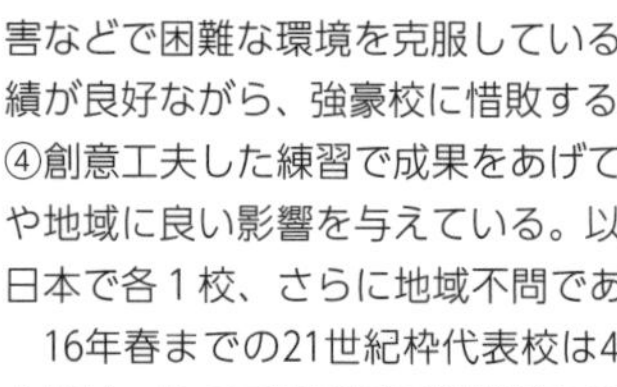

21世紀枠で2013年春に出場した遠軽《えんがる》。

第2部

最新版

47都道府県別勢力図

第１部から漏れた学校も、完全フォロー！
甲子園出場候補の校名を多数挙げながら、
北海道から沖縄まで、各地区における
最新情勢や力関係を徹底的に解説。
気になるあの地域は今、どうなっている!?
史上初の「地区突破チャンス度」付きで、
エリア別の甲子園への難易度が丸わかり!!

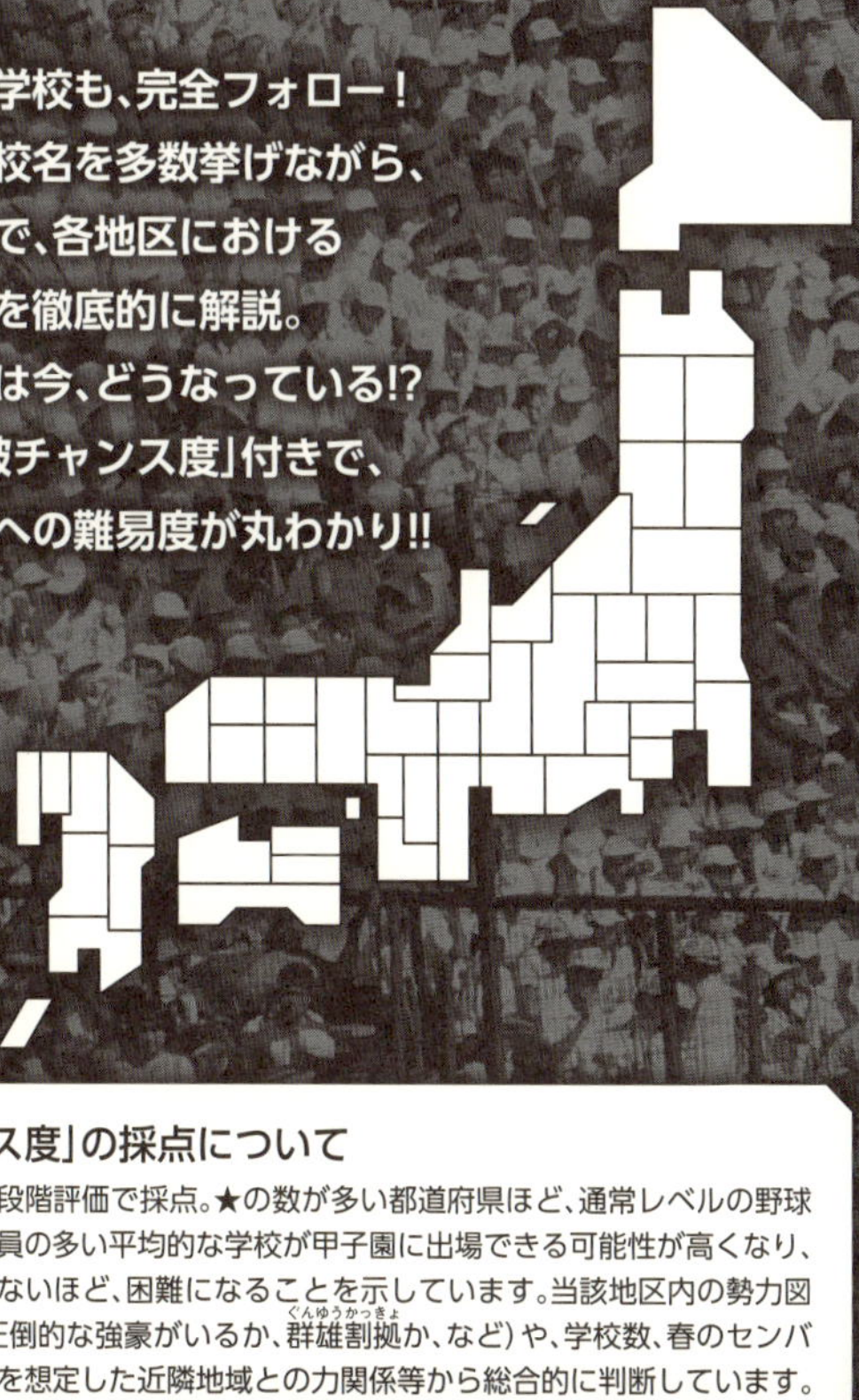

「地区突破チャンス度」の採点について

地区突破
チャンス度
★★★☆☆

５段階評価で採点。★の数が多い都道府県ほど、通常レベルの野球部員の多い平均的な学校が甲子園に出場できる可能性が高くなり、少ないほど、困難になることを示しています。当該地区内の勢力図（圧倒的な強豪がいるか、群雄割拠《ぐんゆうかっきょ》か、など）や、学校数、春のセンバツを想定した近隣地域との力関係等から総合的に判断しています。

❶ 北海道

駒大苫小牧《とまこまい》の連覇で、全国からの認識が変わった

地区突破
チャンス度
★★★★☆

夏の地区大会は、北北海道大会と南北海道大会に分かれる北海道。「甲子園で活躍するのは本州の高校」という認識を変えたのは、南北海道の**駒大苫小牧**《とまこまい》（特P35）でした。それほど2004、05年夏の連覇は衝撃的で、同校の偉業は、全国の高校野球勢力図にも大きな変化をもたらしました。一方、道内だけで見ると、混戦模様で、様々な高校に甲子園出場のチャンスがあります。

同系列校の駒大岩見沢も春8回、夏4回という甲子園出場実績があったのですが、14年3月で閉校になってしまいました。強い北海道代表校は、春でも活躍するということを、**東海大札幌**（P18）が15年春準優勝で示しました（甲子園歴は、春6回、夏5回）。

北海道球界一の伝統を誇り、またリードしてきた**北海**（特P61）も、一時期の低迷から脱し、近年はすっかり復活しています。15年夏には4年ぶり36回目の出場を果たし、春12回と合わせて48回の甲子園出場実績は、もちろん道内一です。

北海と同系列校でかつての札幌商から校名変更したのが**北海学園札幌**です。1980年夏を最後に甲子園には届いていませんが、札幌商時代に春2回、夏8回という出場実績を誇っています。

また小樽《おたる》市では、関西からの選手受け入れなどで戦力をアップしてきた**北照**《ほくしょう》（特春5回、夏3回）が強豪です。12年春と13年夏にも甲子園に出場し、現在は駒大苫小牧、北海、**札幌第一**（特P94）と並んで4強を形成しています。

これらに続く勢力は、春1回（02年）出場の**札幌**

日大（特P27）や、同じく春1回（06年）出場の**北海道栄**《さかえ》（特）などです。北海道栄はかつての校名が北海道日大でしたが、提携を解消。北海道桜丘《さくらがおか》の名称を経て、佐藤栄《さとえ》学園傘下《さんか》に入り、現校名となりました。06年春に新校名となって、初めて甲子園に登場。通算出場歴は、春4回、夏1回となっています。

80年代には常連校だった**函館大有斗**も健在です。88年に大学名を強調する狙いもあって、函館有斗から函館大有斗となりました。春6回、夏7回で通算5勝13敗という実績です。そのうち、新校名では合計3度出場しています。未出場の**立命館慶祥**《けいしょう》も地区の上位には来ています。

公立勢としては、伝統校で旧制札幌一中の歴史を継承している**札幌南**（夏3回）に、未出場ながらチーム力が上がってきた**札幌清田**、**札幌新川**などや、**函館工**（春1回、夏4回）、**苫小牧工**（春5回、夏1回）、21世紀枠代表に選ばれたあとに自力で出場した**鵡川**《むかわ》（春3回）も健闘しています。

北北海道勢としては、**白樺学園**《しらかば》（特P75）と**旭川実**（特）が双璧《そうへき》です。最近では10年夏に出場した旭川実（春2回、夏3回）は60年、創立。同時に創部されています。全校生徒は900人程度という中規模の共学校。女子バレーボール部も全国レベルで、日本代表選手も輩出しています。

かつては北日本学院という校名だった**旭川大高**も、夏のみ7回の出場記録があります。最も近い年では09年に出場しました。また、13年夏には**帯広大谷**（特夏1回）、14年夏には**武修館**《ぶしゅうかん》（特夏1回）という新鋭校も甲子園出場を果たしました。帯広大谷は、國《こく》學院大《がくいん》を経てドラフト1位指名を受けた杉浦稔大《としひろ》投手（ヤクルト）などの逸材も輩出しています。

21世紀枠での出場候補としては、釧根《せんこん》地区の**中標**《なかしべ》**津**《つ》（夏1回）、北見地区の**網走南ヶ丘**《あばしり》（春1回、夏1回）などに期待が集まります。14年夏、南北海道大会準優勝の**小樽潮陵**《おたるちょうりょう》（未出場。以下同）や、16年春季道大会に出場した私立進学校・**函館ラ・サール**にも注目です。

北海道・東北

❷ 青森県

野球留学による八戸《はちのへ》学院光星と青森山田の強化で、一気に実力県へ

地区突破
チャンス度
★★★☆☆

高校野球の地域勢力構図をすっかり変えたとも言えるのが近年の青森県勢の躍進です。もっとも、青森県の躍進というよりも、光星学院時代の2011年夏から3季連続して準優勝を果たした現在の**八戸《はちのへ》学院光星**（特Ｐ64）の活躍ではあるのですが、その起爆剤になったのが、ライバルとも言える**青森山田**（特Ｐ66）の存在。この対決構図は、１９９０年代後半から現在に至るまで続いています。16年春は、それを象徴するかのように、両校が代表に選抜されました。今後もこの2校がリードしていくことは間違いないでしょう。

両校に共通して言えることは、関西をはじめとして、青森県出身以外の選手が比較的多いことです。したがって、ベンチでは東北弁よりも関西弁が耳に入ってくることも多くなっています。

関西で少年野球をやってきた選手は、野球の技術を高いレベルで習得していますが、それだけではなく、マナーなどを含めてしっかり鍛えられています。ですから、手本になるところも多いはずです。県内の選手たちが、それに引っ張られ、さらに意識も技術も向上していっていると言えるでしょう。

この両校がしのぎを削り合う少し前の時代の青森県と言えば、１９６８年夏、69年春夏に太田幸司投手（元近鉄・巨人・阪神）を擁《よう》した**三沢**の活躍が突出していました。ハーフの美青年として人気のあった太田投手が雪国の不利にも負けず黙々と投げる姿は、甲子園の判官《ほうがん》びいきのファンの共感を呼びました。とくに69年夏の決勝は、松山商相手に延長18回を戦い、0対0の引き分け。延長に入ってからは三沢が押し気味に進めていただけに、青森県と東北の高校野球にとって、最も優勝に近づいた瞬間かもしれません（再試合は2対4で敗れる）。ただ、三沢の出場はこの3回（春1回、夏2回）のみで、その後、甲子園出場はありません。復活が待たれます。

三沢の活躍で活気づいた青森県でしたが、その前後は、甲子園ではほとんど実績を残せていません。

40〜60年代なかばごろまでは、**青森**（甲子園歴は、夏4回）と**八戸**《はちのへ》（春1回、夏6回）の「旧制中学伝統継承校型」の両校と、「文武分業進学校型」の先駆的存在として弘前市《ひろさき》に設立されていた**東奥義塾**《とうおうぎじゅく》（特夏4回）などが、出場を重ねました。青森と八戸は、どちらも県内を代表する進学校としての評価もあります。16年度入試では東北大へ青森は27人、八戸は25人の合格者を出しています。これは県内1位と2位の記録で、他都道府県も含めても、11位と13位です。

三沢旋風以降では、男子バレーボールで全国優勝して一躍注目を浴びた**弘前工**《ひろさき》や、スポーツ校として評価の高い**弘前実**《ひろさき》など、地場密着の実業系の学校が実績をあげています。弘前工は春2回、夏3回と5回出場していますが（通算1勝5敗）、89年を最後に甲子園には届いていません。弘前実は、弘前商が前身の公立校です。過去に夏だけ5回（同じく、通算1勝5敗）の甲子園出場歴がありますが、近年はやや苦戦しているという状況は否めません。

また、地場密着の**五所川原農林**《ごしょがわら》（夏1回）や、ラグビーの強豪でもある**青森北**（春1回、夏2回）、15年夏の代表の**三沢商**（P143）、10年夏の代表の**八戸工**《はちのへ》**大一**（特春1回、夏5回）なども、出場経験があります。**八戸西**《はちのへ》は未出場ですが、16年春の県大会優勝校で、今後に期待が膨らみます。

新勢力としては、女子校から共学に移行し、13年夏に初出場を果たした**弘前聖愛**《ひろさきせいあい》（特P108）があげられます。未出場ながら、16年春季県大会4強の**五所**《ごしょ》**川原工**《がわら》にも可能性があります。

北海道・東北

3 岩手県

かつての旧制中学系勢力を凌駕《りょうが》し、花巻東、盛岡大付など私学が躍進

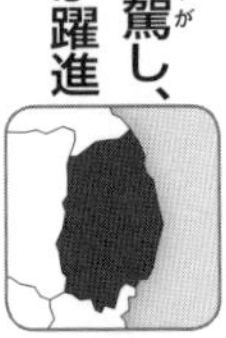

地区突破チャンス度 ★★★★☆

近年、東北地区で最も著しく勢力図が変化したのは、岩手県でしょう。

かつては、**盛岡一**（P124）、**一関**《いちのせき》**一**（P172）、**花巻北**（夏3回）、**福岡**（夏10回）など旧制中学の流れを汲《く》む伝統校が、弊衣破帽《へいいはぼう》のバンカラスタイルの応援団とともに、県内の高校野球を引っ張ってきました。

それに対抗する勢力も、**盛岡商**（P147）、**黒沢尻**《くろさわじり》**工**（春1回、夏3回）、**盛岡工**（夏2回）あたりの地場密着型の実業系校でした。平成になってからは、**盛岡四**（夏1回）、**盛岡三**（夏2回）などの新しい公立校も実績をあげてきています。

岩手県はもともと、野球に力を入れている私立校が多くはありませんでした。そんな中で、それぞれの公立校が野球応援のスタイルを自校の1つのシンボルにしていき、友情や愛校心が育《はぐく》まれました。その後押しを受けながら、野球部員は期待にこたえようと努力し、公立勢の時代をつくり上げていったとも言えます。

そんな質実剛健《しつじつごうけん》の「旧制中学伝統継承校型」に、1970年代から食い下がっていた数少ない私学が、現在は**一関**《いちのせき》**学院**（特）となっている一関商工でした。さらに、1990年代なかばあたりから、**盛岡大付**（特P110）、**専大北上**（特P36）、**盛岡中央**（特）も台頭してきました。こうして、いつしか私学勢がリードしていく形となりました。

一関学院は前身が夜間中学。戦後の学制改革で一関商工となり、広く生徒を集めるようになりました。野球部は当初軟式でスタートし、やがて硬式に転じて強化が図られ、74年夏に甲子園初出場。以降ブランクがありながらも、86年夏に甲子園へと復活。その後は安定した実績を残しています。春2回、夏6回、通算で3勝8敗という足跡を甲子園に刻んでいます。盛岡中央には夏1回の出場歴があり、2度目の甲子園を目指しています。

そんな私学勢が躍進してきたタイミングで、全国でも上位へ食い込める存在としてあらわれたのが、**花巻東**（特P67）でした。そして、今や花巻東が、県内各校からの最大のターゲットになっています。それに対抗するのが盛岡大付という構図が定着してきており、これは今後も継続されていくでしょう。

岩手県は北海道に次ぐ面積を有する県です。それだけに、県内でも、場所によっては気候などにかなりの違いがあります。広大なため、移動も簡単ではありません。

海岸エリアは先の東日本大震災で大きな被害を受けた地区ですが、高校野球で注目を浴びる学校はあまり多くありませんでした。

そんな中で、84年春に**大船渡**《おおふなと》が全国ベスト4に残り（春1回、夏1回）、現在の**釜石**である釜石南が96年春に初出場しています。さらに北上すると久慈《くじ》勢の存在があり、79年には**久慈**《くじ》、93年には現在の**久慈**《くじ》**東**に統合された久慈商が甲子園に進出していますが（ともに、その1回のみ）、96年の釜石南以降、沿岸・久慈地区は甲子園に縁がありませんでした。

しかし、２０１６年春には、釜石が21世紀枠代表でセンバツ出場を果たし、新たな歴史を築きました。釜石は釜石女子補習学校として、１９１４年、創立。やがて釜石高となるのですが、63年に、前述の釜石南と釜石北に分離。それが、08年に再統合して現校名の釜石となっています。したがって、釜石南時代の甲子園出場を継承していくことになり、16年春が2度目の出場ということに。現在の佐々木偉彦《たけひこ》監督は釜石南の出身ですから、実質、母校を指揮している形になります。

北海道・東北

4

秋田県

第1回中等野球大会の準優勝という、輝かしい名誉と歴史を築いてきた県

地区突破チャンス度

★★★★☆

秋田県で歴史に名を残しているのは、第1回中等野球大会（1915年夏）で準優勝を果たしている秋田中。現在の**秋田**（P117）ですが、まさに文武両道の旧制中学の質実剛健《しつじつごうけん》ぶりを見せていると言えます。その秋田は、現在でも高校野球の有力校として、県内を引っ張る存在となっています。

ただ、秋田も秋田県も、全国での実績ということになると、100年を経過しても、あの大会に匹敵する成績はあげられていません。つまり秋田県の高校野球は第1回大会の記録が最高の結果として残ってしまっているのです。秋田中の準優勝以降、東北勢全体としても、決勝進出でさえ、長い歳月を要することになりました（69年夏の青森県代表・三沢。決勝で松山商に敗れ、準優勝）。それだけ、全国大会で勝ち上がるのは難しいということです。

この秋田と名実ともに長きライバルとして、それこそ戦前から競い合ってきたのが、**秋田商**（P134）です。ユニフォームが純白で、胸文字が黒ゴシック文字で「AKITA」と慶応スタイルの秋田に対し、秋田商は白地のユニフォームにエンジの飾り文字で「AKISHO」と胸に入る早稲田スタイルになっていて、コントラストがはっきりしています。この両校の対戦は、秋田県の早慶戦とも言われ、熱烈な応援合戦も繰り広げられます。その土地いちばんの旧制中学系と地場密着商業校との試合は、やはり注目度が高いのです。

その両校に割って入ったのが**金足農**《かなあし》（P158）。新潟の新発田《しばた》農と並んで、最も甲子園に近い農業高校です。

こうして公立優位で進んできた秋田県でしたが、私立では秋田経法大付が奮闘してきました。2007年に、**明桜**《めいおう》（特）へ校名変更しています。創立は1953年で、当初は秋田短期大付でしたが、短大の4年制大学への昇格とともに秋田経済大付に校名変更。さらに秋田経済法科大付と改称後、現校名に。これは母体の大学がノースアジア大に改称したのに伴《ともな》うものでした。

新校名になって早々の09年夏に甲子園出場。強豪私学の少ない秋田県において、県内を引っ張る私学一番手という立場は、校名が変わっても揺るぎないことを示しました。これまで春5回、夏8回の出場実績があり、89年夏には中川申也《しんや》投手（元阪神）を擁《よう》して4強に進出しています。甲子園での実績は通算8勝13敗。中川投手や攝津正《せっつただし》投手（ソフトバンク）らプロ野球選手も数多く輩出しています。プロでの活躍が目立つのは投手がほとんどというのも、特徴と言っていいでしょう。女子バスケットボール部も強豪で、明桜は、「県内一のスポーツ校」というイメージです。

また近年は、10年、11年と夏2年連続で**能代松陽**《のしろしょうよう》（甲子園歴は、夏3回。13年に能代商と能代北が統合）が、14年夏には「旧制中学伝統継承校型」の**角**《かくの》**館**《だて》（夏1回）が、また、15年春には**大曲**《おおまがり》**工**（P158）が、甲子園出場を果たしています。

さらに、21世紀枠代表として**大館**《おおだて》**鳳鳴**《ほうめい》も11年春に甲子園出場を果たしました。大館鳳鳴も、伝統的な旧制中学の伝統を継承する公立校です。15年の秋季大会では県4強まで勝ち進むなど、地力強化がうかがえます。**横手**（夏1回）、**本荘**（夏3回）、**能代**《のしろ》（夏4回）も旧制中学伝統継承校型です。

ほかでは、かつては秋田市立の校名で甲子園に出場して、その後県立に移管された**秋田中央**（夏4回）や、甲子園未出場ながら地区大会では上位の常連となりつつある**秋田南**なども健闘しています。15年秋の県大会ベスト8進出の**秋田西**（未出場。以下同）、同じく8強の**秋田修英**などにも、可能性はありそうです。

5 山形県

新勢力が力を伸ばしていく中、伝統の日大山形も踏ん張って混戦

地区突破チャンス度
★★★★☆

隣接する新潟県と、かつて高校野球の全国大会での、勝利数のワースト記録を争っていたのが山形県です。県議会で、「県内の高校野球を強くするにはどうしたらいいか」ということが議題になったこともあるほどでした。そのきっかけが、**東海大山形**（P19）がPL学園に9対27という大敗を喫した1985年夏の大会です。

山形県では、もともと**日大山形**（P24）の実績が先行していました。73年に、県勢として甲子園初勝利を果たしています。それに対抗してきたのが現在は**鶴岡東**（特）の名称となっている鶴商学園で、東海大山形と三つ巴《どもえ》状態でした。その一角を担う東海大山形の大敗は、衝撃的だったのです。

鶴岡東は、当初、鶴岡経理専門学校の名で64年に創立されていましたが、やがて鶴岡商、鶴商学園と校名変更。2000年に普通校へ転じたことで、現校名となりました。その際に、体育科も併設。春1回、夏4回の出場で、近年では、11年夏と15年夏に、甲子園に姿を見せています。

これら私学勢に対抗して飛躍してきているのが**山形中央**です。戦後に兵営跡地に建てられた公民学校が前身で、1950年に現校名となりました。さらには86年、6年後に開催される山形国体に向けて体育科が設置されました。10年春に21世紀枠代表として選出されると、同年夏には山形大会を勝ち上がって自力での出場を果たしています。さらに、13年春と14年夏にも出場。横山雄哉《ゆうや》投手（阪神）や石川直也投手（日本ハム）らのプロ野球選手もOBです。

体育科があるので、県内全域からの生徒を受け入れられますが、基本的には地場密着型の公立校です。

　また、スポーツ強化私学では、**酒田南**（特）と**羽黒**（特）が台頭しています。

　酒田南は野球部強化にあたり、同じ系列宗派の学校で大阪の強豪である上宮《うえのみや》に相談し、同校出身の西原忠善《ただよし》監督（現・武相《ぶそう》監督）を、96年に招聘《しょうへい》。選手も関西から送り込んでもらい、チームの底上げに尽力。翌97年に初出場を果たすと、99年以降4年間、山形県の甲子園出場は酒田南が独占します。春は1回だけですが、夏は10回の出場。しかし、全国の場ではなかなか勝ち星を伸ばせず、4勝11敗。卒業生に、ソフトバンクの長谷川勇也《ゆうや》選手（鶴岡市出身）がいます。

　この酒田南に対抗しようとしたのが羽黒でした。酒田南に追いつけ追い越せの姿勢で、強化に着手。酒田南が関西出身の生徒が多いのに対し、羽黒は、神奈川で少年野球を指導していた竹内一郎監督の人脈により、関東出身者が多いのが特徴となりました。ほかにブラジルからの留学生らも積極的に受け入れる強化姿勢が結実、03年夏、甲子園初出場を果たします。竹内監督退任後、アメリカ在住経験があり、現地のスタイルを実践する横田謙人《けんと》監督（現・東北公益文化大監督）に引き継がれました。羽黒はさらに国際色を強め、05年春には堂々とした戦いぶりで、ベスト4へ進出。「強い山形勢」を全国の高校野球ファンに印象づけました。春夏1度ずつの出場ですが、3勝2敗と、本番でも勝負強さを発揮しています。

　地場密着の実業系では、市立校の**山形商**（甲子園歴は、夏1回）のほか、**鶴岡工**（夏1回）、12年に新設された**酒田光陵**《こうりょう》（統合前の4校のうち、酒田工が夏1回出場）などが、県で8強レベル以上に進出する実績を近年も残しています。

　旧制中学伝統継承校型では、**山形東**（夏5回）、**山形南**（同）などに、出場歴があります。

　地場密着公立の**上山明新館**《かみのやまめいしんかん》（未出場）も強化体制がとられています。

北海道・東北

6 宮城県

東北と仙台育英の2強対決！現段階、後者がややリードか

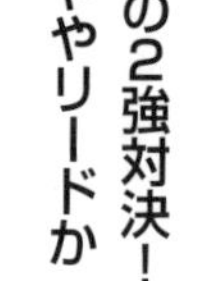

地区突破チャンス度
★★☆☆☆

１００年目となった２０１５年夏の甲子園の決勝で、佐藤世那《せな》投手（オリックス）を擁《よう》する**仙台育英**（特Ｐ40）は、東海大相模に6対10で敗れてしまいました。これで仙台育英は、春夏通算3度目の準優勝となりました。21世紀最初の甲子園大会となった01年春も仙台育英は、決勝で常総学院に6対7で敗れ、準優勝。その2年後の03年夏には**東北**（特Ｐ61）が決勝まで進みましたが、優勝にはあと一歩届きませんでした。

しかし、こうした21世紀に入ってからの実績を見ると、確実に宮城県勢が全国で上位になったと言ってもいいでしょう。近年では、秋の明治神宮大会で、10年に東北、12年と14年に仙台育英が優勝を果たしています。

仙台育英と東北。この両校の対決構図は、１９７０年代から、ここ40年以上も宮城県の高校野球をリードする形で続いています。甲子園出場となると、強豪エリートのこの両校以外はほとんどなく、他校にとっては、かなりの難関と言えます。

70年以降、両校以外の甲子園出場校は、83年夏の**仙台商**（70年より前まで含めた通算の出場歴は春1回、夏3回）、88年夏の**東陵**《とうりょう》（春1回、夏1回）。そして、体育系コースがあり、98年夏に全国進出した**市立仙台**、02年夏の宮城県大会を大番狂わせと言われて突破した**仙台西**（ともに、その1回のみ）、11年夏に決勝で**利府**《りふ》（Ｐ166）を下して出場した**古川工**（その1回のみ）。

21世紀枠代表では、05年春の**一迫**《いちはさま》**商**（Ｐ172）と09年春の利府、12年春の**石巻**《いしのまき》**工**（Ｐ172）が出場してい

ます。利府は09年春のあと、14年夏に宮城県大会を勝ち抜き、自力で出場を果たしています。この年は春には東陵が出場しており、仙台育英、東北の2強のどちらも甲子園出場していない、90年以降では珍しい年となりました。

いずれにしても、2強の力が図抜けているので、県大会のトーナメントの組み合わせが決まると、他校が2強の入った位置を見て、自分たちがどこまで上がっていけるか測るのは仕方のないところ。

この圧倒的な両校の関係だけではなく、仙台市民の人気が高い**仙台一**（夏3回）と**仙台二**（夏3回）のライバル関係も見どころです。

この2校は、仙台市の進学校の双璧《そうへき》でもあります。両校は旧制中学時代からしのぎを削っており、毎年5月には「杜《もり》の都の早慶戦」と言われる対抗戦が行われています。全国にいくつかある地域独特の高校野球の定期戦の中でも、一、二を争う盛り上がりではないでしょうか。甲子園出場とはまた別の次元で、この試合にかける両校の意気ごみは、非常に熱いものになっています。

仙台一は南学区、仙台二は北学区と、両校のエリアは分かれていて、それぞれの地域の優秀な中学生たちが進学していきます。地元での評価や受験面での人気も高い状況です。

こうした県の文武両道を代表する2校のライバル意識・関係性は、日本的な教育文化の1つとも言えます。そんなノスタルジーを感じさせてくれるのが、この「杜の都の早慶戦」なのです。

仙台一、仙台二ともに、秋季県大会で上位に食い込むようなことがあれば、21世紀枠の代表候補として推薦されるのではないでしょうか。なお、ここ数年の実績で言えば、野球も進学も、わずかながら仙台二がリードしています。

ほかでは、スポーツを強化している私学の**大崎中央**（特）、地場密着の**宮城農**あたりも、甲子園未出場ながら伸びしろはありそうです。

北海道・東北

7 福島県

聖光学院の長きにわたる1人勝ちは、簡単に終わらず!?

地区突破チャンス度
★★☆☆☆

2015年までの段階で、夏の大会は**聖光学院**（特P73）が9年連続で甲子園に出場している福島県。今世紀に入って、つまり2001年以降、福島県からの甲子園出場校は、21世紀枠が導入された01年春に選出された「旧制中学伝統継承校型」の**安積**《あさか》と、13年春の21世紀枠代表の地場密着普通校・**いわき海星**（安積とともに、現段階での甲子園歴は、この1回のみ）を含めて、延べ21校。そのうち16回が聖光学院となっています。なんと占有率76％オーバー。さらに夏に絞ると、聖光学院は01年以降の15回のうち、12回の出場。春は、21世紀枠の両校を除くと、聖光学院の4回の出場以外はないというのが現状です。

つまり、それだけ聖光学院が県内で突出した力を持っているということ。ちなみに01年以降の夏の大会で、聖光学院以外に甲子園に出場できたのは、02、03年の**日大東北**（特P26）と、06年の**光南**（甲子園歴はこの1回のみ）だけです。16年春は県大会を勝ち抜き、東北大会進出。日大東北は、1996年夏から3年連続出場を果たすなど、聖光学院が台頭するまでの福島県をリードしていました。

そして、その前は**福島商**（P144）と**学法石川**（特）が、競い合う構図でした。福島商は県立商業の代表格として親しまれ、また野球部の人気は、地元でいちばんと言ってもいい存在です。

学法石川は、甲子園のアルプススタンドで亡くなるという、野球人として象徴的な最期を遂《と》げた柳沢泰典《やすのり》前監督がグラウンドづくりから始め、選手獲得のノウハウなど現在の学法石川の基盤を築き上げました。チーム強化の方策の1つとして、県外選手の獲得にも積極的。もともとは、明治時代中期に設立されていた、石川義塾《ぎじゅく》が前身。やがて石川中の名称を経て、学制改革後の51年、経営母体が財団法人から学校法人となったことを機に、現在の呼称となりました。学法とは学校法人の略で、別に県立の石川高があるので、区別する意味で学法石川と呼ばれています。甲子園には春3回、夏9回の出場歴があるものの、全国の舞台ではそれほど勝てず、4勝12敗という成績を残しています。

福島県勢が最も優勝旗に近づいたのは71年の夏でした。小柄な体で飄々《ひょうひょう》と投げて「小さな大投手」とも言われた田村隆寿《たかとし》投手を擁《よう》する**磐城**《いわき》が、決勝に進出。磐城は旧制中学を母体とした県立の進学校でもあり、地元の支持や、全国の高校野球ファンからの人気もありました。決勝戦は桐蔭《とういん》学園が相手でしたが、結果は0対1の惜敗。当時まだ新興勢力ながら、技量が高くて洗練されていた桐蔭学園の選手たちとの対比で、磐城のひたむきさがより光った試合とも言われました。磐城は、春2回、夏7回の出場で、通算成績は7勝9敗と、五分に近い数字になっています。ほかに、**帝京安積**《あさか》（特）は安積商時代に夏2回の出場歴があります。

新勢力としては、系列大学が南東北大学連盟の雄《ゆう》となっている**東日本国際大昌平**《しょうへい》（特）が、10年夏の福島県大会決勝に勝ち上がるなど台頭してきています。14年秋も東北大会に進出。学校法人昌平黌《しょうへいこう》が設立母体で、孔子の教えを基本理念としています。

公立勢では、常識を打ち破る指導法で**白河**（甲子園歴はないものの、14年夏に県4強などの実績）を強豪に育てた箭内寿之《やないとしゆき》監督の指導により、13年の着任早々から実績をあげている**須賀川**《すかがわ》や、体育コースのある**田村**（ともに、甲子園未出場）に、注目したいところです。実績のある光南（甲子園歴は、前述の06年夏の1回）、**双葉**（夏3回）といったところも、チャンスをうかがっています。

8 茨城県

名将勇退でも、常総学院《じょうそう》中心。そのあとを公私各校が追う

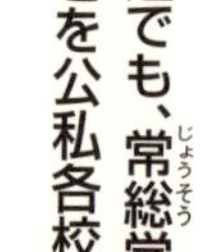

地区突破
チャンス度
★★★☆☆

茨城県内は、時代とともに勢力図が変遷《へんせん》しているのが特徴です。戦前から戦後の20年間くらいは、**水戸商**（P138）と**竜ケ崎《りゅうがさき》一**（P121）が競い合っていました。この2校に、学生野球の普及に尽力し「高校野球の父」と言われた飛田穂洲《とびたすいしゅう》の母校・**水戸一**（旧水戸中、夏3回）を加えた3校が、県を代表する存在でした。典型的な「商業学校系と旧制中学系の対決構図」となっていたのです。

それが、1970年代になって、取手勢が台頭。**取手一**（春1回、夏3回）、**取手二**が相次いで甲子園に出場し、木内幸男《ゆきお》監督が率いた取手二が1984年夏に県勢初の全国制覇を成し遂《と》げました。取手二は春2回、夏4回の出場実績で、通算8勝5敗。優勝以降の出場はありませんが、2010年の春季関東大会に、26年ぶりに出場。古くからのファンや地元の人たちを喜ばせました。

そのあと**常総学院**《じょうそう》（特P48）時代となっていくのですが、公立勢も地場密着普通校の**藤代**《ふじしろ》、**下妻二**《しもつま》、**土浦湖北**（P166）と、近年では**石岡一**が食い下がっています。藤代は01年春に初出場。四日市工《よっかいち》を下し、初勝利も記録。03年春、05年夏、11年夏、14年夏にも出場を果たしています（通算では、春2回、夏3回の出場）。

下妻二も、取手二で全国制覇メンバーの1人だった小菅勲《こすげいさお》氏が00年に監督に就任し、04年夏に初出場。09年春にも出場しています。その小菅監督は、15年から**土浦日大**（P27）で指導。土浦日大は日大系列校で、春夏2回ずつの出場歴があります。86年夏が最後となっているだけに、復活を期待する声が高まっています。

大学付属系列校
野球エリート育成校
スポーツ強化中堅校
文武分業進学校
共学化移行校
旧制中学伝統継承校
地場密着商業校
地場密着工業・農水産校
地場密着普通・総合校
北海道・東北
関東・東京
東海・北信越
近畿
中国・四国
九州

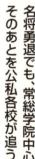

石岡一は、甲子園出場実績はまだありませんが、近年、著《いちじる》しく躍進しています。16年も春季関東大会に進出。近いうちに初出場の日を迎えるかもしれません。石岡農学校が前身で、普通科とともに園芸科と造園科が設置されているのが特徴です。

スポーツコースがある**東洋大牛久《うしく》**（特P34）も好素材を集められる可能性があります。

また、**水戸桜ノ牧**も09年秋の県大会で優勝して注目されましたが、この年を含め、21世紀枠候補に3度推薦されています。学校は水戸市民球場のすぐ近くで、「地場密着普通校」と言えるでしょう。

一方で新たな私学勢も台頭してきています。文武分業型で実績をあげてきているのが**水城《すいじょう》**（特）で、10年夏と11年春に、甲子園出場を果たしています。筑波大や東北大に10人以上の合格者を出すなど、進学実績は高く、スポーツ面でもゴルフ部が強豪。片山晋呉《しんご》選手などのトッププロも輩出しています。

霞ケ浦《かすみがうら》（特P72）が15年夏に出場を果たしたことで刺激を受けているのは、女子校から共学に移行した**明秀《めいしゅう》日立**（特P108）と**鹿島《かしま》学園**（特）、**つくば秀《しゅう》英《えい》**（特）などでしょう。

鹿島学園がある鹿嶋市は、Jリーグの鹿島《かしま》アントラーズのホームタウンで、同校のサッカー部も強豪。一方、野球部は、日大監督時代に東都大学リーグで優勝経験のある鈴木博識《ひろし》氏が15年に監督に就任し、強化されています。通信課程で広く生徒を集めていることも話題になっています。同校は、学習塾が母体となり、市（当時は鹿島町）の要請で設立されたという背景があります。文武分業型と言ってもいいでしょう。

つくば秀英もスポーツ強化に力を注いでいる学校。特進コースなどが設置され、進学面も強化しています。OBには巨人の江柄子裕樹《えがらしゆうき》投手らがいます。

また、地場密着の実業系校では、**日立工**が春に2回（81、89年）の出場。地元の支援にこたえるべく、甲子園への復活を狙っています。

関東・東京

9 栃木県

作新学院が県内をリードし、佐野日大や文星芸大付なども健闘

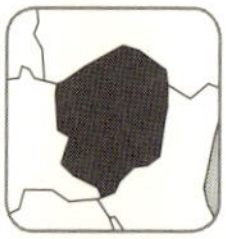

地区突破チャンス度
★★★☆☆

あらゆる強豪校が挑戦しても叶《かな》わなかった甲子園の春夏連続優勝を、初めて達成したのが、1962年の**作新学院**（特P46）です。同校は、今も県内をリードする存在です。

作新学院を追いかけるのが、**佐野日大**（特P27）と**文星芸大付**（特）です。佐野日大は日大の系列校で、県内外から幅広く選手を受け入れています。春4回、夏6回の出場実績があり、通算9勝10敗。2014年春にはベスト4に進出しています。澤村拓一《ひろかず》投手（巨人）の出身校ということでも話題となり、今後もプロ選手を生み出す可能性があると言えるでしょう。

旧称の宇都宮学園時代から通算すると、佐野日大を甲子園実績で上回るのが文星芸大付（春2回、夏10回、通算14勝12敗）です。独特のダークイエローのユニフォームは「Ugaku」時代の伝統カラー。大学付属校ではありますが、系列大はとくに野球強化をしているわけではありませんので、本書のカテゴリー分けでは「スポーツ強化中堅校」に該当します。

3校を追うのが、私立勢では、**國學院栃木**《こくがくいん》（特P36）と**白鷗大足利**《はくおう》（特）、**青藍泰斗**《せいらんたいと》（特）といったところです。白鷗大足利は08年夏に出場しましたが、足利学園時代の75、79年夏にも甲子園の舞台へ進出。トータルで春1回、夏3回の出場歴があり、春夏1勝ずつで、計2勝をあげています。15年秋季県大会を制し、関東大会に出場しましたが、初戦を延長の末落とし、翌16年春のセンバツには届きませんでした。

青藍泰斗はかつて、葛生《くずう》という校名で90年夏に出場しています。曹洞宗善福寺《そうとうしゅうぜんぷくじ》に設立された中学館が前身。葛生農商などの名称を経て、学制改革時に葛生となり、05年に現校名に。新校名での出場を目指しています。

矢板中央《やいた》（特）もスポーツ強化の体制をとっている学校です。サッカー部は全国出場を果たしていますが、野球部はまだ甲子園出場がありません。夢の舞台初進出を目指しています。

公立勢としては、**宇都宮工**（P152）を筆頭として地場密着実業校系が健闘しています。**宇都宮商**は、近年では13年春に出場。県立商として明治時代後期に創立され、初出場は1923年夏、初勝利はそこから56年後の79年春でした（久留米《くるめ》商に3対0）。学制改革時に市立商を統合するなどして、今日に至っています。現段階での甲子園歴は、春3回、夏1回です。**真岡工**《もおか》は06年春に、前年秋季関東大会でベスト8に進出したことも勘案され、21世紀枠代表として選出されています。旧制中学の歴史を継承している**真岡**《もおか》（出場歴なし）とともに競い合いながら、地元では評価されている工業校です。

地場密着の工業高校では**足利工**（夏6回）、**栃木工**（出場歴なし）なども健闘しています。

旧制中学の流れを汲《く》む学校では、甲子園歴のない**大田原**《おおたわら》も、近年、好成績。秋の地区大会で上位に進出すれば、21世紀枠の推薦の可能性は高い学校です。15年秋、16年春の県大会8強の**栃木**（春1回、夏1回）も可能性はあります。

また、伝統校の**小山**《おやま》は、小山農商補習学校が前身で、「地場密着普通校」。76年春には、全国準優勝という実績を残しています。当時から、地元では熱心な応援を受けていました。春2回、夏4回の出場歴があります。

宇都宮南も、76年創立と比較的新しい学校ですが、春2回、夏5回で、通算7勝7敗という成績。地元では、「さわやか宇南《うなん》」と呼ばれ、人気があります。

宇都宮北は近年もコンスタントに県大会で上位に残っており、**宇都宮清陵**《せいりょう》もかつて関東大会に進出した実績あり。ともに甲子園初出場を狙っています。

関東・東京

⑩ 群馬県

桐生《きりゅう》に追い着き追い越すのは健大高崎、前橋育英に樹徳《じゅとく》!?

地区突破チャンス度
★★★☆☆

かつて、群馬の高校野球と言えば、**桐生**《きりゅう》でした。甲子園歴は、春12回、夏14回、通算28勝26敗、準優勝2回、4強3回。桐生中時代から県内では圧倒的な勢力でした。ライバルは**前橋**（P118）でしたが、実績としては桐生が大きくリード。

しかし、近年は私学勢の強化体制が整ってきたことや、少子化などの影響もあり、桐生にかつてほどの勢いがなくなっていることは否めません。ベスト4に進んだ1978年春、続く同年夏を最後に甲子園から遠ざかってしまっています。地元には、復活を待ち望んでいるファンが数多くいます。

伝統校では**高崎**（P118）も注目を集めています。群馬県では、桐生高のことを「きりたか」、前橋高を「まえたか」、そして高崎高は「たかたか」と呼んでいますが、これは、県内の旧制中学系の男子校に共通する呼び方。背景には、工業校と区別する意味合いもありますが、旧制中学の歴史を受け継いできた、地元の伝統校だという誇りも込められています。ちなみに「まえこう」は、**前橋工**（P152）を指します。

旧制中学系列校では、**沼田**と**富岡**も、県大会で上位に進出している学校です。東大野球部にも多くの選手を送り出している**太田**も含めて甲子園出場歴はありませんが、今までより上位に進出できれば、21世紀枠代表候補に近い位置にあります。

館林《たてばやし》（出場歴なし）も積極的に遠征試合を組み、強化しています。学校の敷地がかつては軍の所有地だったということもあって、グラウンドが広いのも特徴です。

このように旧制中学系の公立校が引っ張ってきた群馬県でしたが、**桐生一**（特Ｐ107）が躍進して以来、私立の通称・**健大高崎**（特Ｐ100）の高崎健康福祉大高崎、**前橋育英**（特Ｐ95）などが一気に台頭。ただ、私学勢としては、**東農大二**（Ｐ34）や**樹徳**《じゅとく》（特）が、それより先に甲子園出場を果たしていました。

樹徳（夏2回）は、前身は裁縫女学校。60年に男子部を設置し、71年に野球部を創部。「共学化移行校」の先駆けです。91年夏に初出場。翌92年夏にも甲子園に進出し、初勝利も記録しています。その後の出場はありませんが、2014年春と15年秋には関東地区大会に進出。近年も、実績は県内上位で、健大高崎、前橋育英、桐生一と並んで県内4強の1つ。バスケットボール部も強豪で、全国大会にも出場しています。

県内私学の有力校には、ほかに**高崎商大付**と**関東学園大付**もあります。高崎商大付は、13年秋に県ベスト4という実績は残していますが、近年、その先の壁をなかなか越えられていません。

関東学園大付（甲子園歴は、春1回）は、系列大が関甲新学生連盟の老舗《しにせ》で、本校の野球部も強化されています。86年春に、甲子園初出場。近年も、県大会ベスト8までは勝ち上がっています。あとひと押しです。

県内初の公立中高一貫校の**中央中等**（夏1回）は、ユニークな存在です。かつての群馬中央が前身。その後、中央という校名で87年夏に出場を果たしました。現在は完全な中高一貫教育により、高校での募集はありません。しかし、前橋時代に甲子園で史上初の完全試合を達成し、監督実績も高い松本稔《みのる》氏が08年に指導者として着任しており、同監督の手腕が期待されています。

市立校の**桐生**《きりゅう》**商**（Ｐ142）や、中高一貫校の**市立太田**（太田市商から15年に改名。春1回）、15年夏から3大会連続で県8強以上の**伊勢崎清明**《いせさきせいめい》（未出場、以下同）、15年秋8強の**桐生**《きりゅう》**南**も地場密着で健闘しています。

関東・東京

⑪ 埼玉県

頭ひとつ抜け出た浦和学院を、花咲徳栄《はなさきとくはる》、聖望《せいぼう》学園などが追う

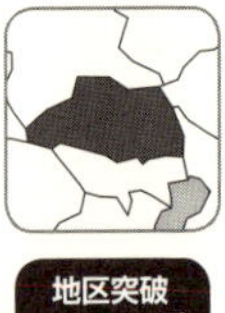

地区突破
チャンス度
★★★☆☆

いわゆる「平成の大合併」で大宮、浦和、岩槻《いわつき》、与野の4市が合併して誕生したさいたま市は、2003年4月に政令指定都市となりました。そんなさいたま市ですが、東京は、すぐそば。シニアやボーイズの有望選手は都内の私立校を希望するケースも多いようです。

そうした中で県内一の素質軍団と言われて抜けた存在となっているのが**浦和学院**（特P47）です。それを**花咲徳栄**《はなさきとくはる》（特P68）が追いかけています。

2強のような構図になりつつありますが、次のグループで力があるのが**春日部共栄**《かすかべ》（特P90）と**聖望**《せいぼう》**学園**（特）です。

聖望学園は飯能実業学校が母体で、学制改革時に、飯能暁《あかつき》と改称。その後、1951年に現校名になりましたが、創部は82年まで待つことになります。86年、大阪の桜宮《さくらのみや》でコーチとして甲子園経験のある岡本幹成《みきなり》氏が監督に就任。以来、強化されて、91年、春季関東大会準優勝、同年は夏の埼玉県大会も準優勝。春1回、夏3回の出場実績がありますが、08年春には初出場で準優勝。一気に全国区となりました。比較的自由で明るい学校という校風で、受験生から人気があります。大学からの指定校になることも多く、春日部共栄同様に、「文武分業進学校」と言っていいでしょう。阪神の鳥谷敬《たかし》選手、中日・近鉄・横浜などで活躍した門倉《かどくら》健投手などのプロ野球選手も輩出しています。

聖望学園と同じ県西部では、**川越東**も近年は躍進しています。もともと私学の進学校としての位置づけからスタート。進学実績は評価されています。私学の進学校で野球部も強いというイメージです。甲子園出場はまだ実現していませんが、13年夏、14年秋、15年春と、数度にわたり、県大会準優勝。

県内だけではなく、全国レベルでもスポーツ校として知名度が高いのが、**埼玉栄**《さかえ》（特甲子園歴は、春1回、夏1回）です。花咲徳栄と同じ学校法人佐藤《さと》栄《え》学園傘下《さんか》ですが、野球の実績で先行している花咲徳栄を追いかけている構図になっています。

県北部では、**本庄一**（特P108）が実績をあげています。

女子校からの共学化によって、野球部強化を進めている私立が、県西部では、前出の川越東と同じ系列校の**星野**です。星野女子時代にはソフトボール部が全国的な強豪でした。また、女子バスケットボール部やダンス部が実績をあげていた**山村学園**（特）が08年から共学となり、徐々に強化を進めています。星野も山村学園も未出場ですが、今後の活躍に注目です。

続いて、公立勢です。かつて埼玉県は、**上尾**《あげお》（春3回、夏4回、通算7勝7敗）を筆頭として、**熊谷**《くまがや》**商**（P142）、**川越工**（P158）などの公立勢がリードしていました。上尾は、16年春4強など、近年復活の兆《きざ》しを見せつつあります。ほかには、**市立川越**（P170）、**坂戸**《さかど》**西**（P170）に、**伊奈学園総合**が台頭しています。全国に先駆けて84年に設立された総合選択制の公立校・伊奈学園総合は、90年春、甲子園初出場。スポーツと進学で、それぞれ実績をあげています（甲子園歴は、この1回のみ）。

ほかに、未出場校の中では、大井から校名変更し、体育科がある**ふじみ野**や、12年春に関東大会まで進出した**春日部**《かすかべ》**東**、12年の春季県大会での優勝経験が光る**南稜**《なんりょう》、旧制中学の伝統を受け継ぎ、15年夏県ベスト4の**松山**なども元気です。

また、**大宮**（春2回、夏5回）、**熊谷**《くまがや》（夏3回、準優勝1回）、**鷲宮**《わしのみや》（春1回）、**市立川口**（出場歴なし。以下同）、**大宮西**、**八潮南**、**富士見**、**朝霞**《あさか》、**正智**《しょうち》**深谷**（特）、**武蔵越生**《むさしおごせ》（特）なども奮闘中です。

関東・東京

⑫ 千葉県

30校前後が横一線に並ぶ大混戦。どの学校にもチャンスはある

地区突破チャンス度
★★★★☆

千葉県は、千葉市を境として、生活文化環境ががらりと変わるのが特徴です。つまり、南部・東部のような農業や漁業、観光などをメインとした「素朴な田舎《いなか》」という一面と、西部のような「東京のベッドタウン」としての一面が混在しているのです。

その両地域の代表的な高校が、1974年夏優勝の**銚子商**（P142）と75年夏優勝の**習志野**《ならしの》（P162）です。また、その時代には、結果的に甲子園までは届かなかったものの、県内を沸かせていたのが**成東**《なるとう》（甲子園歴は、夏1回）でした。89年夏に初出場を果たしていますが、むしろ70年代の銚子商のライバルとしての印象が強いという人も多いでしょう。

中等野球時代、商業校では、**千葉商**（P147）も実績をあげていました。千葉商工補習学校が前身で、当初は市立校でしたが、学制改革後の50年に県立に移管され、現在に至っています。創部は31年で、初出場は39年夏。翌40年夏にも出場し、初勝利を記録しています。戦前から戦後にかけて、県内を最もリードしていました。そんな歴史を背負う伝統校ですから、復活を望むファンも多くいます。

80年代に台頭してきたのが**拓大紅陵**《たくだいこうりょう》（特）です。84年に春夏連続出場を果たすと、92年夏には準優勝するなど、千葉県を引っ張る存在に。近隣の少年野球エリートを多く集めており、この先ずっと圧倒的な強さを維持していくのではないかと、大きなインパクトを周囲に残していきました。日大三で辣腕《らつわん》をふるっていた小枝守《こえだまもる》監督が、81年に拓大紅陵に着任し、常連校に育て上げました。92年夏の準優勝の際に、そ

の後のチームの特徴となった、投手の分業システムを徹底させたことでも知られています。しかし、県内の強豪校の増加もあって、２００４年春以降は甲子園に届いていません。春4回、夏5回の出場。通算10勝9敗で、準優勝1回という実績があります。小枝監督は、同校を勇退して、16年からU－18日本代表監督に就任しています。

そんな拓大紅陵に代わって台頭したのが**千葉経済大付**（特）でした。04年夏に初出場を果たし、いきなり4強に進出。以降、春2回、夏3回の出場で、9勝5敗の好成績。08年春も、ベスト4進出です。広島の丸佳浩《まるよしひろ》選手なども輩出しています。

しかし、千葉経済大付は圧倒的な勢力を維持し続ける存在とはならず、近年は**木更津総合**（特P76）と**専大松戸**（特P36）をツートップとして、**成田**（P91）と**東海大市原望洋**《ぼうよう》（特P16）が追撃している状態です。

さらに、それらの高校を追いかけるのは、敬愛グループの**千葉敬愛**（特関東中時代に夏2回出場）と**敬愛学園**（特）、**横芝敬愛**（特）、さらに、**中央学院**（特）、**千葉英和**、**西武台千葉**、鎌形学園グループの**東京学館船橋**（特）、**東京学館浦安**（特）、ラグビーの強豪として知られている**流通経済大柏**（特）や16年に柏日体から校名変更した**日体大柏**（特P37）などです。現状では甲子園には届いていませんが、いずれも千葉県大会で上位進出の実績があり、今後に期待が持てます。

14年秋と16年春に関東大会に進出している**千葉黎**《れい》**明**《めい》（特）、15年の秋季関東大会に出場した**千葉明徳**（特）などにもチャンスはあります。千葉明徳は学校が京成千原線の学園前駅から直結しており、立地にも恵まれています。そのほか、**東海大浦安**（P19）、**千葉商大付**（特春1回）、15年春の県大会4強の**市立松戸**（出場歴なし）、体育科のある**市立柏**（春1回）、**市立船橋**（P165）、**安房**《あわ》（P172）、**八千代東**（夏1回）、**袖ケ浦**《そでがうら》（出場歴なし。以下同）、**沼南**《しょうなん》、**市立稲毛**、**東京学館**（特）なども合わせ、30校前後が横並びとなって競い合っています。

関東・東京

13 東京都

東は関東一、西は日大三が筆頭！様々なタイプの有力校が迫る

地区突破チャンス度
★★☆☆☆

　夏は東西に分かれているので、東京都は2校（東東京、西東京）の出場となります。2010年以降では、東で**関東一**（特P44）、西で**日大三**（特P20）が筆頭格ですが、追う**帝京**（特P45）、**二松学舎大付**（特P76）、**修徳**（特）甲子園歴は、春3回、夏5回）、**早稲田実**（P28）、**日大鶴ヶ丘**（P26）、**東海大菅生**《すがお》（特P19）あたりとは、それほどの差はありません。

　春8回、夏は05年のみ出場を果たしている**国士舘**（特）、宗教色の強い文武分業型の**創価**（特P95）や13年春に初出場を果たした巨人・阿部慎之助選手の母校の**安田学園**、12年夏に初出場となった**成立学園**に、**日大豊山**《ぶざん》（P26）なども健闘しています。

　前記以外にも、大学付属系列校として、かつて、1972年に春夏連続出場を果たして（出場は、このときのみ）、春は全国制覇した**日大桜丘**《さくらがおか》（P26）や、春2回、夏8回の出場実績の**日大一**（P26）なども、中堅的な位置づけながら伝統校です。**國學院**《こくがくいん》**久我山**《くがやま》（P36）や、まだ甲子園出場はないものの**明大中野八王子**も十分に可能性はあります。

　ほかに、かつて数回甲子園に姿を見せた**日大二**（P26）や**法政大高**（春2回、夏2回）、**明大明治**（春4回、夏3回）なども、復活を目指し、奮闘中。**拓大一**も春1度の出場実績があります。東都の拓殖大の系列校ですが、近年はやや苦戦気味。

　早稲田大の直系付属となる早稲田大学高等学院、通称・**早大学院**も、近年は有望選手用の入学枠を若干ながら設けています。**明大中野**は夏の西東京大会などで使用される多摩市の一本杉球場近くに専用球場ができて、こちらも強化に邁進《まいしん》。**青山学院**も、安藤寧則《やすのり》監督の熱心な指導で、結果を残してきています。

かつて全国制覇という輝かしい歴史のある**桜美林**《おうびりん》（春6回、夏4回、通算11勝9敗、優勝1回）や**岩倉**（特春1回、夏1回）も復活を目指しています。桜美林は、系列の桜美林大も首都大学連盟で上位を争う存在になってきています。岩倉は、84年春に初出場初優勝。夏は97年に出場しています。

実績という点では、**堀越**もこれまで春夏5回ずつの出場歴があり、69年春には準優勝、75年春も4強に進出しています。復活を目指すのは**佼成学園**（特春2回、夏1回）も同じ。15年春季関東大会に進出するなど、巻き返してきています。

東亜学園（特）も過去に夏3回の出場があり、87年にはベスト4にまで進出。89年夏以来の出場を目指しています。**城西**《じょうさい》**大城西**も過去、夏に2度の出場歴あり。91年に中学を併設した際、大学系列色を強く出すために現校名となっています。**正則**《せいそく》**学園**も、86年夏に出場実績があります。

春に1度ずつの出場実績があるのは**世田谷学園**と**駒大高**です。ともに曹洞宗《そうとうしゅう》の学寮・栴檀林《せんだんりん》が母体で、両校は系列校です。

甲子園未出場ながら、スポーツ強化校として野球部が健闘しているところも多数。東では、**錦城**《きんじょう》**学園**、**東京実**、**朋優**《ほうゆう》**学院**、**足立学園**、男子バレーボール部が全国レベルの**駿台**《すんだい》**学園**などです。各校が野球にも力を入れています。西では、バスケットボールや水泳が強い**八王子学園八王子**（特）を筆頭に、**明星**《めいせい》や**聖パウロ学園**です。八王子学園八王子と、府中市にある明星は、一次ブロック予選の会場校となれるグラウンドを保有し、強化中。聖パウロ学園は、16年夏の大会直前に大学チームと行った壮行試合で接戦に持ち込むなど、地力アップが感じられます。立川市の**昭和第一学園**も、社会人野球のシダックスでの監督実績もある田中善則《よしのり》氏を14年に指揮官として招《しょう》聘《へい》し、強化しています。

都立勢では、東は99年と01年の夏に出場を果たした**城東**と、03年夏出場の**雪谷**《ゆきがや》、14年春に21世紀枠代表ながら、都立校として初めてセンバツ出場を果たした**小山台**《こやまだい》などが上位校です。城東は、亀戸駅から数分という立地で、女子バレーボール部や男子バスケットボール部なども健闘しており、文武で頑張る下町の人気校です。**文京**、**江戸川**、**紅葉川**《もみじがわ》は、甲子園未出場ですが、それぞれ力をつけています。文京では、01年に城東を甲子園に導いた梨本浩司《なしもとひろし》監督が、14年から指導。江戸川は16年夏もシード権を獲得。紅葉川は江戸川球技場で積極的に練習を重ねています。

名将・前田三夫監督（右）率いる帝京は、全国区の強豪。

実業系では、かつての世田谷工の敷地に新たに設立されている**総合工科**が、恵まれたグラウンド環境で練習しています。99年に城東を率いて甲子園で戦った有馬信夫監督が指導していて、注目されています。

西では**日野**と**片倉**《かたくら》、**昭和**が有力校として期待が高まっています。日野は13年夏、西東京大会決勝に進出し、惜しくも敗退。甲子園にあと一歩まで来ています。都内では最もグラウンドに恵まれている片倉は、長野や岐阜へ遠征するなど、練習量も豊富です。昭和は、15年秋にグラウンドが完成し、甲子園を目指す環境が整いました。

グラウンド条件では、**府中工**も悪くはありません。スポーツ推薦枠も設けられており、選手たちは恵まれた環境で、しっかりと練習を積んでいます。

また、**専大付**、**国立**《くにたち》（夏1回）も強化されています。

関東・東京

14 神奈川県

横浜と東海大相模の2強を桐光《とうこう》学園などが追うが…

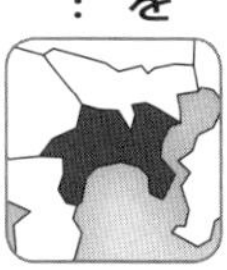

地区突破チャンス度
★☆☆☆☆

加盟校数も多く、全国でも一、二を争うレベルの戦国地区です。そのトップにいるのが、県内2強の**横浜**（特P42）と**東海大相模**（特P12）です。それを、**桐光《とうこう》学園**（特P88）、**慶應義塾《けいおうぎじゅく》**（P29）、**桐蔭《とういん》学園**（特P89）が追いかけ、さらに、**横浜隼人《はやと》**（特P76）、**横浜創学館《そうがくかん》**（特P77）、**日大藤沢**（P25）、**日大高**（P26）、**横浜商大高**（特）、**平塚学園**（特P96）、**向上《こうじょう》**（特）などが次のグループです。

とはいえ2強の壁の厚さはかなりのもので、2010年以降では、12年夏の桐光学園のみ。初出場の高校は、16年春のセンバツ終了時点で、09年夏の横浜隼人が最後となっています。

横浜商大高は春1回、夏3回の出場歴があります。系列大は神奈川大学連盟の老舗《しにせ》的な存在でもあり、プロ野球選手も輩出しています。また、社会人野球を経て、直接メジャーリーグへ進んだ田澤純一投手（レッドソックス）もOBです。

向上は伊勢原市にあり、14年夏を含めて過去3度、神奈川大会決勝進出という記録がありますが、東海大相模や桐蔭学園の前に屈し、甲子園にまだ手が届いていません。オリックスなどで活躍した高橋智《さとし》選手などが卒業生です。

過去を振り返ると、1950～60年代に隆盛を誇っていたのが**法政二**（甲子園歴は、春2回、夏9回、19勝9敗、優勝2回、準優勝1回）。法政大の直系付属校ですから、基本的には法政大を目指す生徒がほとんど。ユニフォームも大学と同じデザインです。川崎市中原区木月《きづき》の法政大運動施設に隣接した形で、専用グラウンドも保有しています。また、近年、慶應義塾が08年春夏、09年春と出場を果たしたことも、六大学系列校として刺激になっています。

法政二とともに復活を期待されているのが、同じ男子校の**武相**《ぶそう》です。64年夏に初出場を果たし、以後5年間で夏に4度出場という黄金時代もありました。しかし、68年夏を最後に甲子園から遠ざかり、この夏4回が、そのまま出場歴となっています。一時はかなり低迷していました。学校の方針として、進学強化を打ち出し、入試のハードルが上がったという事情もあります。しかし、10年夏の神奈川県大会は4強に進出するなど、復活の道を進んでいます。さらなる強化を目指して、酒田南を何度も甲子園に導いた西原忠善《にしはらただよし》監督を15年に招聘《しょうへい》しました。文武分業型として先駆的な存在の**鎌倉学園**（春2回）は、現在は進学校色が強くなっていますが、積極的に遠征で強化。復活の可能性を高めています。

甲子園未出場ながら、台頭してきた新鋭校も数多くあります。女子校から共学校となった**橘学苑**《たちばながくえん》（P108）は、創部3年目の10年春季県大会で4強に入って、注目されました。**湘南**《しょうなん》**学院**も湘南女子が00年に共学化された学校。専用球場も設置するなど、積極的に環境を整えています。

ほかの私学勢を見てみると、相模原市と藤沢市以西では、藤沢商時代の73年夏に出場した**藤沢翔陵**《しょうりょう》や85年夏に出場を果たしている**藤嶺**《とうれい》**藤沢**、**立花学園**（特以下、出場経験なし）、**相洋**《そうよう》（特）ら藤沢勢や、**光明**《こうみょう》**相模原**なども先行グループを追いかけています。新しいところでは、**星槎**《せいさ》**国際湘南**《しょうなん》も、かつて桐蔭学園を率いていた土屋恵三郎監督を15年に招聘し、強化しています。

圧倒的に私学が優位な神奈川県ですが、公立校も健闘中です。Y校こと**横浜商**（P142）の復活が待たれていますが、21世紀枠代表に県内で最も近いと言われている**湘南**《しょうなん》（P121）と、同じく県内上位の進学校でもある**県相模原**（未出場。以下同）にも注目が集まります。県相模原は、15年春季県大会で準優勝。関東大会にも進出しています。「激戦区神奈川の中の公立校として甲子園出場」が目標。中学野球指導者として実績を積み、高校野球に挑んでいた佐相眞澄《さそうますみ》監督が、**川崎北**から12年に異動してきて指導を始め、確実に成果があがってきています。

ほかにも、初出場に近づいてきている高校がいくつかあります。佐相監督の前任校・川崎北は、**神奈川工**を県大会決勝（04年夏）にまで導いた実績のある西野幸雄監督が後任に。新たなチームづくりに挑んでいます。神奈川工は県大会（14年夏）で3勝。上位まであと一歩です。

同じ川崎市内の**百合丘**《ゆりがおか》も、00年春に関東大会進出を果たして注目されました。支援する周囲のスタッフの体制も整えられています。また、川崎大師のおひざ元の**大師**も、毎年、チーム力を上げるべく、鍛えられています。大都市にある学校としては、グラウンドにも恵まれています。

横浜市立校に目を移すと、**南**と**桜丘**《さくらがおか》もグラウンドを保有し、伝統と実績があります。南はかつては県内上位の常連校でした。過去2度、春季県大会で優勝し、14年秋もベスト16。桜丘は99年夏に神奈川大会決勝進出し、15年秋もベスト16。

厚木北、**弥栄**《やえい》ともに、14年夏に4回戦まで進出。今後の強化次第で、初出場に近づきそうです。

系列の大学まで含めたブランド力は日本屈指の慶應義塾《けいおうぎじゅく》。

関東・東京

15 山梨県

全国レベルの東海大甲府に食い下がる山梨学院、日本航空…

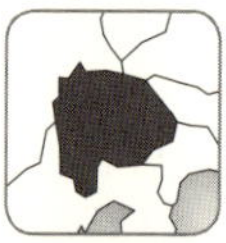

地区突破チャンス度
★★★☆☆

山梨県は正式には甲信越地区ということになるのでしょうが、インターハイを含め、高校スポーツでは関東地区に割り振られています。確かに、地理的なことを考えれば首都圏とほぼ同等の扱いも当然かもしれません。実際に、都内の多摩地区から、山梨県東部の上野原にある**日大明誠**《めいせい》（P26）に通っている生徒などもいます。

このところ、**東海大甲府**（特P14）が山梨県の筆頭格となっていますが、それを追うのが**山梨学院大付**（特）と**日本航空**（特）です。

山梨学院大付は春2回、夏5回の出場実績があります。山梨学院大出身で長崎県・清峰《せいほう》で全国制覇の実績がある吉田洸二《こうじ》監督を2013年に招聘《しょうへい》し、翌14年春のセンバツに出場しました。前身は1946年創立の山梨実践女子高等学院で、山梨短大付の名称などを経て、62年に現校名となっています。いったん休部していましたが、86年に再興。それから強化されていきました。

日本航空は、全国でも珍しい航空業界の人材育成という学校の性質上、広域から生徒を集められる利点があります。甲子園歴は、春1回、夏5回。98年春に初出場を果たし、同時に初勝利も記録しています。

このように、近年は強豪私学が有力となっていますが、それまでの県内高校野球の歴史は、地場密着実業校の**甲府工**などを中心につくられてきました。今でも甲府工は、全国の工業校の中でもかなり甲子園に近い位置にいると言っていいでしょう。06年夏を最後に甲子園から遠ざかっていますが、57年春に初出場を果たして以来、トータルで13回（春5回、夏8回）出て、通算9勝13敗の実績。近年は、県大会ベスト4（15年夏）など。地元公立校では、いちばんの人気校と言っていいでしょう。

甲府工のライバル的な存在なのが、**甲府商**（P147）。春2回、夏3回という出場歴があり、67年春にはベスト4。巨人V9の立役者の1人で、巨人の監督を務めた経験もある堀内恒夫《つねお》投手もOB。14年秋の県大会で準優勝しています。

このところは、山梨県も公立勢が苦戦している中で、**日川**が10年夏と13年夏に出場を果たし、気を吐いています。日川は、1901年に山梨県第二中という校名で創立されています。その後、日川中に改称。歴史ある旧制中学の伝統継承校です。全国に先駆けて体育科を設置した学校でもあります。甲子園初出場は49年春。春1回、夏4回の出場実績があり、13年夏には箕島《みのしま》を相手に、悲願の初勝利も記録しています。

旧制中学の歴史を受け継ぐ学校では、**都留**《つる》も注目です。創部は大正期の1922年で、52年夏に初出場。07年春にも21世紀枠代表で出場を果たし、甲子園歴は春夏ともに1回ずつ。その後も、県内では上位に食い込む存在となっています。

山梨県の高校野球の応援団は、女子生徒も袴《はかま》姿やガクランを着て男子同様にエールを送るスタイルが多いことも特徴です。日川や都留に加えて、夏3回の出場実績のある**吉田**などの公立校に、それが多く見られます。私立校では、学校法人月光寺学園が母体で、富士吉田市にある**富士学苑**《がくえん》（特）も、同じような応援スタイルを導入。心の教育を重視したカリキュラムなども注目の学校です。甲子園未出場ですが、09年春には県大会を制覇し、関東大会出場実績もあります。

春3回、夏2回の出場歴で10勝5敗と勝ち越している**市川**、未出場ながら県大会では4～8強にコンスタントに進出している**帝京三**（特）、**駿台**《すんだい》**甲府**もきっかけひとつです。

⑯ 新潟県

日本文理が準優勝したことで県勢や北信越他県の意識が変化

地区突破チャンス度
★★★☆☆

２００９年の夏に**日本文理**（特Ｐ71）が準優勝し、新潟県の高校野球が大きく変わってきています。準優勝という実績もさることながら、決勝戦の９回に、４対10という敗色濃厚の状況から５点をあげて１点差まで迫るという、あきらめない戦いぶりが、県内や北信越他県の多くの高校球児に勇気を与えました。

新潟県の甲子園通算成績は、30勝67敗（２０１６年春のセンバツ終了段階）。勝利数は富山県に２勝及ばず、47都道府県の最下位となっています。センバツ初勝利も、06年に日本文理がやっと記録したものでした。

まだ野球不毛の地という印象は否めない新潟県は、全日本でも一、二を争う豪雪地帯です。それでも、全国で勝てるチームがつくれるという意識は高まってきています。

そんな中で、県立商業の**高田商**（甲子園歴は、夏１回）や**新潟商**（Ｐ147）、**長岡商**（Ｐ147）が出場を果たしてきました。

地場の県立普通校の**糸魚川**《いといがわ》や**高田**（ともに出場歴なし）といったところも善戦。**十日町**《とおかまち》（夏１回）や、21世紀枠で03年春出場の**柏崎**（春１回）、佐渡島《さどしま》にあり、同じく21世紀枠で11年春出場の**佐渡**《さど》（Ｐ172）も、地場に根差した名門校として健闘しています。いずれも、「旧制中学伝統継承校型」、もしくは「地場密着普通校」というカテゴリーになります。

実業系の学校で力を見せてきたのが、**新発田**《しばた》**農**です。一般的に農業高校は昨今生徒集めが難しく、チームづくりに苦労するのが実情ですが、同校の場合は甲子園に何度も出場（春1回、夏6回）。1981年夏は、ベスト16に進出。1回戦で延長の末に広島商を下し、2回戦でも東海大甲府に4対3で競《せ》り勝ちました。その試合ぶりは甲子園ファンの関心を呼び、「新潟に新発田農あり」と注目されるように。このころの新発田農は、確かに県内を引っ張る存在でした。緑のアンダーシャツと帽子に記された、農業の「Agriculture」の「A」が印象的。農業高校としての自負が感じられました。

このように公立勢がそれなりに実績をつくっていたのですが、やがて新潟にも私立勢の波が押し寄せてきます。その旗頭となったのが**中越**《ちゅうえつ》（㊕）でした。78年を皮切りに、03年まで、夏だけで8回出場していますから、一時代をつくったと言っても過言ではありません。15年夏に、12年ぶりの出場を果たしています。

中越に続いて私立勢として名前を売ってきたのが、水島新司のマンガ『ドカベン』のモデル校として話題となった**新潟明訓**《めいくん》（P90）です。その新潟明訓を追うように、日本文理が台頭して、2強時代を形成。両校が新たな新潟県の歴史をつくっていったのでした。

こうして新たに新潟2強が形成されてきたのですが、15年夏に中越が復活したことで、3強への兆《きざ》しも見えています。さらには、**長岡帝京**（出場歴なし。以下同）、**東京学館新潟**、**関根学園**といったところも上位をうかがう存在となってきています。

かつて県内をリードしていた旧制中学校の流れを汲《く》む**小千谷**《おぢや》（夏1回）、**巻**（未出場。以下同）や、県内でもトップレベルの進学校の**新潟**（P120）と**長岡**（夏6回）も、文武両道の力を発揮していて、いずれも21世紀枠候補校と言えます。

ほかでは、新興勢力の**新潟県央工**（夏1回）、**村上桜ヶ丘**（出場歴なし）なども台頭しつつあり、糸魚川商工時代に春1回、夏2回の出場歴がある**糸魚川**《いといがわ》**白嶺**《はくれい》、旧制中学の伝統を継承する**六日町**《むいかまち》（夏1回）もあなどれない存在です。

東海・北信越

17 長野県

松商学園が歴史をつくって、佐《さ》久《く》長聖《ちょうせい》が現在の中心

地区突破
チャンス度
★★★☆☆

北信越地区で、戦前から最も安定して甲子園に出場校を送り出していたのが長野県で、その大半は**松商学園**（特）です。

前身は松本商で、両方の校名での出場を合わせて、春16回、夏35回、通算38勝50敗、優勝1回、準優勝3回、4強4回の記録を誇っています。初めて甲子園球場に舞台が移った1924年夏に広島商に敗れ、準優勝。26年春の決勝は広陵《こうりょう》に敗れ、準優勝。91年春の決勝でも、5対6で広陵にサヨナラ負け。相手がすべて広島勢だったのも奇遇ですが、いずれにしても長野の高校野球と言えば松商学園とされるほど、イメージが強まりました。立て襟《えり》のユニフォームもおなじみです。現在は「文武分業型」に近い位置づけとなっています。近年も、2015年春に出場。

その松商学園独走状態に待ったをかけたのが、**佐《さ》久長聖《くちょうせい》**（特 P91）。校名変更前の佐久時代の94年夏に、初出場でベスト4に進出するなど、旋風を巻き起こしました。今も長野県の高校野球をリードしています。

佐久長聖と同じ東信地区で近年、勢いがあるのは、部員も多い**上田西**（特 夏2回）です。13年に甲子園初出場を果たすと、15年夏にも再び甲子園に姿を見せています。校名の3つの漢字を横一直線で結んだ、まるでタレントのサインを思わせるデザイン文字のユニフォームも強烈な印象を残しています。

このように、現在の長野県は、佐久長聖に、新鋭の上田西と伝統の松商学園がからむという三つ巴《どもえ》。

歴史を振り返ると、戦前の全国大会初期のころは、長野師範（のちの信州大学教育学部に包括され、廃止）が出続けた時代もありました。その後は、現・松商学園の松本商が常連となり、そのほかは、**長野商**（P140）と、**岡谷工**（甲子園歴の通算は、春1回、夏4回、準優勝1回）の前身である諏訪蚕糸《すわさんし》が目立つくらい。全国大会で、長野勢は苦戦していました。

戦後になると、さらに長野県の高校野球は低迷していくのですが、今は統合されて**飯田ＯＩＤＥ長姫《おさひめ》**となっている飯田長姫（旧・飯田商）が、54年春、彗《すい》星《せい》のように現れて初出場初優勝を果たしています。飯田商時代を含めて春夏出場各1度のみですが、通算4勝1敗、優勝1回は輝いています。

ところが、その活躍を最後に長野県勢は、甲子園では勝って1つかせいぜい2つ。その時代の松商学園のライバルが丸子実でした。現在は**丸子修学館**と校名変更。実業系から普通科設置によって、地場密着型の普通校として地元になじんでいます。通算甲子園歴は、春4回、夏7回。

現在のその他の有力校としては、塚原→青雲→塚原青雲と校名が変わっている**創造学園**（特）があげられます。春1回、夏3回の出場歴があり、14年、15年と夏の県大会はベスト16まで進出。東海大三から校名変更した**東海大諏訪《すわ》**（P19）も健闘しています。こちらは、女子バレーボールの強豪です。校名にインパクトのある、通信単位制の**地球環境**（特P97）や、母体の武蔵工大が校名変更したのに伴《ともな》い、信州工の名から新校名となった**都市大塩尻**（特夏1回）も、上位をうかがっています。

上田（夏2回）、**上田千曲《ちくま》**（出場歴なし）、**小諸《こもろ》商**（同）などの東信地区の公立勢や、中信地区の**松本深《ふか》志《し》**（夏1回）、北信地区の**長野**（春2回、夏2回）、南信地区の**諏訪清陵《すわせいりょう》**（出場歴なし）といった文武両道を目指す地域一番校も人気が高く、地元の支援もあって、強化されています。

日大系列の**長野日大**（P27）、「旧制中学伝統継承校型」の**野沢北**（夏1回）、積極的な遠征で強化を図る**松本第一**（特出場歴なし）も実力は秘めています。

東海・北信越

18 静岡県

復活を遂《と》げた静岡を常葉《とこは》などの私学勢が追撃

地区突破チャンス度
★★★☆☆

県立校の雄《ゆう》とも言うべき存在の**静岡**（Ｐ114）が2014年夏から3季連続で出場を果たしたことで、常《とこ》葉《は》学園グループが台頭してきていた静岡県の流れを押し戻した印象があります。

静岡県は大きく東部、中部、西部と分かれますが、高校野球勢力図としては、静岡や**静岡商**（Ｐ137）、**常《とこ》葉《は》橘《たちばな》**（Ｐ74）、**東海大静岡翔洋《しょうよう》**（特Ｐ17）の中部がリードし、**常葉菊川《とこはきくがわ》**（特Ｐ73）、**浜松商**（Ｐ137）、**掛《かけ》川《がわ》西**（Ｐ119）の西部が追いかける形で発展。そこに、東部勢の**日大三島**（特Ｐ26）、**韮山《にらやま》**（Ｐ119）、**富士市《いち》立《りつ》**（Ｐ170）なども加わって、群雄割拠《ぐんゆうかっきょ》状態となっています。

これら上位グループを脅《おびや》かす新鋭校は、東部では、沼津学園から校名変更した**飛龍《ひりゅう》**（特）、三島から校名変更した**知徳《ちとく》**などです。

いずれも甲子園にはまだ届いていませんが、飛龍は東海地区大会にも何度か出場していて、週末には神奈川や埼玉、群馬などの強豪との試合も多く組んでいます。系列の**桐陽《とうよう》**は1992年夏に1度出場を果たしています。飛龍のグラウンドは野球部の専用球場ですが、桐陽との共用となっています。

知徳は2015年夏にベスト8に進出しています。

中部では、**静清《せいせい》**（特甲子園歴は、春1回、夏1回）、**静岡学園**（特夏1回）、**藤枝明誠《めいせい》**（特）などが躍進中です。

静清は05年夏と11年春に出場。産学一体を目指して41年に設立された静清工業学校が起源。やがて、静清工の名称となり、46年に野球部が創部され、80年代から県大会の上位に進出するようになりました。静岡学園は県内の高校野球のメッカでもある草薙《くさなぎ》球場のすぐ近くに学校とグラウンドがあり、立地に恵まれています。藤枝明誠は東海道新幹線の沿線に専用球場があり、車窓からも目に入ります。甲子園未出場ですが、県大会で上位も珍しくなくなりました。

西部でも新興勢力の台頭は著しく、近年、東海大会進出を果たしている学校には、夏1回の甲子園歴のある興誠から校名変更をした**浜松学院**(特)夏1回)、や、甲子園未出場の**浜松修学舎**(特)、**浜松開誠館**、**聖隷《せいれい》クリストファー**(特)、**磐田東**(特)などがあります。

浜松学院は、バスケットボール部が全国大会常連のスポーツ強化校。系列には浜松学院大があります。

浜松修学舎は、中高一貫教育校。中学の硬式野球部がボーイズリーグに登録していて、学校としては福祉科があるのも特色です。

浜松開誠館は、女子校の誠心が前身。中高一貫システムを導入し、02年には総合グラウンドが完成。本格的な体制も整いました。

聖隷クリストファーは、14年秋のドラフトで中日から1位指名を受けた鈴木翔太投手の母校として注目が集まり、さらなる強化へ進んでいます。

磐田東は、中学部にも硬式野球部が設置されているスポーツ強化校です。

伝統校では、**島田商**が春8回、夏4回の甲子園出場実績があり、戦前最後の夏の大会となった1940年には準優勝も果たすなど、全国的な強豪でした。翌41年春を最後に久しく甲子園から遠ざかっていましたが、98年春、57年ぶりに復活。その後も上位へ進出していくようになりました。**浜松工**も地場密着の実業校。68年春に初出場。90年代には春夏2度ずつの出場実績もあり、通算では春3回、夏2回の甲子園歴。近年は、14年夏の県8強など。復活が期待されています。

先に触れた富士市立は、13年夏の県大会ベスト8。近いうちに初出場が実現するかもしれません。

⑲ 愛知県

私学4強の構図を維持しつつ、台頭勢力は多士済々《たしせいせい》

地区突破
チャンス度
★★☆☆☆

愛知県の私学4強は、年によって多少の浮き沈みがありつつも、1950年以降から半世紀以上にもわたって脈々と継続している勢力構図。名古屋市内の**中京大中京**（特P30）、**東邦**（特P50）、**愛工大名電**（特P49）、**享栄**《きょうえい》（特P77）がそれです。

かつては、**愛知**（甲子園歴は、春4回、夏2回）も加えて、私学5強と呼ばれていた時代もありましたが、愛知は94年夏を最後に甲子園出場がありません。進学校としてのカラーが強まり、野球部強化に積極的でないのが現状です。そうした中でも、2016年春季県大会でベスト8に進出。存在感を示しています。もともとは、曹洞宗《そうとうしゅう》の専門校として創立。系列校は、愛知大学連盟で最多優勝回数を誇る愛知学院大です。

愛知に代わって台頭してきている勢力として、**豊川**（特P74）があげられます。そのほか、女子校から共学へ移行するとともに野球部強化が図られた学校もあります。**愛知啓成**《けいせい》（特P109）、**至学館**《しがくかん》（P109）に、甲子園未出場校では、**菊華**《きくか》（特）、**誠信**《せいしん》、**安城**《あんじょう》**学園**などです。

菊華は守山《もりやま》女子から、誠信は学校法人林学園の女子校だった林第二が学校法人愛知江南学園の経営となり、それぞれ共学化。菊華は、専用球場の完成の際には球場開きとして報徳学園と招待試合を行い、強化への意気込みを見せました。

安城学園は、前身が安城短大付。99年に共学校となり、トータルスポーツ強化として野球部も設立。同時に、系列校で男子校だった**岡崎城西**《じょうせい》も共学校とな

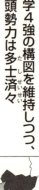

っています。岡崎城西は久しく、県内では中堅校としての位置づけでしたが、安城学園の創部も刺激となっていることでしょう。

地元大学の系列校勢では、春1回、夏1回の出場歴のある**愛産大三河**（特）、未出場組の**中部大春日丘**《はるひがおか》（特）、**中部大一**（特）、**愛産大工**、**名城大付**なども強化を図っています。

愛産大三河は、83年、旧校名の三河高が創立。そのあと92年に、系列の愛知産業大が開校。高校のほうは95年に現校名となり、大学系列を強く打ち出すようになりました。学校は岡崎市にあり、練習環境も整っています。

中部大春日丘は、中部大一とともに、愛知大学連盟の上位校・中部大の系列校です。春季東海地区大会には4度出場。中部大のキャンパスに隣接した形で、学校とグラウンドがあります。東大合格者も安定して出すなど、学業成績も優秀。現中日の田島慎二投手もＯＢです。

愛産大工は、学校は名古屋市内。専用グラウンドを、学校から少し離れた河川敷に保有しています。系列の愛知産業大は愛知大学連盟では1部と2部を行き来しながらも、上位校として健闘しています。

名城大付は、県内の大学付属校として、古くから知られる存在です。名鉄本線の名古屋駅のとなりの栄生《さこう》に近いところに学校があり、進学実績もあがってきています。

ほかでは、**愛知黎明**《れいめい》（特 弥富《やとみ》時代の01年夏に、甲子園出場）や**豊田大谷**（特 夏2回）に、**星城**《せいじょう》（特）、**杜若**《とじゃく》（特）、**誉**《ほまれ》、**桜丘**《さくらがおか》といったところも台頭してきています。

星城は豊明《とよあけ》市に学校があり、専用グラウンドも近隣に保有。男子バレーボール部は強豪で、全国制覇の経験もあります。全日本の石川祐希《ゆうき》、深津英臣《ふかつひでおみ》両選手も卒業生です。**豊田西**（Ｐ123）で98年春に甲子園出場を果たし、夏の愛知県大会決勝にも4度進出している平林宏監督を、14年に招聘《しょうへい》。その指導力に

愛知を代表する強豪の愛工大名電。プロ野球界に選手を多く送り出していることでも知られる。

より、強化されつつあります。愛知大学連盟の星城大は系列にあたります。誉は、尾関《おぜき》学園から09年に校名変更。14年には秋季東海大会に進出しています。杜若は、豊田市にある名鉄学園が経営する学校。桜丘は豊橋市にありますが、三河勢としては豊川と並ぶ私学強豪校です。

　公立勢では、出場歴のある豊田西や、**大府**《おおぶ》（P167）、**刈谷**《かりや》（P123）、**成章**《せいしょう》（P166）といった高校に、今後もチャンスがありそうです。また、**豊橋工**（P155）が21世紀枠で15年春に出場を果たしたことによって、ほかの実業系の学校も希望をつないでいます。戦前からの伝統校では、**愛知商**が、春10回、夏8回で、通算17勝17敗1分。1936年春に優勝1回、4強進出は3回という輝かしい実績があります。

　豊田工も好投手を育成し、強豪校を脅《おびや》かす存在となっています。また、**天白**《てんぱく》や**高蔵寺**《こうぞうじ》といった名古屋市郊外の公立校も、地道な努力で着実にチームをつくり上げてきています。

20 岐阜県

県岐阜商と大垣日大の対決構図に、中京など有力他校が割って入る

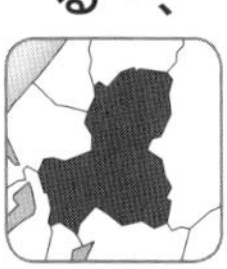

地区突破チャンス度
★★★☆☆

２００５年以降、**大垣日大**（特Ｐ22）が一気に躍進してきたことで、伝統校として県内をリードしていた**県岐阜商**（Ｐ130）もＯＢや関係者が一念発起。有望選手の獲得体制をいっそう強化しました。県内の勢力図は、大垣日大とのライバル関係がはっきりしています。

この両校に続くグループとして、私学勢では、かつて県内一の力があると言われた**中京**（特Ｐ75）と、それを追う存在として、**帝京大可児**《かに》（特）、**岐阜第一**（特）、**美濃加茂**《みのかも》（特）、**岐阜聖徳**《しょうとく》**学園**（特）があげられます。

帝京大可児は中濃《ちゅうのう》地区の中都市である可児市の要望にこたえる形で、学校法人帝京大学が１９８８年に中高一貫校として設立しました。英語教育と、医学薬学系への進学を目指す英才教育の進学校として実績をあげています。また、野球部とともにサッカー部と水泳部を強化指定するなど、「文武分業型」で結果を出してきています。甲子園には届いていませんが、強化部として専用球場も所有。07年には春季県大会優勝を果たすなど、着実に成果をあげています。大学の系列色をわかりやすく示す狙いもあって、帝京可児から帝京大可児と改称しています。

旧岐阜短大付時代の70年夏に甲子園４強の実績があるのが、岐阜第一（春４回、夏２回。通算９勝６敗）です。75年に母体の短大の滋賀県への移転を機に、現校名となりました。新校名となってからも、83年の春夏、01年春と、甲子園に３回出場。普通科と工業科がありますが、野球部の選手たちは、スキー部や北京五輪銅メダルの永井清史《きよふみ》選手らを送り出した自転車競技部などとともに、普通科の中のアスリートコース所属がほとんど。01年春を最後に甲子園から遠ざかっていますが、福知山成美《ふくちやませいび》を何度も甲子園に導いていた田所孝二監督を、16年に招聘《しょうへい》。改めて甲子園を目指す強化体制を整えつつあります。

美濃加茂は73年に設立され、01年からは中学も併設。普通科と商業科があり、さらに普通科の中に4つのコースがあって、それぞれの目標に応じた進路設定をしていくシステムが特徴です。甲子園には80年夏と90年夏に出場。16年春の県大会準優勝。キャンパスが広く、野球部は第3グラウンドと呼ばれる専用球場を保有しています。ゴルフ部も強豪で、服《はっ》部真夕《とりまゆ》選手らプロも輩出しています。

岐阜聖徳学園は、岐阜南時代に2度の甲子園出場のあった清翔《せいしょう》が前身です。10年に母体の岐阜聖徳学園が50周年となるのを機に系列の岐阜聖徳学園大付に併合・吸収され、校名が今の岐阜聖徳学園となりました。野球部の歴史は、岐阜南時代からのものを継承。夏2回出場という記録も残っています。なお、系列の岐阜聖徳学園大の野球部は東海地区大学連盟に加盟しています。

県岐阜商に続く公立実業校では、**市岐阜商**、**土岐《とき》商**（P140）、**大垣商**（P147）、**岐阜工**（P155）、**関《せき》商工**（P155）が健闘しています。

08年夏、4度目の甲子園出場（夏のみ）を果たした市岐阜商。立命館への移管問題で揺れていた時期でしたが、甲子園出場と、卒業生たちの母校愛による阻止運動で立ち消えとなりました。市立校でもあり、改めて地元とのつながりの強さを示す出来事でした。大垣商は明治年間に創立の伝統校でもあり、地元で親しまれています。

15年夏には旧制斐太《ひだ》中の歴史を受け継ぐ**斐太《ひだ》**が、岐阜県大会で準優勝して注目を浴びました。卒業生たちによる伝統の「白線流し」の儀式は、今も行われています。

東海・北信越

21 三重県

公立と私立、それぞれのライバル対決構図が顕著

地区突破チャンス度
★★★★☆

三重（特P94）が、2014年夏に全国準優勝。三重県勢としては、1955年夏に優勝した**四日市**《よっかいち》（甲子園歴は、春1回、夏2回。近年は、県内でやや苦戦中）以来の決勝進出となりました。東海4県の中では、高校野球の実績ではややおくれをとっていただけに、評価を上げる活躍でした。そんな三重県ですが、県内をリードしてきたのは、この三重と、**海星**（特）です。

海星は、桑名市に創立された桑名英学塾が母体。やがて四日市市に移転し、南山大付第二などの名称を経て、55年に学校法人エスコラピオス学園に運営が移管されたタイミングで、現校名となっています。同時に創部。65年夏に初出場。以来、三重と競いながら実績をあげました。甲子園歴は、春2回、夏11回。通算9勝13敗となっています。現在では、県内唯一の男子校でもあります。

この私立2校のライバル関係に対し、近年では、公立校の競い合いも目立ってきました。**いなべ総合学園**（P168）と**菰野**《こもの》（P167）です。ともに実業系校を母体とした公立普通校としてライバル関係にあり、三重、海星を加え、県内4強を構成しています。これを追いかける存在として、**津田学園**（特）と**皇學館**《こうがっかん》の私立勢、**津商**（P135）、**宇治山田商**（P144）や**伊勢工**（P156）、**四日市工**といった地場密着の商業・工業校に、普通校の**津西**《つにし》、**松阪**《まつさか》、**宇治山田**が控えています。

津田学園は96年、02年と春2回の出場歴があります。72年、桑名市に設立され、幼稚園から小、中、高と専門学校などを抱える一大学園。野球部は軟式から硬式に転じ、93年から本格的な強化体制となりました。

皇學館は、神道系の皇學館大の直系で、伊勢市にあります。甲子園未出場ですが、県大会では毎回のようにベスト16進出。皇學館大は東海学生連盟に所属し、15年には全日本選手権に出場を果たしています。

四日市工は、甲子園歴が春3回、夏3回。90年代から2000年代にかけて県内上位の存在でした。現在はいなべ総合を率いている尾崎英也《ひでや》監督が長く指導し、チーム力を強化。91年夏の松商学園との3回戦は、延長16回、サヨナラ負けを喫しましたが、球史に残る名勝負の1つにも数えられています。

21世紀枠の県推薦校に、何度か選出されている津西は、甲子園には届いていませんが、文武両道を目指す県内の公立進学校として高い評価も受けています。また、松阪は12年夏の出場歴があります。飯南《いいなん》女学校が母体。学制改革時に直前に誕生していた松阪中を統合する形で、現在の共学校としての形となりました。

第1回大会に出場した山田中の歴史を背負うのが宇治山田です。以来、出場はありませんが、近年、県大会ベスト8（15年秋）などもあり、史上最大間隔の出場記録への期待が高まっています。21世紀枠の代表の可能性もあります。

ほかでは、愛知県の古豪・享栄《きょうえい》の系列校・**鈴鹿**《すずか》にも注目です。享栄学園創立50周年の記念事業の一環として、63年、創立。71年夏に三重県大会ベスト4となって注目され、97年には決勝に進出。そして、98年春には甲子園初出場。04年夏にも出場を果たしています。系列の鈴鹿大は、以前は鈴鹿国際大の名称。16年より、校名変更しています。

桑名西も、春2回、夏1回の出場実績があります。初出場の94年春には快進撃で、ベスト4にまで進出。15年秋の県大会8強の**白子**《しろこ》、16年春の県大会で4強の**近大高専**（特 P37）も、初出場を狙える位置にいます。

東海・北信越

㉒ 富山県

富山・高岡の商業校対決に、私学の「第二」2校が参戦

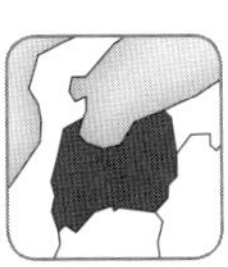

地区突破
チャンス度
★★★★☆

「富山県の早慶戦」とも称されるほど、**富山商**（P141）と**高岡商**（P141）の対決は、今なお県内一の好カードです。

近年の商業高校の通例として女子生徒が増えている状況下で、伝統を維持して、県内をリードし続けている両校。背景には周囲の関係者の支援もあるのでしょう。

しかし、この富山県を代表する両市の商業校に比《ひ》肩《けん》する存在として、それぞれ第一と名乗る私学が躍進してきました。**富山第一**（特）と**高岡第一**（特）です。甲子園出場は高岡第一が早く、1981年夏に初出場。2000年春にも北信越の補欠校ながら、繰り上がり出場を果たしています。

一方の富山第一は、甲子園出場ではおくれをとりましたが、13年夏に初出場を果たすと、初戦で秋田商を下し、3回戦では木更津総合に8対0で快勝するなど、ベスト8まで進出しています。胸に大きく赤で「1」が入り、それが「Ichiko」の頭文字の「I」とかかったユニークなデザインのユニフォームも、高校野球ファンに印象を残しました。

ほかには、86年春に4強進出して旋風を巻き起こした**新湊**《しんみなと》（甲子園歴は、春2回、夏5回）は、11年夏にも出場。15年夏も富山県大会準決勝まで進出し、健在ぶりを見せています。また、09年夏の**南砺福野**《なんとふくの》、10年夏の**砺波**《となみ》**工**（P156）、12年夏の**富山工**（P156）といった、近年、初出場を果たした学校も、2度目の甲子園を狙っており、また、複数回の出場歴のある**滑川**《なめりかわ》（春1回、夏2回）、**桜井**（夏4回）もチャンスをうかがっています。

23 石川県

星稜《せいりょう》、金沢、遊学館《ゆうがっかん》の三つ巴《どもえ》が今後も続いていく勢力状況

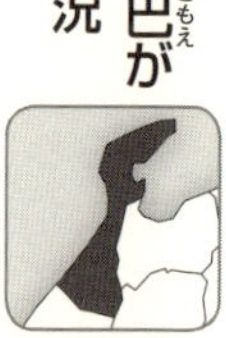

地区突破チャンス度 ★★★☆☆

石川県の高校野球をリードしているのは、甲子園での話題も多い**星稜**《せいりょう》（特P70）です。そのライバル的存在が、**金沢**（特P69）で、両校に食い下がるように加わってきたのが**遊学館**《ゆうがっかん》（特P104）。石川県で甲子園を目指すとしたら、まずはこの3校が近道となりそうです。

それに続く勢力としては、２０１４年夏の石川県大会決勝で8点リードを9回に星稜に逆転されたことで話題になった**小松大谷**があります。かつて北陸大谷時代の１９８５年夏に1度出場しています。

日本航空石川（特）は、山梨県の強豪である日本航空の系列校です。09年夏の出場歴があります。「航空科学」という珍しい科があるため、全国から有望中学生を集められる環境にあります。とはいえ、3強の壁が厚いのが現状でしょうか。

ほかでは、**金沢学院**（特）が注目の存在。選手として西武、阪神などで活躍し、コーチとしても指導に定評のあった金森栄治《えいじ》氏を、14年に、監督として招聘《しょうへい》し、15年夏は県ベスト8に進出しています。

公立校は上位進出も厳しい状況が続いていますが、健闘しているのは**金沢桜丘**《さくらがおか》（P172）や**金沢市立工**（夏2回）といった、伝統のある金沢市内勢です。金沢桜丘は06年春に21世紀枠代表として選出され、甲子園へ復活しました。女子バスケットボールの強豪の**津幡**《つばた》は、体育科が設置されています。野球部は、07年春の県大会で優勝。甲子園未出場ですが、近年は15年の夏ベスト4、秋ベスト8などの実績も残しています。夏2回の出場歴を誇る**小松**も、15年秋、北信越大会進出の実力校です。

東海・北信越

24 福井県

敦賀気比《つるがけひ》が新たな歴史をつくり、福井商の独走から大きく変化

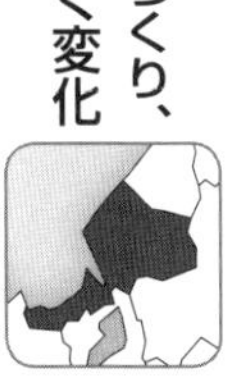

地区突破
チャンス度
★★★☆☆

２０１５年春、北陸勢の悲願とも言える甲子園の全国制覇を、**敦賀気比《つるがけひ》**（特Ｐ51）が達成。その敦賀気比が台頭してくるまで、福井県の看板は、**福井商**（Ｐ144）でした。

福井商は、戦前、それまで敦賀《つるが》商（現・**敦賀《つるが》**）が独占していた県内で、１９３６年夏に初出場を果たしています。その後の出場は戦後の71年春まで待つのですが、以降、78年春は準優勝、96年夏、２００２年春にもベスト４に進出するなど、敦賀気比より先に全国でも結果を残しています。敦賀（春４回、夏17回、通算10勝21敗）は地場密着普通校で、13年秋に県大会ベスト８。

敦賀気比と現在、県内で競うのが、**福井工大福井**（特）です。76年に春夏連続出場を果たし、82年、85年夏にも出場。やや低迷していた時期もありましたが、02年夏、久々に甲子園に復活。16年春には敦賀気比とともにセンバツ出場を果たし、まさに現在の福井県の２強となっています。通算の甲子園歴は、春４回、夏７回、６勝11敗。もともと、男子バレーボール部が強豪で、スポーツ強化の土壌は十分と言っていいでしょう。大学や社会人で指導実績のある大須賀康浩監督が熱心に生徒を育てています。

ほかでは、かつて福井商を追いかけていた**若狭《わかさ》**（春３回、夏７回。通算６勝10敗。４強１回）や**三国**（夏３回）なども健闘しています。公立校では、大野東と勝山南が統合して11年に創設された**奥越明成《おくえつめいせい》**が台頭。私学勢では、**北陸**（特春１回、夏２回）や、福井女子が共学校となった**啓新**（特出場歴なし）が上位進出を目指しています。

25 滋賀県

近江《おうみ》を追う、地場密着の北大津と共学化した滋賀学園、伝統の比叡山《ひえいざん》

地区突破チャンス度
★★★★☆

　甲子園では、2001年夏の**近江**《おうみ》（特P75）が準優勝するまでは決勝進出もなかったのが滋賀県。強豪ひしめく近畿地区において、少し肩身の狭い思いがあったかもしれません。歴史的にも、京都府と代表を争っていた、1946〜79年ごろの京滋《けいじ》大会の時代から、ほとんど京都勢に敗れていました。

　そんな滋賀県で当初、牽引《けんいん》していたのが、**八幡商**《はちまん》（P145）と、**膳所**《ぜぜ》でした。八幡商は近江商人の地元の商業校で130年以上の歴史を有しています。51年春の初出場以来、70年代にはやや低迷したときもありましたが、比較的コンスタントに甲子園に出場しています。10年秋の県大会でも優勝し、近畿大会に進出しました。県立校ながらグラウンドに隣接して室内練習場もあり、練習環境には恵まれています。

　膳所は、旧制滋賀県第二中の流れを受け継ぎ、**彦根東**（P120）と並ぶ、県を代表する進学校です。学制改革時には前身となる膳所中が大津高女、大津女子商などと統合し、一時的に県立大津東という名称の時代もありましたが、56年に現校名となっています。膳所中時代の34年春に初出場。56年春には大津東の名で出場し、膳所では59年春に出場。甲子園ではまだ勝利はありませんが、春3回、夏2回の出場実績があります。秋季県大会で上位に進出できれば、21世紀枠代表候補として推薦される可能性は非常に高いと言えるでしょう。

　60年代後半に台頭してきたのが**比叡山**《ひえいざん》（特甲子園歴は、春5回、夏8回、6勝13敗）です。明治時代初期に創立された、天台宗《てんだいしゅう》の教師養成学校を母体とした宗教色の強い学校です。甲子園出場は69年春が最初ですが、以来70～80年代は県内でいちばん甲子園に近い存在でした。79年夏、初勝利。この大会では結果的に3勝し、ベスト8まで進出していますが、滋賀県勢としても、これが夏の甲子園初勝利。99年夏以降、出場はなく、苦戦が続いていましたが、15年夏に16年ぶりの出場を決めました。

これにより、近江を筆頭にして、16年春に出場を果たした**滋賀学園**（特P111）、躍進著《いちじる》しい**北大津**（P165）、そして比叡山が並び、4校で競い合う勢力図となってきました。

国際人を目指すことを指針としている**近江兄弟社**（特）は、幼、小、中、高と一貫教育を行う独自色のある学校です。もともとは勤労女子を育成する目的で設立された近江労働女学校でしたが、近江兄弟社高女と名称を変え、学制改革後に共学化。同時に現校名となっています。産学一体を目指す学園というイメージですが、野球部も強化され、93年夏に甲子園初出場を果たしました。10年春、夏ともに県大会ベスト4となり、15年の秋季県大会では準優勝するなど上位をキープしています。女子バレーボールなども全国出場している、スポーツ強化校です。

宗教系では、学校法人聖パウロ学園傘下《さんか》の**光泉**《こうせん》（特）が「文武分業型」で実績をあげ、02年に甲子園初出場。10年秋も県大会4強と、健闘しています。また、67年夏に1度甲子園出場している**守山**《もりやま》も、10年秋に準決勝、夏も8強と、近年、上位に復活しています。

ユニークな存在なのが、草津市にある、単位制・通信制の**綾羽**《あやは》（特）。介護福祉科に、昼間定時制の総合進学科と食物調理科、そして、通信制の課程もあります。野球部員は普通科の体育コースが多く、サッカー部、ソフトテニス部などとともに全国出場を競い合っています。

また、15年夏の県4強の**野洲**《やす》（春1回）と**米原**《まいばら》（未出場）、15年秋の県4強の**長浜**（夏1回）などにも可能性があります。

近畿

26 京都府

龍谷《りゅうこく》大平安が伝統の力を見せ、京都外大西、福知山成美《ふくちやませいび》が迫る

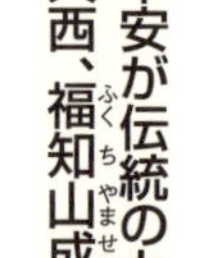

地区突破チャンス度

★★★☆☆

京都府の代表的な存在である**龍谷《りゅうこく》大平安**（特P32）は、2014年に悲願でもあった春のセンバツで優勝を果たして（夏はすでに3回優勝）、京都府勢としてはますますぬきんでた存在となりました。この龍谷大平安に対抗する勢力は、かつては京都商の現・**京都学園**（特）でした。しかし、近年、最も接近しているのは**京都外大西**（特）と**福知山成美《ふくちやませいび》**（特P78）でしょう。さらに、それを、夏の第1回大会優勝という歴史を継承している公立校・**鳥羽《とば》**（前身は京都二中／P118）や、地元の名門大学の系列校となった**立命館宇治**（特P37）などが追っています。

京都商は普通校に転じたことで、1990年に現校名の京都学園に。甲子園には、33年春に初出場。40年春には準優勝。81年夏は、初戦で前橋工を5対4で下すと、以降3試合はすべて完封。決勝は報徳学園に敗れましたが、京都商の存在を強くアピールしました。86年夏が京都商としての最後の出場となりましたが、以降、ソフトバンクの大隣憲司《おおとなりけんじ》投手らも輩出しており、近年も一定の力を維持しています。甲子園歴は、春4回、夏11回、14勝15敗、準優勝2回。系列の京都学園大は京滋《けいじ》大学連盟に所属しており、16年までで通算13回のリーグ優勝実績があります。

代わって台頭してきた京都外大西は、57年に京都西の名称で創立。90年に体育コースを設置し、本格的に野球部強化を進めました。さらに、01年から大学系列色を打ち出し、校名変更。84年の春夏連続出場以来、コンスタントに甲子園出場を果たしています。05年夏に準優勝し、これを置き土産《みやげ》に、チームの根幹を築いたベテラン・三原新一郎監督が勇退。代わりに、教え子でコーチだった上羽功晃《うえばたかあき》氏が監督に就任。直後の06年春、翌07年夏にも出場を果たしています。さらに10年夏にも出場。その後、甲子園には届いていませんが、近年も、府大会ベスト8（15年秋）などの実績があるので、復活はそう遠くはないでしょう。甲子園歴は、春6回、夏9回、19勝15敗、準優勝1回。卒業生には中日の大野雄大《ゆうだい》投手らがいます。

福知山成美は、長くチームを率いていた田所孝二監督が16年に岐阜第一へ異動。今後の動向がどうなっていくのか見守られています。

同志社と立命館という関西私大の雄《ゆう》がある京都府ですが、系列校では、**立命館**（P37）と立命館宇治が健闘中。また、「文武分業型進学校」では、**京都成《せい》章《しょう》**（特P95）が代表的な有力校です。伝統のある宗教系の**東山**も春夏合計8回の出場経験があり、近年は15年秋の府4強などの実績。

さらに、新興勢力としては13年春に出場を果たした**京都翔英《しょうえい》**（特春1回）、**京都国際**なども注目です。京都翔英は少林寺拳法が校技という異色校で、校章にも「卍（まんじ）」のマークが入っています。16年春季府大会では、準決勝で龍谷大平安を破り、見事優勝。2度目の出場が近づいています。京都国際は、かつては韓国政府が認可した学校だったのですが、学校教育法により、04年から日本でも高校として認められました。1学年40人程度の小規模校ですが、15年は秋季府大会で3位になるなど、健闘しています。

公立勢は私学の壁を前に苦戦が続いていますが、5度（春2回、夏3回）の甲子園出場がある地場密着型の**北嵯峨《きたさが》**、94年夏の1度の出場歴があり、13年秋の府4強の**西城陽《にしじょうよう》**、全国レベルのサッカー部に刺激を受け、府内8強の地力がある**久御山《くみやま》**（甲子園出場なし。以下同）、14年夏の府大会準優勝の**京都すばる**、10年秋に初めて府大会を制して近畿大会に進出した**塔南《とうなん》**、近年は躍進が著しい**乙訓《おとくに》**や**京都両洋《りょうよう》**などが健闘していて、面白い存在となるでしょう。

近畿

27 大阪府

頭ひとつリードの大阪桐蔭《とういん》を「どこが、どう倒すのか?」に注目

地区突破チャンス度
★★☆☆☆

全国の高校の中で、野球能力の最も高い選手たちが集まっているとされるのが**大阪桐蔭**《とういん》（特Ｐ82）。西の横綱とも言える存在です。大阪府内では、「大阪桐蔭を、どこが、どう倒すのか?」に最大の関心が注がれていると言ってもいいでしょう。それくらい大阪桐蔭は大きな存在となっています。

1980年代に高校野球の代表的存在だった**ＰＬ学園**（春20回、夏17回、96勝30敗、優勝7回、準優勝4回、4強6回）が、母体となる教団の方針もあり、2016年夏の大会を最後に「休部」という状態に追い込まれています。「廃部」ではないものの、今後の動向が気になるところです。そうなると、大阪桐蔭のストッパー一番手は、**履正社**《りせいしゃ》（特Ｐ51）でしょうか。

履正社の次位グループは、新旧入り乱れた形で一団。15年夏に初出場を果たした**大阪偕星**《かいせい》（特Ｐ77）をはじめ、**大商大堺**（特）、**大商大高**（特）、**阪南大高**、**大体大浪商**《なみしょう》（特）、**関大北陽**（特Ｐ37）といった大学系列校が多く続いています。

中等野球時代には浪華商《なにわ》として、その後は浪商として大阪の高校野球を引っ張っていたのが、現在の大体大浪商です。87年に天王寺《てんのうじ》から熊取《くまとり》へ移転。系列校の付属色を打ち出す意味もあり、89年に現校名となりました。校名変更に関しては、ＯＢや古くからのファンなどに賛否両論ありました。近年になり、ようやく校名が浸透してきたというところでしょうか。79年春には、牛島和彦投手（元中日・ロッテ、元横浜監督）と香川伸行捕手（元南海など）のバッテリ

ーで準優勝。輝かしい歴史を背負いながらも、新校名になってからはやや苦戦。しかし、02年春に出場を果たしました。甲子園歴は、春19回、夏13回出場、通算49勝28敗2分で、優勝4回、準優勝3回。

大商大系列の2校はどちらもまだ甲子園に届いていませんが、大商大堺は15年秋季府大会決勝で大阪桐蔭を破って優勝。近畿大会で初戦敗退し、センバツ出場の権利をのがしましたが、あと一歩のところまでは来ています。大商大高は広島の岡田明丈《あきたけ》投手ら、数名のプロ野球選手も輩出しています。

阪南大高はかつての大鉄で、71年春に準優勝。77年夏にもベスト4に進出しています。甲子園歴は、春5回、夏2回、8勝7敗。準優勝1回、4強1回。日本ハムでエースとなり、「まいど!」の受け答えで人気者になった岩本勉投手もOB。系列の阪南大は、近畿学生連盟で通算27回の優勝を記録しています。

宗教法人を母体としている**金光大阪**《こんこう》(特)や**上宮**《うえのみや》**太子**《たいし》、**関西創価**(特)にも注目です。学校の形態は、いずれも文武分業スタイルと言っていいでしょう。

金光大阪は西日本に信者の多い金光教が母体となり、82年に金光第一の名称で設立されました。その後、99年に現校名となり、中高一貫教育を進めながら、スポーツと進学実績の向上を目指しています。02年春に甲子園初出場、07年夏、09年春にも出場を果たしています。97年に就任した横井一裕《かずひろ》監督は、大体大在学時代から学生コーチとして母校を指導。中日の吉見一起《かずき》投手など好投手を数多く生み出していることから、育成面でも定評があります。

浄土宗《じょうどしゅう》の流れを汲《く》む上宮太子は、上宮の太子学舎が91年に独立する形で誕生。野球部は、98年に創部。上宮で89年春に甲子園準優勝を記録している山上烈《やまがみいさお》氏が、99年に監督に就任。すぐに、00年春、01年夏出場と、成果が出ました。08年に山上監督が勇退し、部長を務めていた鶴田充功《みつのり》氏が後任監督となっています。

関西創価は、関西創価女子校が82年に共学化された際に現校名となり、創部。比較的早い段階から強化が進み、府大会で何度となく上位に進出しながらも、甲子園にはなかなか届きませんでした。しかし、01年春に、野間口貴彦《のまぐちたかひこ》投手（元巨人）を擁《よう》して甲子園初出場を果たすと、いきなりベスト4進出。準決勝では常総《じょうそう》学院に延長10回サヨナラ負けを喫しましたが、力のあるところを証明しました。近年は、府大会ベスト8（16年春）など。2度目の出場を目指しています。

大阪桐蔭《とういん》を追う履正社《りせいしゃ》は、山田哲人《てつと》選手（ヤクルト）もOB。

またかつての泉州《せんしゅう》時代に春1回、夏1回の出場歴がある飛翔館《ひしょうかん》が校名変更した**近大泉州《せんしゅう》**、11年夏に初出場で初勝利も記録し、2度目の出場を狙う**東大阪柏原《かしわら》**（特 夏1回）、未出場ながらも力をつけてきている**清教《せいきょう》学園**なども、上位をうかがっています。

大阪府では、圧倒的に私学が優位なことは否めません。それでも健闘し、過去に1度、甲子園の土を踏んだ公立校もあります。82年夏に出場を果たしている**春日丘《かすがおか》**、近鉄や中日などで活躍した中村紀洋《のりひろ》選手を擁して90年夏出場の**渋谷《しぶたに》**、体育科のある大阪市立校で、82年春出場の**桜宮《さくらのみや》**などが、次の出場を目指しています。

甲子園未出場ながら、期待が持てる高校もあります。**大塚**は、14年秋の府大会ベスト8。近年躍進中の**汎愛《はんあい》**は、16年春の府大会でベスト4。このほか、**箕面《みのお》東**や**桜塚**なども強化を進めています。

15年夏にベスト4の**大冠《おおかんむり》**、ベスト8の**堺東**といったところも可能性は含んでいます。

28 兵庫県

先行する報徳学園を追いかける、東洋大姫路ほかのライバルたち

地区突破チャンス度
★★★☆☆

兵庫県内のみならず、近畿一円の少年野球エリートが集まっている**報徳学園**（特P52）が、本県では頭ひとつ抜けた存在となっています。次いで、大学付属系列の**東洋大姫路**（特P34）と同じく、大学系列校でブランド力があり、地元の人気校となっている**関西《かんせい》学院**（P37）が続いています。さらに、スポーツ強化校の**神戸国際大付**（特）、**神港学園**（特）、**育英**（特）などが追っています。

神戸国際大付は、1963年にキリスト教系の八代学院の名称で創立され、92年に現校名になっています。創立と同時に野球部が創部されていますが、なかなか結果が出せませんでした。そこに、愛工大を経て大体大で教員免許をとり、92年に母校に赴任《ふにん》した青木尚龍《よしろう》氏が、監督に就任。ダンプで自ら土を入れてグラウンドを整備するなど、戦力強化に尽力し、2001年春に悲願の甲子園初出場。05年春には4強に進出し、兵庫代表としての実力を見せました。10年春にも出場するなど、報徳学園、東洋大姫路、関西学院などを追う一番手と言っていい存在になりました。甲子園歴は、春3回、夏1回。

神港学園は25年に私立の神港中の名で創立され、学制改革後は神戸市立の市神港と区別する意味で、私神港と呼ばれていました。84年に現校名となり、82年に就任した北原光広監督のもとで、84年春に甲子園初出場。以来、着実に県内の強豪校としての道を歩んでいます。「高校野球は戦力だけではない。チームワークと集中力があれば、戦力不足は補える」という信念を持つ北原監督のチームづくりを学ぼうと、全国から多くの指導官たちがグラウンドを訪れています。同校は、甲子園に春5回、夏3回出場し、通算8勝8敗という成績を残しています。

なお旧称が第一神港商の市神港は、北神商→北神→鈴蘭台からさらに改称した兵庫商との統合により、**神港橘**《しんこうたちばな》に校名変更しています。甲子園歴は、春9回、夏8回、23勝15敗、優勝2回(注:第一神港商・市神港時代のものと、北神商時代のものを合計した数字)。

また、明治時代中期の数英漢学会の伝統を背負っているのが育英です。育英商時代の35年夏に準優勝。58年後の93年夏には、全国制覇を達成しました。05年春以降、部内不祥事や指導者の交代などもあり、甲子園出場はありません。しかし、春13回、夏6回の出場で、通算28勝18敗、優勝、準優勝各1回は輝かしい実績です。近鉄で通算317勝を記録した鈴木啓《けい》示《し》投手や土井正三《しょうぞう》選手(元巨人、元オリックス監督)、藤本敦士《あつし》選手(元阪神・ヤクルト)、栗山巧《たくみ》選手(西武)など、多くの名選手をプロ球界に送り出しています。

さらに、その次のグループのスポーツ強化校としては、**滝川二**《たきがわ》(特)、**市川**(特)、**神戸弘陵**《こうりょう》(特)などが上を目指しています。

戦前からの名門で春12回、夏7回と合計19回の出場実績を誇る滝川が、学校の方針で野球部強化を停止したことに伴《ともな》い、84年、母体の学校法人瀧川《たきがわ》学園が新校を創立。それが、滝川二です。87年春、88年夏と連続出場を果たして、早々に存在感を示しました。その後も、99年夏にはベスト8に進出するなどの結果を残しています。当初は滝川を引き継ぐ形の創部でしたが、いったん廃部した滝川の野球部が、のちに復活。それによって、滝川二は独自の歴史をつくっていく形になりました。甲子園歴は、春3回、夏4回となっています。

市川は市川町立市川商の名で59年に創立されたのですが、2年後に町が同校を譲渡。私立市川学院となり、65年、普通科の併設とともに現校名に。68年以降、県大会では8強、4強と上位進出を果たしましたが、甲子園へは届かず。夏の県大会決勝での敗退も2度経験しています。その後、06年秋の近畿大会に進出し、4強入り。翌07年春、ようやく初の甲子園を勝ち取りました。81年の就任以来、徳永伸寿《のぶとし》監督は、部長と監督の立場を入れ替えながら、3度目の監督就任で、悲願を達成したのでした。現在は、2度目の甲子園に向けて、強化を進めています。OBのプロ野球選手には、小田幸平選手(元巨人・中日)がいます。

神戸弘陵は体育コースを併設し、力を入れていま

春夏3度の全国制覇を誇る強豪・報徳学園。

す。中日の山井大介投手が卒業生です。

公立勢では、伝統の**明石**《あかし》(P122)が、やはり地元では人気校です。16年春には、**明石商**(P143)が初出場で8強入りしています。そのほか、08年夏と11年春に甲子園出場を果たしている**加古川北**《かこがわ》、01年春に1度出場歴がある**三木**、体育科を設置してスポーツの実績をあげ、04年春の初出場で4強入りの**社**《やしろ》(甲子園歴は、この1回)、12年春に21世紀枠で復活を果たした**洲本**《すもと》(甲子園歴は、春3回、夏1回、優勝1回)、16年春に21世紀枠代表として初出場した**長田**《ながた》なども、「旧制中学伝統継承校型」の高校で、次のチャレンジに進んでいます。

実業系校では、**姫路工**(春3回、夏2回)が、05年夏に出場し、気を吐いています。13年夏には、高校駅伝の強豪校として全国的に知られていた**西脇工**が初出場。市立校では、83年夏の甲子園歴がある**市立尼崎**《あまがさき》も健闘し、2度目の出場を目指しています。ヤクルトで活躍した池山隆寛《たかひろ》選手(現楽天コーチ)の出身校です。

近畿

㉙ 奈良県

天理と智弁学園による、圧倒的な2強対決は不動

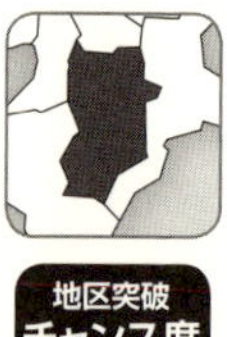

地区突破チャンス度 ★★★☆☆

ともに宗教法人が母体という、「野球エリート育成校型」の**天理**（特P53）と「文武分業進学校型」の**智弁学園**（特P86）の2校が突出しています。この2強体制は1960年代から、もう半世紀以上続いています。それだけ、この両校がコンスタントにチーム力を維持していて、次位グループとの実力差はかなり大きいのです。

両校の比較では、全国制覇を春夏合わせて3度果たしている天理がリードしている印象もありました。しかし、2016年春に、智弁学園が全国優勝を成し遂《と》げたことで、両者の差は接近し、同時に、次位グループとの差がさらに広がったと言えるでしょう。

とはいえ、この2強に対して食い下がる姿勢を見せ、甲子園出場に夢をかけている学校も数多くあります。長いあいだ追走している筆頭格は**郡山**《こおりやま》です。学校の歴史は古く、1876年の教員養成予備校が母体で、郡山尋常《じんじょう》中を経て、1901年に郡山中となったときは、すでに野球部は存在。33年夏に、甲子園初出場を果たしています。その後は、長らく遠ざかりますが、66年夏、33年ぶりに復活。当時から、OBであり、バッティングセンターも営む森本達郎監督が指導を続けていましたが、09年夏を最後に勇退。47年もの監督生活に終止符を打ちました。郡山は前述のように旧制中学の歴史を踏襲《とうしゅう》しており、県内では有数の進学校としても知られています。文武両道を実践できる学校ということで受験生に人気があり、野球部員もほとんどが進学を前提として活動しています。甲子園出場実績は、春夏それぞれ6回。71年夏には、ベスト4まで進出しています。

ほかには、03、04年と春に連続出場を果たした斑鳩《いかるが》が、その翌05年に片桐《かたぎり》と統合し、**法隆寺国際**《ほうりゅうじ》と改称。主に斑鳩の歴史を継承していくことになり、甲子園歴は、前述の春2回。歴史文化学科を設置して日本史を必須科目とするなど、飛鳥・奈良時代の歴史を受け継ぐ土地らしい地場密着公立の普通校で、今後が注目されるユニークな存在です。

大和高田市《やまとたかだ》では、**高田**と市立校の**高田商**（P147）が、活発な動きを見せています。

高田は高田高女が前身。学制改革で共学化されて現在の校名となり、同時に野球部が創部。55年、99年と、春に2度の出場歴があります。

高田商は、地場密着の実業系として、地元から親しまれている学校です。春2回、夏1回の出場実績があります。ソフトテニス部など、ほかの部活動も盛ん。学校全体も活気があります。

近年、注目なのは、**奈良大付**と、**大和広陵**《やまとこうりょう》です。

奈良大付は大正期に南都正強《なんとせいきょう》中の名で設立。その後、男子校の正強《せいきょう》となりましたが、57年に共学化。96年に現校名に変わりました。甲子園歴は、15年春の1回。系列の奈良大は、奈良学園大や阪南大などが所属している近畿学生連盟に加盟しています。

大和広陵は、05年に広陵と高田東が統合され、新たに誕生しました。生涯スポーツ科なども設置されており、全体的にスポーツ活動は盛んです。甲子園歴は、広陵時代の85年春と統合後の13年春。日本ハムの立田将太《たつたしょうた》投手は、2度目の出場時のエースでした。

かつて御所《ごせ》工時代には、春7回、夏4回の甲子園実績がある**御所実**《ごせ》も、スポーツが盛んです。ラグビー部は「打倒・天理」をすでに成し遂《と》げ、今や全国的な強豪になっています。

また、15年夏と秋に県4強の**奈良**（春1回）、15年夏の県4強の**畝傍**《うねび》（未出場）、14年秋の県8強**橿原**《かしはら》（春1回）にも可能性があります。16年春には創部13年目の**関西中央**（未出場）が県大会ベスト4に躍進しています。

近畿

30 和歌山県

独走し続ける智弁和歌山を追いかけ、全体が実力向上

地区突破チャンス度
★★☆☆☆

過去に何度か、全国でもトップレベルの学校がしばらく全盛期を維持するという県内野球史の系譜があります。現在は**智弁和歌山**（特Ｐ84）の実力が突出して、独走を続けている状態です。

戦前の黄金時代をつくったのは現・**桐蔭**《とういん》（Ｐ120）の和歌山中。１９１５年夏の第1回全国中等学校野球優勝大会から20年間、途中から始まった春のセンバツも含めれば、全国大会へ出場しない年はありませんでした。その間《かん》、3度優勝（春1回、夏2回）。県内トップレベルの進学校でもあり、全国でも屈指の「旧制中学伝統継承校型」名門校の1つです。桐蔭へ改称後も、48年夏と61年夏に準優勝。和歌山中時代から合計すると、現段階で、春16回、夏20回出場、優勝3回、準優勝4回、4強6回、45勝33敗1分という輝かしい実績を誇っています。86年以降の出場はなかったのですが、２０１５年春に21世紀枠代表として出場。栄《は》えある伝統を継承しつつ、県内でも上位に食い込んでいた近年の実績が評価されました。

続いて黄金期を迎えたのが、現・**向陽**《こうよう》の海草中でした。大戦で中断する前2年間（39年、40年）の夏の大会を連覇。とりわけ39年の嶋清一《しませいいち》投手の全試合完封、準決勝と決勝の連続ノーヒットノーランは、今なお中等野球時代の伝説となっています。74年春以降、甲子園から遠ざかっていたのですが、10年春に21世紀枠代表で全国の舞台に復活。初戦で島根の開星と戦い、2対1で久しぶりの勝利をあげました。また、同年の夏の県大会準決勝では、智弁和歌山に対する挑戦権を争うような形で桐蔭と対戦しましたが、向陽が競《せ》り勝ったことで、応援するオールドファンの感涙を誘いました。海草中時代から合計して春15回、夏7回の出場で、優勝2回、準優勝1回、通算21勝20敗という記録が残っています。

戦後になって、和歌山県3度目の黄金期をつくったのは**箕島**《みのしま》でした。箕島実、箕島商などが母体で、学制改革で現校名となった、文字どおりの地場密着校です。66年、OBでもある尾藤公《びとうただし》氏が監督に就任。一気に力をつけ始め、2年後の68年春には東尾修投手（元西武、元西武監督）を擁《よう》して4強進出。その2年後の70年春には、島本講平《こうへい》投手（元南海・近鉄）の活躍などもあり、初優勝を飾りました。その後、77年春にも優勝。79年夏の星稜《せいりょう》戦では、延長18回裏にサヨナラ勝ち。高校野球史に残る好ゲームとして、語り継がれています。この79年は、春夏連覇を達成。尾藤監督と箕島は、高校野球の代名詞とも言える存在となりました。しかし、91年春を最後に甲子園から遠ざかり、やや低迷。尾藤監督の教え子でもある松下博紀《ひろき》氏が06年に、95年以来の復帰となる監督就任。3年後の09年春、18年ぶりの甲子園復活に導いています。甲子園歴は、春9回、夏8回、37勝13敗、優勝4回。輝かしい記録となっています。

和歌山商と**市立和歌山**（P164）の地場密着校も、智弁和歌山を追いかける存在です。和歌山商は、学制改革後、一時廃校になりましたが、51年に再興。57年夏以来甲子園から遠ざかっていたものの、07年春、久々に大舞台に復活しました。甲子園歴は、春3回、夏4回。また、「市和商《しわしょう》」という呼称で親しまれていたのが、現在の市立和歌山です。09年、普通科の設置とともに、現校名に変更されています。

地場の公立校では、かつて阪神で活躍した上田次郎投手らが出身の**南部**《みなべ》（甲子園歴は、春4回、夏2回）や、**和歌山工**（春5回、夏2回）もあなどれません。

また、15年秋季県大会では、真言宗《しんごんしゅう》の宗教系学校・**高野山**《こうやさん》（春1回、夏1回）が準優勝。66年春と88年夏に甲子園歴があり、3度目の出場を視野に入れています。

Part 5

31 岡山県

歴史ある関西《かんぜい》がリードし、創志《そうし》学園などの新鋭私学も台頭

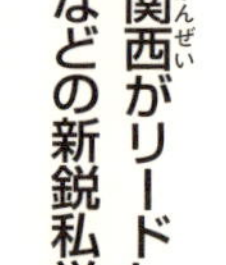

地区突破
チャンス度
★★★★☆

岡山県勢は中等野球時代の甲子園出場は岡山一中（現・**岡山朝日**）の1回しかありません。1950年代になってからは、伝統校の**関西**《かんぜい》（特P54）と**倉敷工**（P154）、**岡山東商**が競い合いました。さらに、80年代になって**岡山理大付**（特）が台頭してきて、99年夏には全国準優勝しています。そして現在では、再び関西がリードして、それを**倉敷商**（P132）と**玉野**《たまの》**光南**《こうなん》と**岡山城東**といった公立勢に、新興私学の**岡山学芸館**（特）と、2010年秋に1年生だけで勝ち上がり、11年春に甲子園初出場した**創志**《そうし》**学園**（特P110）などが追いかけるという構図となっています。

戦前唯一出場した旧・岡山一中の歴史を受け継いだ、旧制中学系の岡山朝日。その後、苦戦していますが、秋季県大会である程度上位に食い込めれば、21世紀枠での出場の可能性があります。

岡山東商は60～70年代には倉敷工と競い合い、甲子園にも両校で分け合うように進出しています。明治時代後期に岡山県商の名称で創立され、学制改革後に岡山産業と統合。岡山東の名を経て、52年に現校名となっています。65年春に、のちにプロ野球でも活躍する平松政次《まさじ》投手（元大洋）を擁《よう》して全国制覇を果たしています。80年代後半からやや低迷しましたが、06年春、28年ぶりに伝統の白桃《はくとう》カラーのユニフォームが甲子園に姿を現して、多くの地元ファンを喜ばせました。地場の実業校としての人気は揺るぎないものがあります。甲子園実績は、春8回、夏11回、17勝18敗、優勝1回、4強2回。

玉野光南は90年春の初出場で、通算5回の出場（春

2回、夏3回）を果たしています。84年に創立され、県で最初の体育科なども設置している新しい学校というイメージで躍進。バレーボール部も強豪です。

また、87年創立で、人文、理数、国際、音楽コースを持つ、新しいタイプの県立普通校の岡山城東は、開校4年目の90年夏、甲子園初出場を果たしました。96年春には帝京、浦和学院といった関東の強豪を相次いで下して、4強入り。出場歴は、春3回、夏2回。

岡山学芸館は01年春に初出場していて、岡山城東を4強に導いた山崎慶一監督を、07年に招聘《しょうへい》。関東や関西の有望選手を多く集め、さらに台頭してきました。15年には、夏の初出場。西大寺女子として60年に開校し、金山学園の名を経て、94年に現校名になっている、女子校からの共学化移行校です。海外にも多くの姉妹校を持つなど、国際交流が盛ん。創志学園とともに、県内で新たな波を起こす可能性が十分にあるでしょう。出場歴は、春1回、夏1回。

08年春に初出場を果たした、井原市にある**興譲館**《こうじょうかん》。前身が1859年創立というきわめて古い歴史を有しています。創部は、戦後の学制改革時でしたが、現在、スポーツに力を入れている学校として注目されています。15年秋季県大会もベスト4に進出。女子駅伝では全国でも上位に入る実力校です。

甲子園未出場ながら、今後に期待できる高校もいくつかあります。サッカーの強豪校として知られている**作陽**（特）も強化を進めて、11年春の県大会で優勝。あと一歩のところまで来ています。**おかやま山陽**（特）、**金光**《こんこう》**学園**（特P95）なども、上位グループに続く存在となっています。おかやま山陽は、14年オフのドラフトで広島から指名を受けた藤井皓哉《こうや》投手もOB。甲子園初出場も見えてきています。女子バレーボールの名門校として全国的に名だたる存在だった**就実**《しゅうじつ》も、09年に共学となり、野球部も創設されました。スポーツを強化しやすい土壌もあり、今後に注目です。女子マラソンの2大会連続五輪メダリスト・有森裕子選手も卒業生です。

中国・四国

32

広島県

広陵《こうりょう》が抜けた存在となったが、如水館《じょすいかん》、広島新庄など新勢力も台頭

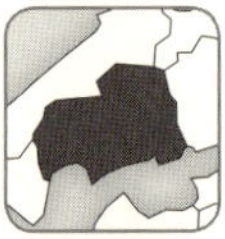

地区突破
チャンス度
★★★☆☆

かつて広島県の高校野球は、**広島商**（P135）と**広《こう》陵《りょう》**（特P56）の対決構図がすべてと言っていいくらいでした。ただ、その間隙《かんげき》を縫うかのように出場している**尾道《おのみち》商**は、甲子園では決勝進出と準々決勝進出が各2回と上位に進出。これが、中国地区最大の野球どころである広島県の底力でしょう。甲子園実績は、春6回、夏1回、13勝7敗、準優勝2回となっています。

ここ20年ほどは、広陵1校が頭ひとつ抜けた形ですが、やや低迷してきた広島商に代わって台頭してきたのが、**如水館《じょすいかん》**（特P55）と**高陽《こうよう》東**でした。

高陽東は1983年に、広島市北安芸《きたあき》区のニュータウンの一角に設立されました。広島工を甲子園に導いた実績のある小川成海《なるみ》監督が、93年、高陽東の指揮官に。一気に成果をあげます。96年、春夏連続出場で、それぞれ4強、8強に進出し、全国でも注目を浴びる存在に。その後は、小川監督の教え子である松岡正之監督に引き継がれ、2005年夏にも甲子園出場を果たしています。公立校としての限界もあるようですが、総合学科を設置しており、幅広い入学枠があるのは強みです。甲子園実績は、春1回、夏2回、7勝3敗、4強1回。

これに対し、近年台頭してきているのが、「文武分業進学校」型の**広島新庄**（特P93）です。

スポーツ強化型の私立では、76年春に圧倒的強さで全国制覇を果たした、伝統校の**崇徳《そうとく》**（特）が近年でも、コンスタントに実績を残しています。ロッテの井上晴哉《せいや》選手も卒業していますが、その出身校である中央大をはじめとした東都リーグなど、関東の有力大へ多くの卒業生を送り込んでいます。ただ、93年春以降、甲子園出場はなく、復活が待たれます。宗教色（浄土真宗《じょうどしんしゅう》）の強い学校としての特色もあります。甲子園実績は、春3回、夏2回、8勝4敗、優勝1回。

地場密着実業系校では、**広島工**（P155）のほか、11年春に甲子園初出場を果たした**総合技術**と、**宮島工**、**西条農**などが健闘しています。

総合技術は、11年春に1度出場しています。広島商出身で西条を2度甲子園に導いている小田浩監督が、05年の開校と同時に就任。早々から安定した実績を残していました。

宮島工は62年創立の県立校で、同時に創部もしています。95年夏に1度出場していますが、初戦で隣県岡山の強豪校・関西《かんぜい》に当たり、敗退しています。

西条農は、明治後期に農学校として創立されたのが前身。72年に軟式から硬式に転換しました。OBには、楽天で活躍し、現在はコーチの礒部公一《いそべこういち》選手がいます。春1回、夏2回の出場歴があります。

ラグビー部が全国大会の常連の**尾道**《おのみち》（特）は、野球部も躍進中。10年秋の県大会を制するなど、スポーツ強化校としての成果を残しています。

ほかに甲子園出場実績のある学校では、**山陽**（特 甲子園歴は、夏2回、3勝2敗、4強1回）、**盈進**《えいしん》（特 夏2回）、**近大広島福山**（特 P37）なども、毎年その動向が注目される存在です。また、13年夏にも出場を果たしている**瀬戸内**（特 春2回、夏2回、3勝4敗）は、明治期に教員養成学校として創立されたという、長い歴史のある学校です。77年春に初出場し、その後は10年間隔ほどで、計4回、甲子園出場を勝ち取っています。

1915年夏の第1回大会出場校の広島中の流れを汲《く》む**国泰寺**《こくたいじ》にも注目です。その後の出場はありませんが、秋の大会の結果次第で、21世紀枠候補での可能性を含んでいます。15年夏に決勝進出の**市立呉**《くれ》（未出場）も、あと一歩です。

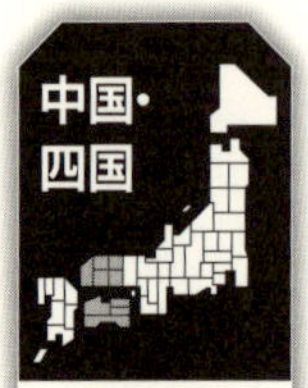

33 鳥取県

旧制中学型の鳥取西、米子《よなご》東、倉吉東が県の球史をリード

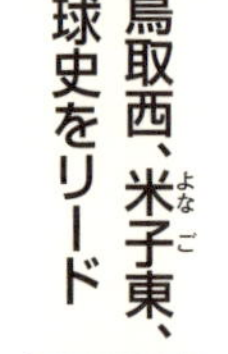

地区突破チャンス度
★★★★☆

旧制中学時代からのライバル校である**鳥取西**（P121）、**米子**《よなご》**東**、**倉吉東**の3校が競い合って歴史をつくってきた鳥取県。**境**（甲子園歴は、春2回、夏7回）もそこに割って入る存在です。

歴史を振り返ると、県勢唯一の決勝進出を果たしているのが、1957年春の米子東です。鳥取二中の校名で創立され、1909年に米子中となり、学制改革で現校名に。地元では「米東《べいとう》」という呼称で親しまれています。甲子園歴は、春8回、夏13回、16勝21敗、準優勝1回。近年は苦戦が続いていますが、支援をバネにした再建を期待したいところです。

倉吉東も1915年夏の第1回大会の地区大会から参加している伝統校（当時は倉吉中）。甲子園出場は、創立80年目の88年春が初。2勝をあげ、その後も甲子園を2度（89年春、95年夏）経験しています。

境は、15年秋季県大会準優勝で、中国大会に進出（初戦敗退）しています。

地場密着公立校では、2014年夏にも出場を果たした**八頭**《やず》（春1回、夏8回）が最上位です。前身は八頭高女で、創部は52年。87年夏の初出場以来、地場密着公立勢では最も多くの出場回数を誇っています。

私学勢は、野球留学生を集めて甲子園出場を目指す先駆的役割を果たした**倉吉北**（特春4回、夏6回）がリードしていました。現在は**鳥取城北**（特春1回、夏4回）との2強という構図です。鳥取城北は、09年夏が初出場で、その後も回数を重ね、10年以降では県内最多出場となっています。ほかでは、**米子**《よなご》**北**が15年春に初出場を果たしています。

34 島根県

開星と石見智翠館《いわみちすいかん》が先行するも、立正大淞南《しょうなん》など他校にもチャンス

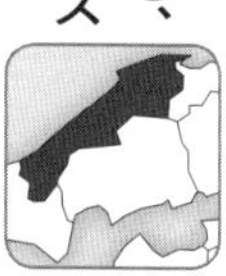

地区突破チャンス度
★★★★☆

ここ何年かは**開星**（特P54）の実績が圧倒的ですが、それまでは、江《ごう》の川《かわ》時代の**石見智翠館**《いわみちすいかん》（特P77）が島根を代表する存在でした。

２００９年夏、初出場で8強入りした**立正大淞南**《しょうなん》（特）は、「大学付属系列校」でも、実態は「スポーツ強化中堅校」に近い位置づけになります。サッカー部が全国大会の常連で、マーチングバンドや射撃部なども強豪。もともとは淞南学園という校名だったのですが、01年に立正大傘下《さんか》に入りました。12年夏にも出場しています。

同タイプの「スポーツ強化中堅校」には、１９９8年春に出場した**出雲北陵**《いずもほくりょう》（特）、84、96、00年の各夏に出場している**益田**《ますだ》**東**（特）などもあります。

旧制中学伝統継承校では、杵築《きづき》中時代から出場を果たしている**大社**《たいしゃ》（春2回、夏8回）が、体育科を設置するなどして強化を図ってきました。15年秋季県大会で優勝しており、復活への期待は大きくなってきています。

ソフトバンクの和田毅《つよし》投手や楽天の梨田昌孝監督らがOBの**浜田**も、島根二中、浜田中というかつての校名時代からの伝統を背負っています。春4回、夏11回の出場で、9勝15敗という実績。98年夏にはベスト8に進出しています。

また、大正時代に旧制中として創立されている**大**《お》**田**《だ》（春3回、夏3回）は、87年春が最後の出場。約30年も遠ざかっており、平成になってからの出場が期待されています。10年夏は島根大会の決勝に進出。実現は近いかもしれません。

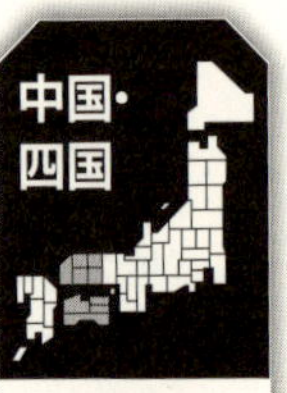

35 山口県

地場密着商業校や工業校が安定した力を見せ、競《せ》り合う

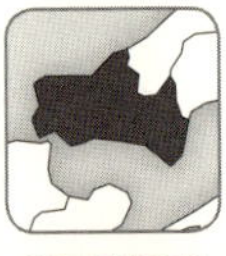

地区突破チャンス度
★★★★☆

数少ない公立の商業校と工業校といった実業系校に、普通科校がからみ合っている図式が、山口県の高校球界です。県内の歴史を見れば、**下関《しものせき》商**（P139）と**宇部商**（P139）が圧倒的にリード。そこに**岩国商**（P139）と**岩国**（P124）、さらには**南陽工**（P153）などが加わりますが、様々なタイプの学校が実績を残しており、どこにもチャンスがあると言えます。

球史という点からは、1974年夏に準優勝した**防府《ほうふ》商工**（P147）や、58年夏に優勝、72年夏にも準優勝している**柳井《やない》**も、功績を残しています。

防府商工は町立商として創立され、44年には防府工業学校に転換し、戦後に商業科が復活。学制改革で防府商工となり、その後分離独立して防府商に。2012年に機械科を設置したことによって再び防府商工に改称という歴史をたどっています。創部は町立商のころ。その時代の38年春に初出場。甲子園歴は、春4回、夏2回となっています。

柳井は1921年に周東中の名で創立。その後、校名変更し、学制改革を経て、今日に至っています。58年夏には、剛腕と言われた板東英二投手（元中日）を擁《よう》する徳島商を下しての優勝。84年夏を最後に甲子園出場はありませんが、15年秋季県大会では4強に進出を果たしています。甲子園歴は、春4回、夏7回。16勝10敗と勝ち越した記録も光ります。

さらに、柳井商時代にも出場を果たしている**柳井《やない》商工**（P147）は、柳井工と2度分離統合し、今日に至っています。下関市の**豊浦《とよら》**は藩校の歴史を持つ伝統校です。これまでに春2回、夏3回という出場実績があります。

萩商工（P147）は、萩商時代の73年夏に1度出場しています。もともとは萩町立明倫《めいりん》商でしたが、市制移管で市立になり、のちに県立に。学制改革時に萩商工となり、1度商業と工業が分離したものの、06年に再統合されています。34年春に出場している徳山商も、徳山工と統合されて**徳山商工**となっています。08年夏に初出場を果たした下関工は、16年に下関中央工と統合。**下関《しものせき》工科**として新たなスタートを切っています。元巨人で、現在はタレントの宮本和《かず》知《とも》投手は下関工時代の卒業生です。

私学勢では**早鞆《はやとも》**（特）や**宇部鴻城《こうじょう》**（特）、**柳井《やない》学園**、多々良《たたら》学園から校名変更した**高川学園**（特）などが続いています。

早鞆は、64年夏に初出場で準優勝を果たした実績があるのですが、演歌歌手の山本譲二さんもベンチ入りしていた67年夏を最後に出場が途絶えていました。その後、仙台育英で準優勝投手となりダイエーでも活躍した大越基《おおこしもとい》氏が、09年、監督に就任。12年春に、久々の出場を果たしました。16年の春季中国大会でも準優勝しています。出場歴は、春1回、夏3回。

その16年の春季山口県大会の決勝で、早鞆に敗れたのが宇部鴻城でした。過去に、春2回、夏1回の出場歴がありますが、この勢いなら4度目の甲子園もそう遠くないかもしれません。

柳井学園は柳井女子商が前身で、現在は普通科とともに衛生看護科があるのも特徴です。元広島などの山本和男投手も卒業生。甲子園歴は、夏1回。

スポーツ強化校では、サッカー部が強豪の高川学園も期待されています。旧校名の多々良学園時代に春1回の出場実績があります。

下松《くだまつ》市にある**華陵《かりょう》**は、典型的な地場密着公立校です。創立は87年。08年は21世紀枠で、翌09年の夏は自力で勝ち抜いて出場しました。そのほか、出場経験のある**徳山**（夏1回）や**西京《さいきょう》**（春1回、夏1回）、**防府《ほうふ》**（春1回）もチャンスをうかがっています。

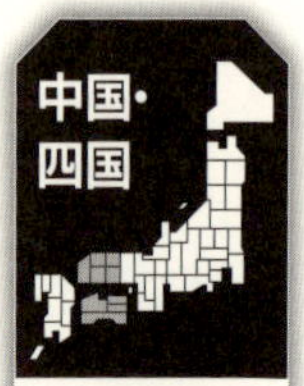

36 香川県

県外選手で強化した私学勢に対し、伝統の高松商が復活して大躍進

地区突破チャンス度
★★★★☆

久しく低迷を続けていた感のあった、四国伝統の商業校勢でしたが、2016年春に**高松商**（P133）が準優勝を果たし、力強く復活。中等野球時代から100年を超える高校野球史で、輝かしい実績をつくってきた香川県勢。高松商は、その旗頭でした。

1995年春に**観音寺**《かんおんじ》**中央**（P169）が初出場初優勝という快挙を果たして以降は、香川県勢の成績は、甲子園での結果に限れば落ち込んでいました。だからこそ意味のある、第1回選抜中等野球大会優勝校の高松商の久しぶりの大躍進でした。

高松商の地域内のライバルは、**高松**（P172）です。香川尋常《じんじょう》中の名称を経て、高松中、そして現校名に。05年春、21世紀枠で71年ぶりに復活し、話題になりました。甲子園歴は、春4回、夏4回。東大で活躍する選手も多数。県内トップの進学校ですが、「三原マジック」で名高い三原脩《おさむ》監督（元巨人、元巨人・西鉄監督など）など、野球界にも人材を送り出しています。

かつて、丸亀《まるがめ》市でも**丸亀**《まるがめ》（P125）と現・**丸亀城西**《まるがめじょうせい》（P169）の丸亀商はライバル関係でした。

これらの公立対決構図に対し、近年は、関西からの生徒を受け入れた私学勢力が台頭しています。その先駆けとなったのが、**尽誠**《じんせい》**学園**でした。89年と92年の夏には、ベスト4に進出。全国制覇も近いと言われるくらいに、安定した実力をつけていました。その後も、コンスタントに県大会で勝ち上がり、甲子園にも、01年、02年と春夏連続4季出場を果たしています。甲子園歴は、春6回、夏10回で、通算17勝16敗という実績がありますが、近年は新勢力にやや押され気味。OBには伊良部《いらぶ》秀輝《ひでき》投手（元ロッテ・ヤンキースなど）、佐伯貴弘《さえきたかひろ》選手（元横浜、現中日コーチ）、谷佳知《たによしとも》選手（元オリックス・巨人）、田中浩康選手（ヤクルト）らがいます。

さらなる新勢力としては、旧校名・香川西時代の03年夏に初出場を果たし、06、08年夏と11年春、12年夏にも出場し、16年から新校名となった**四国学院大香川西**（特P109）が、注目の存在です。

ほかに、学校法人藤井学園傘下《さんか》の**寒川**《さんがわ》（特夏2回）、**英明**《えいめい》（特P109）も相次いで甲子園初出場を果たしました。いずれも女子校が母体で、共学化とともに野球部も強化されていったという経緯です。寒川は74年の創立で、看護科を併設しているのも特徴。ココリコの遠藤章造《しょうぞう》さんも野球部のOBです。09年夏に初出場しました。これら私学勢はいずれも、大阪、兵庫の出身者が多いのですが、四国大橋を渡った隣県というとらえ方もできます。寒川の系列校・**藤井**（未出場）も15年春季県大会8強など、躍進中です。

16年春には、**小豆島**《しょうどしま》が21世紀枠代表校で選出され、甲子園初出場。同じ21世紀枠の釜石との対戦が話題になりました。17年には同じ島内の土庄《とのしょう》と統合して小豆島中央の名で新たにスタートします。

ほかには公立勢では、市立の**高松一**が、4度の出場ですべてベスト8以上に進出しています。甲子園歴は、春1回、夏3回。そのうち4強2回で、通算8勝4敗と、高い勝率を誇っていますが、72年夏を最後に甲子園からは遠ざかっています。近年は13年秋季県大会3位で、四国大会進出。復活に期待したいところです。高松中の大川分校からスタートした**三本松**《さんぼんまつ》も、旧制中学の歴史を受け継ぐ伝統校です。春1回、夏2回の甲子園歴があり、05年春が最後の出場。近年は14年秋の県大会ベスト8など上位に食い込み、復活を目指しています。近年は国公立大に毎年40人前後合格するなど進学実績もあげています。

また、文武分業型の中高一貫校・**大手前高松**も、16年春季県大会を制し、注目されています。

中国・四国

37 徳島県

池田時代を挟《はさ》んで、再び、徳島商・鳴門の対決構図に

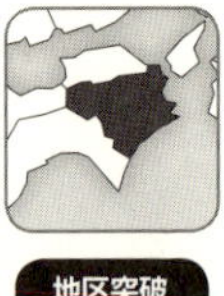

地区突破
チャンス度
★★★★☆

戦前の中等学校野球の時代から、**徳島商**（P136）が、県内では圧倒的な存在。そこに、**鳴門**が対抗し、甲子園出場を競い合っていきます。そして、1970〜80年代に一時代を形成したのが**池田**でした。現在は再び、徳島商と鳴門の対決構図となっています。

鳴門は、1909年に撫養《むや》中の名で創立され、のちに学制改革で現校名に。撫養中時代の38年春に、1度出場しています。鳴門がその存在を広く甲子園で知らしめたのは50年代でした。50年夏に準優勝し、翌51年春は優勝。さらに52年春も決勝まで進みましたが、静岡商に敗れ、準優勝。いずれも打線が爆発し、鳴門海峡の観光名所に例えて、「うずしお打線」と称されました。70年春にも4強入りしていますが、その後はやや低迷が続きました。しかし2007年、徳島工から母校に異動してきた森脇稔《みのる》監督が、85年以来2度目の就任。強い鳴門を知らない選手たちに、「自分たちで新しい鳴門の歴史をつくれ」と語って意識を向上させ、10年夏、甲子園に復活しました。さらに12年春から4季連続出場を果たすなど、第2期黄金時代に突入。14、15年と、夏に連続出場もしています。15年秋季県大会も、準々決勝で徳島商を下して優勝。ライバルの徳島商を圧倒しているのが現状です。甲子園実績は、春8回、夏10回、24勝17敗、優勝1回、準優勝2回、4強1回となっています。

かつて黄金時代をつくった池田は、14年春に復活出場を果たし、多くの高校野球ファンを喜ばせています。池田中として、1936年に創立。創部は戦後で、同好会から昇格した47年に、県大会に参加しています。甲子園初出場は、蔦文也《つたふみや》監督が就任して20年目の71年夏でした。74年春には、全部員わずか11人で準優勝。「さわやかイレブン」と称《たた》えられました。以降常連校に成長していき、70年代後半から80年代にかけて黄金時代をつくり上げました。蔦監督が勇退後は低迷するものの、復活を望む声は多くありました。それが14年春に実現したのです。かつての池田町は、現在、三好《みよし》市となっています。甲子園実績は、春8回、夏9回、42勝14敗、優勝3回、準優勝2回、4強3回。

21世紀枠では、10年春に**川島**、11年春に**城南**と、2年続けて徳島から代表校が出ました。川島は1880年に川島中として創立されていますから、学校の歴史は130年以上。2006年から県立の中高一貫校となっています。城南は徳島中の歴史を継承する県内一の伝統校で、11年春の甲子園出場が創部113年目にして初。ともに、実力による地区突破での2度目の出場を目指しています。

小松島も有力校で、甲子園歴は、春3回、夏1回。小松島高女が学制改革後、小松島農を統合して共学化。校名変更しました。4回の出場は、すべて2000年代以降。近年の地力向上がうかがえます。

90年代には**小松島西**も活躍。88年春、初出場。以来、通算5回（春3回、夏2回）出場していますが、94年夏が最後です。近年は、県大会ベスト8（15年秋）などで、復活が期待されます。

徳島北は、09年夏に初出場。97年創立で国際英語科があり、留学や研修制度なども充実。近年は、県大会ベスト4（15年夏）など、さらに上位を狙います。

私立校が非常に少ない徳島県で、唯一野球部を強化しているのが、**生光《せいこう》学園**（特）です。47年創立の生光商専を前身として、79年に開校。小、中、高一貫教育と体育コースによるスポーツ強化が2本柱です。甲子園は未出場ながら、13年秋季県大会優勝。15年秋、16年春と県大会連続ベスト4。甲子園はすぐそこまで来ています。

38 愛媛県

近年、松山商が後退してきて、今治西《いまばり》と済美《さいび》の対決構図に

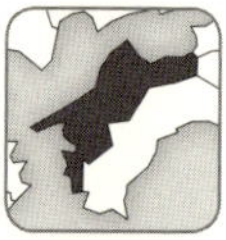

地区突破
チャンス度
★★★☆☆

2004年春、甲子園に突然現れて大旋風を巻き起こしたのが、女子校としての伝統があった**済美**《さいび》（特 P102）でした。春優勝、同年夏は準優勝。女子校を共学化して広く生徒募集していくには、野球で実績をあげてアピールすることがいちばん効果的であることを、世に示す形にもなりました。13年春も準優勝。近年は、**今治西**《いまばり》（P116）と2強体制となっており、出場を競い合っています。

愛媛県内のスポーツ強化校の先駆けは、大規模校の**新田**（特）です。1939年に創立された男子校で、ラグビー部は花園の常連。86年、共学化。それに伴《ともな》ってかつての硬派なイメージが薄れ、スポーツ各部もやや低調気味になっていたところ、90年春に甲子園初出場で準優勝という快挙を達成。05年春にも出場し、10年秋には県大会で優勝しています。また、15年も秋季県大会で準優勝し、四国大会に進出。大阪などからの県外生もいますが、大多数は県内生です。

ほかには、**帝京五**（特）と**松山聖陵**《せいりょう》（特）もスポーツ強化校と言えます。帝京五は、69年春の1度だけ、甲子園出場があります。15年秋には、県大会で8強。松山聖陵は、甲子園未出場ながら、県大会では何度も上位に進出しています。

もともと、愛媛県の甲子園常連校と言えば、かつては**松山商**（P136）が代表格でした。それを、前述の今治西や、**西条**（P125）、**宇和島東**といった、旧制中学の歴史を持つ伝統校が追っていました。県内一の名門校・**松山東**（P125）も15年春に21世紀枠代表校となり、初戦を突破しています。

宇和島東は、1899年に愛媛県尋常《じんじょう》中学南予《なんよ》分校から独立して宇和島中となったという歴史があります。当時から創部されていましたが、甲子園初出場は87年夏で、翌88年春に全国制覇。長く指導していた上甲正典《じょうこうまさのり》監督が01年に退任し、一時低迷期もありましたが、03年、教え子の土居浩二氏が監督に就任。10年夏、11年ぶりに甲子園に復活しました。平井正史《まさふみ》投手（元オリックス・中日、現オリックスコーチ）や、岩村明憲《あきのり》選手（元ヤクルトなど）、橋本将《たすく》選手（元ロッテ・横浜）といった、個性的なプロ野球選手を数多く送り出しているのも特徴と言えます。出場歴は、春4回、夏8回で、通算10勝11敗。

川之江や**丹原**《たんばら》などの地場密着型公立校も、県大会で上位に健闘。一方で、歴史と実績のある松山商が、近年は低迷。復活への期待は高まっていますが……。

川之江は、旧・川之江高女が学制改革で共学校となって校名変更し、現在に至っています。79年春に甲子園初出場し、02年夏には浦和学院、桐光《とうこう》学園といった関東の強豪を撃破。ベスト4までに進出しています。出場歴は、春1回、夏5回で、通算8勝6敗。県東部の県立校として、地元でも人気があります。丹原は、00年夏の1度、甲子園に出場しています。近年は、県大会ベスト8（15年秋）など健闘しています。

そのほかの地場密着公立校では、14年夏に初出場を果たした**小松**（甲子園歴は、夏1回）、**今治北**《いまばり》（春1回）、**松山北**（春2回）に**八幡浜**《やわたはま》（春1回、夏1回）なども、時に県大会で上位進出を果たしています。

小松は近年、15年夏に県準優勝、同年秋に県4強など。今治北は、今治高女が前身。日本で最初の女子野球の対外試合を行ったという記録も残っています。06年春、悲願の初出場。近年は、県大会ベスト8（15年夏）など好成績をあげています。松山北は、学制改革後に前身の北予《ほくよ》と松山城北、松山農が統合して現校名に。15年夏の県大会では、4強まで進出しています。04年春に21世紀枠で出場し、14年春に県8強の八幡浜にも注目です。

39 高知県

圧倒的な力で独走する明徳義塾《めいとくぎじゅく》を、高知と地場公立校がどう止めるか

地区突破チャンス度 ★★☆☆☆

加盟校は30前後と少ない高知県ですが、**明徳義塾**《めいとくぎじゅく》(特P58)の独走態勢と言える状況が長く続いています。その勢いがいったん止まったのが、2005年の不祥事による、同校の出場辞退騒動。夏は7年連続(春を入れると9年連続)出場で途絶えました。代わって、05年夏に出場を果たした**高知**(P92)が、その後も力を発揮。しかし、10年、明徳義塾が夏、6年ぶりの出場を果たすと(春は08年に復活出場済み)、再び、同校の時代となってきています。その間《かん》に、高知も抵抗を見せており、10年以降で高知県からの出場校は、この両校以外では、13年春、私立校で初めて21世紀枠代表で選出された**土佐**(P92)のみとなっています。その土佐は、16年春にも、前年秋の四国大会準決勝進出が評価され、出場を果たしています。独走する明徳義塾、追う高知という構図が明確な高知県で、3番目の勢力と言えるでしょう。

そして、これら3強に続くのが、四国4商(ほかは、高松商、松山商、徳島商)の一角を形成している**高知商**(P145)です。高知商は高知市立校のため、県内では「市商《ししょう》」の愛称が浸透しています。

これに対して、「県商」と呼ばれているのが**伊野商**(P147)です。創立は1963年ですが、高知初の県立商業高校だったことからそう呼ばれています。85年春には渡辺智男《とみお》投手(元西武・ダイエー)を擁《よう》して初出場。東海大浦安、鹿児島商工、西条を次々に下して快進撃を続け、準決勝で当時全盛を誇っていたPL学園に快勝。決勝でも帝京に完封勝ちして初優勝を飾ったのは、鮮烈でした。87年夏にも出場していますが、その後は中学生の普通科志向や女子生徒の増加などもあって、戦力を整えきれず、苦戦。それでも、地場に根差した実業校として、地元の人々に支えられ、次の出場を目指しています。甲子園歴は、春1回、夏1回、5勝1敗、優勝1回。

上位校に、追いついていこうと強化を進めている学校もいくつかあります。過疎地域と言われるところに学校がありながら、甲子園出場（07年春の1回）の実績がある**室戸**《むろと》も、その1つです。戦後すぐに創立された室戸中と室戸高女が、学制改革時に統合されて誕生。創部は49年で、翌年から県大会に参加しています。55年に準決勝に進んだのですが、それ以外はなかなか上位に進出できない時代も続きました。それでも97年に、伊野商でコーチとして全国優勝の経験もある横川恒雄監督が就任して、徐々に力をつけ始め、3度21世紀枠推薦校となったこともありましたが、最終選出はされず。しかし、07年春には前年の明治神宮大会で高知が優勝したこともあり、四国枠の1校増加の恩恵を得て、夢がかないました。甲子園では初戦で、その年の優勝候補の一角にあげられていた報徳学園を下し、2回戦でも宇部商に快勝。熊本工には敗れましたが、準々決勝進出を果たしています。近年は、県大会ベスト4（13年春）など。

そのほか、まだ出場歴のない学校で、21世紀枠の県推薦校となった経歴があるのが、**高知東**、**高知小津**《おづ》、**岡豊**《おこう》といったところ。それぞれ2回推薦されています。県大会で、高知東と岡豊は4強、高知小津は8強まではよく進出しています。高知東は03年春のセンバツに向けての四国の候補校に選出。14年春には、21世紀枠の県の推薦校となりましたが、いずれも甲子園出場は叶《かな》っていません。

私立では、**高知中央**（未出場）が13年からスポーツコースを開設し、全国から選手を集め、こちらも県大会8強になるまで強化されています。ラグビー部、サッカー部、女子バレーボール部が全国大会に出場。そうした状況も、野球部の励《はげ》みになっているでしょう。

Part 6

九州

40 福岡県

九州国際大付を、東福岡、飯塚、西日本短大付などが追いかける

地区突破チャンス度 ★★★☆☆

2000年以降、10年間ほど混戦状態が続いていた中で、**九州国際大付**（特）が11年春のセンバツで準優勝。全国区として名前を売り、県内でも頭ひとつ抜け出た印象です。

九州国際大付は、母体となる八幡大《やはた》が1989年に校名変更したことに伴《ともな》い、付属校である同校も、現校名となりました。旧校名の八幡大付時代にも、3度の甲子園出場経験があります。新校名となって改めて野球部強化を打ち出し、東北高校で準優勝（03年夏）という指導実績のある若生正廣《わこうまさひろ》監督を、05年に招聘《しょうへい》。09年夏、27年ぶりに出場を果たし、11年春に準優勝しています。若生監督勇退後の14年、太平洋・クラウン・西武でプレーした楠城《くすき》徹《とおる》氏が、監督に就任。15年夏に、出場を果たしています。甲子園歴は、春2回、夏6回、通算9勝8敗となっています。

福岡県勢は、かつて**小倉**《こくら》（P126）が、学制改革で中等野球と高校野球の変わり目となる1947、48年夏に、連覇を果たすなど、一時代を築きました。その後は、65年に、**三池工**（夏1回、5勝0敗、優勝1回）が初出場初優勝の快挙。以降、出場はありませんが、県内で上位へ進出すれば、話題になります。

そして、**西日本短大付**（特 春1回、夏5回、9勝5敗、優勝1回）が92年夏に全国優勝を果たしています。阪神や日本ハムで活躍した新庄剛志《つよし》選手らがOBです。**福岡第一**（特 春1回、夏2回、6勝3敗、準優勝1回）も、88年夏に準優勝。このように、甲子園歴は多くなくても、出場すると上位へ進出する学校が多いのも、福岡県勢の特徴です。

「文武分業進学校型」では、**東福岡**（特P93）が、ほかのスポーツの実績も含めて目立っています。**東筑《ひがしちく》紫《し》学園**（春2回、2勝2敗）や**筑陽《ちくよう》学園**（特夏1回）なども、このカテゴリーです。巨人の長野《ちょうの》久義選手は、筑陽学園出身です。

柳川《やながわ》商時代からの実績のある**柳川《やながわ》**（特春8回、夏8回、13勝16敗）は、テニスの強豪としても知られています。05年夏以降は出場がなく、やや苦戦気味。代わって、**九産大九州**（特）や**自由ヶ丘**（特）、**飯塚**（特）といった学校が台頭してきています。

九産大九州は64年に創立され、16年の春季福岡県大会で3位となり、九州大会に進出。野球部専用ではありませんが、寮も完備しています。甲子園歴は、春2回、夏1回。

自由ヶ丘は、47年に福原高等学院の名称で開校し、福原、八幡西、九州共立大八幡西などと改称を続け、61年に分離した女子部（八幡女→九州女子大付属）を02年に再統合し、現校名となっています。八幡西時代の64年に創部され、09年には秋季県大会を初めて制し、注目されました。10年春には初出場し、13年夏にも甲子園へ進出。

飯塚は62年に男子校として創立。02年に介護福祉科の設置とともに女子も入学し、翌年、総合学科開設を機に、全科共学になりました。08年夏に初出場し、12年夏にも甲子園へ。楽天の辛島航《からしまわたる》投手は、初出場のときのエースでした。

九州一の大規模校・福岡大の付属校である**福岡大大濠《おおほり》**（特春3回、夏3回）や、**福岡工大城東**（特春3回、夏2回）も実績があります。

公立勢では、**東筑《とうちく》**（P127）や**戸畑《とばた》**（春4回、夏4回）も健闘しています。

また、08年夏に県準優勝で、近年も県上位に迫る**沖学園**（特未出場。以下同）や、09年夏に県ベスト4で、県トップの進学校の**修猷館《しゅうゆうかん》**（特）、伝統校の**久《く》留米《るめ》商**（春5回、夏4回、12勝9敗、準優勝1回）もチャンスをうかがいます。

41 佐賀県

地味な中で、公立の佐賀商、佐賀北の全国制覇が輝く

地区突破チャンス度 ★★★★☆

九州の中では、どちらかと言うと地味なイメージが否めない佐賀県。地理的には福岡県と長崎県に挟《はさ》まれ、経由地という印象も強くなっています。そんな佐賀県ですが、1994年夏の**佐賀商**（P146）と2007年夏の**佐賀北**（P163）という公立校の2度の全国制覇で、一気に注目されました。

しかも、いずれも満塁本塁打で優勝を決めるという劇的な試合。地味な佐賀県が甲子園という華やかな舞台でスポットライトを浴びた瞬間でした。

この両校とともに、佐賀県の高校野球にとって欠かせない存在の公立校が**鳥栖**《とす》（P171）です。鳥栖市は福岡県の中心部から南九州方面と長崎方面へ向かう分岐点。その地の利を生かして九州内外の有力校を招き、「クロスロードイン鳥栖」（別名・鳥栖リーグ）という交流試合大会を開催しています。

地場の実業系校では、**鳥栖**《とす》**商**も積極的に交流試合に参加しています。鳥栖商は93年夏、03年夏に甲子園に出場。03年夏は愛工大名電、富山商を下し、ベスト8にも進出しています。**鳥栖**《とす》**工**は、甲子園出場はありませんが、近年、県大会ベスト4（16年春）などの実績がある地場の工業校です。高校駅伝の強豪校でもあります。

また、**伊万里**《いまり》**商**（P146）と**伊万里**《いまり》**農林**も健闘しています。伊万里農林は、西松浦農学校が前身。やがて伊万里農学校と改称し、林業科を併設して伊万里農林学校に。学制改革後は伊万里農林となっていましたが、52年に伊万里農となり、全国でも珍しい農村家庭科（のちに生活科）が設置されました。その後、廃止されましたが、学校としての地域性や独自性はあらわれていました。甲子園出場は、09年夏の1回。現在は、少子化と過疎化の傾向は否めず、伊万里商との統合も検討されています。

10年秋季県大会では**唐津商**《からつ》（P146）が23年ぶりに優勝し、九州大会に進出。翌11年春のセンバツ出場は叶《かな》いませんでしたが、同年夏に、久々の甲子園の舞台に立ちました。

佐賀商以外の佐賀市内の高校では、戦前からの伝統を受け継いでいる「旧制中学伝統継承校型」の**佐賀西**が多くの出場歴があります（夏7回）。佐賀藩の藩校である弘道館を母体として創立され、戦前は6度の出場実績がありますが、戦後は58年夏を最後に甲子園には届いていません。復活が待ち望まれています。旧制中学系ではほかに、**小城**《おぎ》も実績があります（春1回、夏1回出場）。佐賀中小城分校を母体とし、1902年に独立。学制改革を経て、今日に至っています。九州の小京都とも言われている風光明媚《ふうこうめいび》な地の小城公園に隣接しています。小城は別名、「黄城《おうじょう》」と呼ばれ、親しまれています。ちなみに、佐賀西は「栄城《えいじょう》」、さらに**鹿島**《かしま》（甲子園歴は、夏2回）は「鹿城《ろくじょう》」、**唐**《から》**津**《つ》**東**（出場歴なし）は「鶴城《かくじょう》」というように、旧制中学からの呼称が今なお受け継がれているのも特徴です。

私学勢では、**龍谷**《りゅうこく》（特）と**佐賀学園**（特）が競っていましたが、早稲田大の系列校で10年に新設された**早稲田佐賀**（出場歴なし）も加わってきました。

龍谷は浄土真宗西本願寺派《じょうどしんしゅうにしほんがんじ》の宗教校として125年以上の歴史を有し、中学からの一貫教育体制です。80年夏、初出場。15年夏にも甲子園に姿を見せています。出場歴は、春1回、夏3回。京都府の龍谷大平安、大分県にある女子バレーボールの強豪・東九州龍谷、広島県の崇徳《そうとく》なども系列校です。佐賀県内では、甲子園未出場の**伊万里学園**《いまり》、**敬徳**《けいとく》（特）も同宗門の系列校。これらも、野球部強化の方針です。

佐賀学園は、58年に佐賀実として創立され、73年に現校名に。81年夏に甲子園初出場。10年夏までで、計6回の甲子園歴があります。

九州

42 長崎県

長崎日大、佐世保実の実力校に、復活の海星、新興の創成館《そうせいかん》も加わる

地区突破チャンス度
★★★☆☆

清峰《せいほう》（P165）が短期間のうちに一気に実績を積み重ねたことで、県内の勢力図が大きく変わりました。近年、清峰は少し力を落としていますが、同校と競い合っていたのが**長崎日大**（特P27）です。さらには**佐世保実**（特）も2012、13年夏に連続出場を果たしています。

長崎日大は1967年に日大の準付属校として創立され、91年からは中学を併設。もっとも系列中学出身者は高校野球部にはあまりおらず、県内の少年野球などの有望選手と一部県外生という構成となっています。

佐世保実は、66年に商業科のある学校として創立されましたが、74年に機械科と自動車工学科を併設。創部は67年ですが、力を発揮し始めたのは、80年代になってから。84年春、初出場。そのときのエースが、青山学院大を経てオリックスでプレーした吉田直喜《なおき》投手でした。ほかに巨人の捕手だった村田善則《よしのり》選手（現巨人コーチ）もOBです。学校としては、全日制での通学が困難な生徒に、通信制の学校との提携で卒業単位を与えるシステムを設けるなどの取り組みも行っています。甲子園歴は、春1回、夏5回。

新たな形で県代表争いに加わってきたのが、**創成館**《そうせいかん》（特）です。創成館は、九州経営学園の名称で、62年に長崎市内に開校。73年に、協立に改称、88年の諫早《いさはや》市への移転とともに、現校名となっています。普通科のほかにデザイン科があり、アート方面の分野にも多くの卒業生を送り出しています。創部は、開校と同時でしたが、09年ごろから徐々に実績をあげ

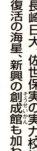

ていきました。13年春に初出場、翌14年も春連続出場を果たし、15年には夏も出場。

佐世保実や創成館と同じく、スポーツ強化型の中堅私学には、ミッション系で宗教色の強い学校ながら、県内の高校野球史を引っ張ってきた**海星**（特）があります。60年代、70年代に県内を圧倒的にリードしていたころと比較すれば、90年代後半以降は低迷期と言わざるをえませんが、11年夏に復活すると、14年夏、16年春にも出場。甲子園歴は、春5回、夏17回、12勝22敗、4強1回。胸に筆記体で「Kaisei」の文字が入っているユニフォームは、県内球児の憧《あこが》れでもありました。智弁和歌山の高嶋仁《ひとし》監督や元ヤクルトの酒井圭一投手、阪神で活躍した平田勝男選手（現コーチ）、元ロッテの堀幸一選手（現ロッテコーチ）江越大賀《えごしたいが》選手（阪神）など、多くの野球人も輩出しています。歌手の美輪明宏さんも卒業生です。

ミッション系の高校では、**長崎南山**《なんざん》（特）も甲子園実績があります。58年夏、59年春、97年夏に出場。59年春はベスト4に進出しています。近年は、15年夏の県8強、16年春の県4強など、伝統の力は維持されています。

瓊浦《けいほ》（特）は、母体が女子校で、学制改革後に共学に。創部当初は軟式でしたが、56年、硬式に移行。徐々に実績をあげました。80年に本西厚博投手（元オリックス・阪神など）を擁《よう》して甲子園初出場。難読漢字のため、逆に校名が広く知られました。91年には、春夏連続出場を果たしています。

15年秋季県大会では、**長崎総合科学大付**（甲子園未出場）が決勝に進出。海星に大敗しましたが、躍進中です。女子バレーの強豪でもある**九州文化学園**は、野球部も徐々に強化され、近年は県大会ベスト4（14年夏）などで、健闘しています。

公立勢では、地場密着型の**波佐見**《はさみ》（P171）をはじめ、駅伝の強豪校でもあり、旧制中学からの歴史を有する**諫早**《いさはや》（甲子園歴は、春2回、夏2回）、**佐世保工**《させぼ》（春3回、夏4回）、**長崎北陽台**（夏1回）などにも注目です。

九州

43 熊本県

秀岳館《しゅうがくかん》旋風に立ち向かう、熊本工、九州学院などの古豪

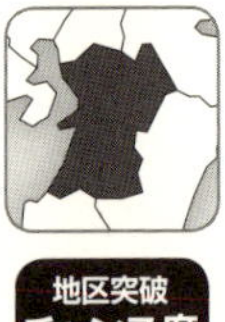

地区突破チャンス度
★★★☆☆

2015年の秋季県大会を制し、そのまま九州大会にも優勝。そして、明治神宮大会と翌16年春のセンバツに出場し、ベスト4になった**秀岳館**《しゅうがくかん》（特P78）。一気に県内の台風の目となっていますが、それに対し、戦前から県内を引っ張ってきた伝統校・**熊本工**（P150）や**九州学院**（特P96）が対抗していくという構図になりそうです。

さらにその3校を追いかける形で、**城北**（特P111）、**鎮西**《ちんぜい》（特）、**文徳**《ぶんとく》（特P96）、**東海大熊本星翔**《せいしょう》（P19）、**専大玉名**《たまな》（特）といった学校が競い合っています。

鎮西は浄土宗がもととなっている宗教系校で歴史は古く、1881年に福岡県久留米《くるめ》市に創立され、1894年に熊本市に移転。創部は戦後で、学制改革前年の1947年です。甲子園初出場は、59年夏でした。81年夏と84年夏には、4強に進出するなどの実績をあげています。90年春以降、久しく甲子園出場から遠ざかっていましたが、14年春に復活出場を果たしています。甲子園歴は、春3回、夏4回で、通算9勝7敗の数字を残しています。バレーボール部は、全国制覇の実績もある強豪です。

大学系列の注目校は、東海大熊本星翔と専大玉名です。東海大熊本星翔は、83年夏に東海大二の旧校名で出場。甲子園史上初の東海大系列校同士の対戦で、東海大一（現・東海大静岡翔洋《しょうよう》）に敗れました。その後、東海大星翔となっていましたが、16年度スタートまでに東海大系列校はすべて地名を入れるという本部の方針に沿って、現校名に。16年4月の熊本地震では東海大九州キャンパスも大きく被災しましたが、復興へ向けて努力しています。

専大玉名は、その名のとおり、専修大の系属校です。もともとは、玉名市に創立された玉名英学院でした。やがて玉名高商と改称し、66年に専修大と提携して西日本で唯一の専修大系列校の専大玉名商となり、68年に現校名に。時代の流れに沿って情報処理科や、普通科の中に特進コースなどを設置し、他大学への進学も重視していく方針となりました。創部45年目の11年夏に、専修大系列校としては専大北上に続いての甲子園出場を果たしました（甲子園歴は、この1回のみ）。08年からは同じ玉名市にある九州健康福祉大と高大連携授業も行うなど、ユニークな取り組みも行っています。近年は、16年春季県大会8強など。

女子校から95年の共学化後の06年に創部の**熊本国《こく》府《ふ》**も、チームが強化されています。甲子園には届いていませんが、13年春季県大会ベスト8。15年春季県大会でも優勝しています。


地場密着型としては、01年、創立90年を機に校名変更した、旧・熊本市立の**必由館《ひつゆうかん》**（夏1回）が健闘しています。成り立ちは市立女子ということもあって、創部は94年と歴史も比較的浅いのですが、03年夏に初出場。近年は県大会4強（16年春）など。2度目の甲子園に意欲を燃やしています。

07年夏に34年ぶりに出場を果たした**八代東《やつしろ》**（春1回、夏3回）も、地場密着型です。91年から体育コースを設置したことも強化の一助になりました。初出場の64年夏には、開幕試合で延長18回引き分け再試合を演じています。近年は県大会ベスト8（15年春）など。

伝統の**済々黌《せいせいこう》**（P126）は、県内一の進学校の**熊本**（甲子園歴は、夏2回）とともに、地元の人や受験生などから、根強い人気を誇っています。両校は毎年11月に定期戦を行っています。県立校では、75年に開校した**熊本西**（夏1回）も、毎年健闘して上位に食い込んでいます。

九州

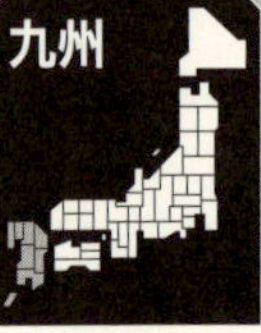

44 大分県

相次いで私立校が台頭し、伝統の公立校が低迷

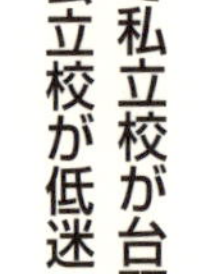

地区突破チャンス度
★★★★☆

大分県の勢力図は、1980年代を境に、くっきりと分かれます。それまでは、2度の全国制覇の実績を持つ**津久見**《つくみ》（甲子園歴は、春6回、夏12回、24勝16敗）と、伝統の**大分商**（春5回、夏15回、16勝19敗）がライバル関係。まさに、2強という存在でした。しかし、津久見は、川崎憲次郎投手（元ヤクルトなど）を擁《よう》した88年の春夏連続甲子園出場が最後。チーム再建に期待が寄せられています。大分商は97年に、17年ぶりに復活。以降はブランクがありましたが、2013年夏に、「DAISHO」のユニフォームが甲子園に戻ってきたと、オールドファンを喜ばせました。

また、大分商と並ぶ、地場の実業系伝統校として、大分二時代の48年夏にも出場歴がある**大分工**にも注目です。10年夏に、17年ぶりに出場。甲子園では、隣県対決で話題となった、宮崎県の延岡《のべおか》学園との試合に敗れましたが、健在ぶりを見せました。大分二時代も合わせて、出場歴は夏3回です。今やプロ野球界を代表する打者の内川聖一選手（横浜→ソフトバンク）の出身校でもあります。

90年代以降に台頭してきたのが、**柳ヶ浦**《やなぎがうら》（特P111）を筆頭に、別府大付から校名変更した**明豊**《めいほう》（特P79）、**楊志館**《ようしかん》（特P79）、**藤蔭**《とういん》（特）、**大分**（特）といった私学勢でした。とくに、ここ10～15年で最も安定しているのは明豊です。

藤蔭（春1回、夏1回）は、日田《ひた》商が普通科の設置とともに85年に改称された学校です。日田林工《ひたりんこう》監督時代に甲子園で一大旋風を巻き起こした原田博次監督を招聘《しょうへい》するなどして、野球部も強化されていき

ました。90年夏に初出場。2回目の出場となった95年春以降、甲子園には届いていませんが、その後、広島の一岡竜司《いちおかりゅうじ》投手も在籍しました。また、女子バスケットボールも強豪で伝統があり、アトランタ五輪の日本代表だった原田結花《ゆか》選手も卒業生です。

大分は、48年に別府市に創立された大分外国語専門学校が前身。大分市に移転後、52年に男子校となり、現校名となりました。翌年に商業科を設置して、共学校に。その後、自動車工業科なども設けられました。14年夏、佐野皓大《こうだい》投手（オリックス）の活躍で、初出場。2度目の甲子園を目指しています。

こうして私学勢力が台頭してきた大分県ですが、復活を果たした大分商や大分工以外にも**別府翔青**《しょうせい》、**鶴崎工**、**杵築**《きつき》などの公立校が、甲子園に出場しています。

別府翔青は15年4月に、それぞれ出場歴のある別府青山、別府羽室台《はむろだい》、別府商業が統合されて誕生した学校です。別府青山は05年夏に初出場し、12年春にも甲子園へ。また、別府羽室台としては89年春に、別府商業としては、84年夏の甲子園出場があります（16年夏までは、連合チームの「別府青山・翔青」で参加）。

鶴崎工は、私立の工業師弟学校から県立に移行し、学制改革後は何度か分離統合。61年に現校名に落ち着き、同年、創部。71、89、06年と、夏のみ3回の出場歴があります。大分尋常《じんじょう》中杵築分校時代からの歴史を持つ杵築は、12年夏に初出場を果たしました。

1885年に開校した大分中などの歴史を受け継ぐ**大分上野丘**《うえのがおか》（春3回、夏1回）は、近年では、09年春、21世紀枠で出場。

佐伯《さいき》中の歴史を受け継ぐ**佐伯鶴城**《さいきかくじょう》は夏3回の出場歴があり、86年にはベスト8に進出。広島で活躍し、同球団の監督も経験した野村謙二郎選手もＯＢです。

15年の秋季県大会では、大分尋常中臼杵《うすき》分校からの歴史を持つ**臼杵**《うすき》（甲子園歴は、夏2回）が優勝し、九州大会へ進出。49年夏以来の甲子園出場が期待されましたが、惜しくも途中敗退で叶《かな》わず。16年春季県大会はベスト8。復活は近そうです。

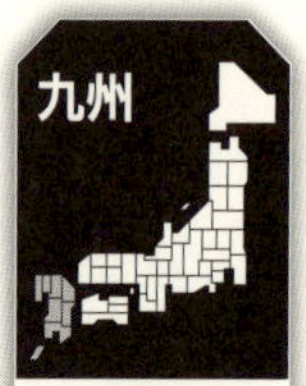

45 宮崎県

伝統校や新鋭私学が入り乱れて争う中、日南学園がリード

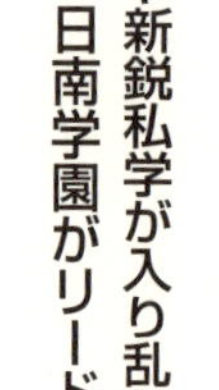

地区突破チャンス度
★★★★☆

県全体の人口のわりには私立校が多いという印象の宮崎県。高校野球の勢力図にも反映されています。先頭を走っているのが**日南学園**（特P79）で、それを追いかけているのが**延岡《のべおか》学園**（特P96）。さらに3番手グループとして続くのが**宮崎日大**（特P27）、**日向《ひゅうが》学院**（特）、**日章《にっしょう》学園**（特）、**鵬翔《ほうしょう》**（特）、**聖心ウルスラ**（特）といったところです。このグループでは1999年夏以降遠ざかっていますが、**都城《みやこのじょう》**（特春1回、夏8回、10勝9敗、4強1回）が出場実績では一歩リードしています。都城は高等電波学校から67年に高校となり、創部。3年後の70年に初出場。以来、80～90年代は県内を牽引《けんいん》していました。近年は、県大会ベスト8（2016年春）など。

宮崎日大は日大系列校ではありますが、日向学院とともに、「文武分業型」と言ってもいいでしょう。日向学院は1919年に創設された宮崎神学校が母体で、戦後の46年に日向中となり、学制改革後の51年に現校名に。80年夏に初出場し、2度目の甲子園の87年春には、初勝利をあげています。近年は、16年春季県大会で準優勝。

日章学園は会計学院、高等実業などを経て、65年に宮崎実、87年から現校名となっています。02年夏に初出場。鵬翔は、65年に開校した宮崎中央が90年に校名変更し、野球部もそのころから強化されました。96年春のみ出場しています。聖心ウルスラは、55年に女子校として創立された緑ヶ丘学園が90年に改称し、02年に共学化されて同時に創部されています。創部4年目の05年に初出場を果たしました。

聖心ウルスラと同じような、女子校からの「共学化移行校型」では、宮崎女子から校名変更した**宮崎学園**(特)が、甲子園未出場ながら強化を進めています。

　地場密着の公立校では、08年夏に出場を果たした際の赤川克紀《かつき》投手（元ヤクルト）のように、近年は毎年のように好投手を生んでいる**宮崎商**（甲子園歴は、春2回、夏4回）と、近年では10年春、12年夏に出場している**宮崎工**が双璧《そうへき》として健闘しています。

　宮崎工は、1905年創立の職業学校が母体。48年に宮崎工業学校と第二宮崎高女、宮崎農学校を統合し、宮崎大淀となりました。その後、宮崎農と大淀第二(現・宮崎南)が独立し、65年から現校名に。創部は46年。宮崎大淀時代、夏に2度出場しています。10年春、宮崎工になってから初めて甲子園に進出し、12年夏も出場。通算の甲子園歴は、春1回、夏3回。

　かつて県内高校野球のリーダー的存在で、地元の人気校なのが、**高鍋**です。高鍋藩の藩校・明倫館《めいりんかん》が母体となって財団法人の高鍋中として創立され、その後、県立に移管されたという歴史を持っています。54年夏、県勢として初めての甲子園出場を果たしました。甲子園歴は、春4回、夏6回、9勝10敗、4強1回です。

　15年秋県大会準優勝、16年春季県大会優勝の地場密着公立校の**富島**も躍進著《いちじる》しい存在です。

　07年春に21世紀枠代表校として選ばれた**都城《みやこのじょう》泉ヶ丘**（甲子園歴は、春1回）と、伝統の**宮崎大宮**（夏2回）も、旧制中学からの歴史を受け継ぐ名門校です。シアトル・マリナーズの青木宣親《のりちか》選手の出身校・**日向《ひゅうが》**(夏1回)も、地場密着の県立普通校。89年夏に出場し、地元では高い評価がある人気校となっています。

　12年春に出場している**宮崎西**（春1回）は、74年に開校し、創部は77年。07年に付属中を併設して中高一貫となり、国公立大への合格者率は、全国一、二を争うレベル。限られた練習時間の中で、工夫しながら励《はげ》んでいます。

　実力校である**小林西**（特夏1回）、**宮崎第一**（特未出場。以下同）、**都城《みやこのじょう》東**(特)なども上位を狙っています。

九州

46 鹿児島県

鹿児島実と樟南《しょうなん》の対決に神村学園も加わり、三つ巴《どもえ》

地区突破チャンス度
★★★☆☆

　1990年春から2016年春までで、鹿児島県から甲子園に出場したのは、わずか8校しかありません。そのうち1校は、14年春の21世紀枠代表の**大島**（通算甲子園歴も、この1回のみ）です。それ以外の7校と出場回数の内訳は、**鹿児島実**（特P60）が16回、**樟南**《しょうなん》（特P60）が14回、**神村学園**（特P106）が8回、**鹿児島工**（P154）と**鹿児島商**（P147）が各2回というもの。これに13年春初出場の**尚志館**《しょうしかん》（特通算甲子園歴も、この1回のみ）、14年夏の**鹿屋**《かのや》**中央**（特同）のそれぞれ1回です。

　これを見ても、県内では、鹿児島実、樟南の2校がいかに突出しているかがわかります。そして、ここ数年、神村学園が一気に躍進し、迫ってきています。この構図は、おそらく今後もしばらく続いていくことでしょう。

　それだけこの3校の強化体制が確立されていて、有力選手も集中しているということでもあります。それでも、その3強に食い下がりながら各校が奮闘中。これが鹿児島県の高校野球の面白さになっています。

　3強に迫る一番手は、近年では鹿児島工です。また、神村学園が参入する以前に3強の一角を担っていて、近年も上位をうかがうのが鹿児島商です。鹿児島商は鹿児島市立の高校。戦前から戦後にかけて、県内の高校野球を引っ張る存在でした。70～80年代には最も充実した実績をあげており、86年夏には県岐阜商、東洋大姫路などを下してベスト4に進出。07年春に復活出場を果たしています。甲子園実績は、春12回、夏13回、15勝25敗1分、4強1回など。元中日の井上一樹《かずき》選手もOBです。

尚志館は、大隅半島から初の甲子園出場を果たした学校となりました。鹿児島実と同じ系列の学校法人川島学園が、71年に志布志《しぶし》実の名称で開校。97年に現校名となっています。甲子園は13年春が初出場。

ほかに、近年は、15年春季県大会優勝、15年秋季・16年春季県大会8強などの実績がある**れいめい**も、川島学園の系列校です。旧校名の川内《せんだい》実時代の80年夏に1度出場しています。日本ハムの飯山裕志《いいやまゆうじ》選手も卒業生です。

鹿屋中央も、大隅《おおすみ》半島から甲子園出場（14年夏）を果たした学校。68年に鹿屋商として学校法人前田学園が設立しました。81年には、調理科を設置。83年に現校名となり、普通科と医療事務科が設置されています。その後、学科が統合されて人間科学科となり、その中でそれぞれのコースに分かれていく形で、今日に至っています。阪神で活躍した亀山努選手、広島の松山竜平《りゅうへい》選手、DeNAの戸柱恭孝《とばしらやすたか》選手もOBです。

私学勢としてはほかに、ワンランク上の進学を目指す英数科を設置して学業での実績をあげている**鹿児島**（㊕夏2回）、宮崎県の日章学園と系列校となっている**鹿児島城西《じょうせい》**（㊕）、15年夏ベスト4進出の**鹿児島情報**（未出場）などが野球部強化を図っています。とくに鹿児島城西は、県大会ベスト8〜4の常連で、初出場の可能性が高い学校でしょう。

地場密着公立の普通校勢では、**枕崎《まくらざき》**、**川内《せんだい》**なども、県大会では上位に食い込んでいます。県東部で宮崎県に近く、選手が集まりにくい**志布志《しぶし》**も、過疎化の限られた条件下で健闘。3校とも、甲子園初出場が悲願です。

冒頭で触れた大島は、離島の奄美《あまみ》大島にある農学校として1901年に開校。その後、旧制中学の歴史を受け継ぐ学校です。学制改革後に現校名に。進学校としての実績も高く、95％以上が大学、短大などに進学します。14年春に、21世紀枠代表として選出されました。

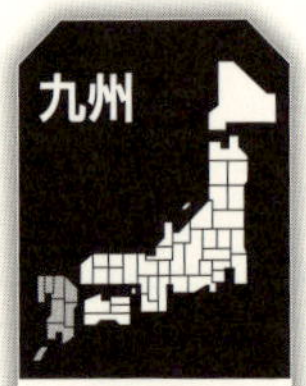

47 沖縄県

強い沖縄を、沖縄尚学《しょうがく》の2度の春優勝と、興南《こうなん》の春夏連覇が証明

地区突破チャンス度 ★★★★☆

近年の沖縄勢の甲子園での強さは目を見張るものがあります。それを証明する実績が2010年の**興《こう》南《なん》**（特P59）の春夏連続優勝と、1999年と08年の**沖縄尚学《しょうがく》**（特P87）のセンバツでの優勝。全国制覇を果たした両校は、沖縄でも頭ひとつ抜けた存在です。とくに私立校の少ない沖縄県では、興南は野球エリート学校として、沖縄尚学は文武分業の形で実績をあげている学校として、象徴的な存在です。

しかし以前は、沖縄県の高校野球のベースは公立校でした。**首里《しゅり》**（P127）が、1958年夏、沖縄勢として初めて甲子園に出場していますが、強さを見せ出したのは、70年代の後半からでした。**豊《と》見《み》城《しろ》**が76年春から6季連続して出場して、初出場の75年春も含めて4度ベスト8に進出しています。甲子園歴は、春4回、夏3回で、通算9勝7敗です。

その豊見城を率いていた栽弘義《さいひろよし》監督が**沖縄水産**（P159）へ異動すると、今度は沖縄水産が84年から連続して甲子園に出場。90年夏、91年夏と連続して準優勝。「強い沖縄勢」を、全国に印象づけました。甲子園歴は、春3回、夏9回で、通算21勝12敗。4強も1回。こうした豊見城と沖縄水産の甲子園での活躍が、確実に沖縄県全体のレベルを引き上げていきました。

これに代わって台頭しているのが、12年夏にも出場を果たした**浦添商《うらそえ》**、06年に春夏連続出場を果たした**八《や》重《え》山《やま》商工**（P159）、県内で2番目に古い商業校の**中部商**、地場密着工業校の**美《み》里《さと》工**（P159）などでしょう。

浦添商は71年の創立で、同時に創部。80年代後半ごろから力をつけ始め、93年夏に初出場。97年夏と

08年夏にはベスト4に進出しました。甲子園歴は、春1回、夏4回で、通算10勝5敗となっています。中部商は、商業校ながら、ユニークな生涯スポーツ科を設置。02、04年夏の甲子園に出場するなど、成果をあげています。近年は、14年秋に県大会で優勝し、九州大会でもベスト8に進出。15年秋も県8強。

01年春、最初の21世紀枠代表に選出されて4強まで勝ち進み、話題となったのが**宜野座**《ぎのざ》でした。同年夏は地力で出場を果たしています。「21世紀枠での選出に、成果があった」と、のちの同枠選出の指標になったとも言われています。選手たちは、宜野座村とその周辺の生徒ばかりで、地元の人気を集めています。甲子園歴は、春2回、夏1回。

1999年春に沖縄県勢初の全国制覇を果たした沖縄尚学《しょうがく》。今も県内一の安定感を誇る。

09年の秋季九州大会を制して翌10年春に出場を果たした**嘉手納**《かでな》（甲子園歴は、この1回のみ）も、宜野座同様に地元の生徒たちが、そのまま高校に進学して同じチームでプレーし、結果を出しました。沖縄県の場合は、こうしたスタイルで公立校のチームが形成されるケースが少なくありません。八重山商工が06年に春夏連続出場したときも、中学時代のポニーリーグのチームメンバーたちが、一緒に同校に進学して実績をつくったという形でした。

15年春に出場を果たした**糸満**《いとまん》（甲子園歴は、春1回、夏1回）は、終戦の翌年の46年、沖縄本島南端近くの学校として創立。南部地区を代表する学校として文武両道を目指し、地域からも高く評価されています。

79年夏に出場した中部工から校名変更した**美来**《みらい》**工科**も、16年春季県大会ベスト4など躍進しています。

掲載校索引

京都学園 224
京都国際 225
京都翔英《しょうえい》 225
京都すばる 225
京都成章《せいしょう》 95
京都両洋《りょうよう》 225
桐生《きりゅう》 192
桐生《きりゅう》一 107
桐生《きりゅう》商 142
桐生《きりゅう》南 193
錦城《きんじょう》学園 199
近大高専 37
近大新宮《しんぐう》 37
近大泉州《せんしゅう》 228
近大広島福山 37
近大付 37
久慈《くじ》 179
久慈《くじ》東 179
国立《くにたち》 200
熊谷《くまがや》 195
熊谷《くまがや》商 142
熊本 259
熊本工 150
熊本国府《こくふ》 259
熊本西 259
久御山《くみやま》 225
クラーク記念国際 97
倉敷工 154
倉敷商 132
倉吉北 240
倉吉東 240
久留米《くるめ》商 253
黒沢尻《くろさわじり》工 178
桑名西 218
敬愛《けいあい》学園 197
慶應義塾《けいおうぎじゅく》 29
啓新《けいしん》 221
敬徳《けいとく》 255
瓊浦《けいほ》 257
県岐阜商 130
県相模原 202
健大高崎 100
皇學館《こうがっかん》 217
向上《こうじょう》 201
興譲館《こうじょうかん》 237
佼成学園 199
光泉 223
高蔵寺《こうぞうじ》 214
高知 92
高知小津《おづ》 251
高知商 145
高知中央 251
高知東 251
興南《こうなん》 59
光南 186
甲府工 204
甲府商 147
神戸弘陵《こうりょう》 230
神戸国際大付 229
光明《こうみょう》相模原 202
高野山《こうやさん》 235
向陽《こうよう》 234
高陽《こうよう》東 238
広陵《こうりょう》 56
郡山《こおりやま》 232
國學院《こくがくいん》久我山《くがやま》 36
國學院《こくがくいん》栃木 36
国士舘 198
国泰寺《こくたいじ》 239
小倉《こくら》 126
五所川原《ごしょがわら》工 177
五所川原《ごしょがわら》農林 177
御所《ごせ》実 233
小林西 263
駒大高 199
駒大苫小牧《とまこまい》 35
小松(石川県) 220
小松(愛媛県) 249
小松大谷 220
小松工 156
小松島 247
小松島西 247
菰野《こもの》 167
小諸《こもろ》商 209
小山台《こやまだい》 200
金光《こんこう》大阪 227
金光《こんこう》学園 95

★さ

佐伯鶴城《さいきかくじょう》 261
西京《さいきょう》 243
西条 125
西条農 239
境 240
埼玉栄《さかえ》 195
済美《さいび》 102
堺東 228
佐賀学園 255
佐賀北 163
佐賀商 146
酒田光陵《こうりょう》 183
酒田南 183
坂戸《さかど》西 170
佐賀西 255
作新学院 46
佐久長聖《さくちょうせい》 91
作陽 237
桜井 219
桜丘《さくらがおか》(神奈川県) 203
桜丘《さくらがおか》(愛知県) 213
桜塚 228
桜宮《さくらのみや》 228
佐世保工 257
佐世保実 256
札幌清田 175
札幌新川 175
札幌第一 94
札幌日大 27
札幌南 175
佐渡《さど》 172
佐野日大 27
寒川《さんがわ》 245
三本松《さんぼんまつ》 245
山陽 239
滋賀学園 111
至学館《しがくかん》 109
市岐阜商 216
四国学院大香川西 109
時習館《じしゅうかん》 123
静岡 114
静岡学園 210
静岡商 137
新発田《しばた》農 206
志布志《しぶし》 265
渋谷《しぶたに》 228
島田商 211
下妻《しもつま》二 188
下関《しものせき》工科 243
下関《しものせき》商 139
自由ケ丘 253
秀岳館《しゅうがくかん》 78
就実《しゅうじつ》 237
修徳 198
修猷館《しゅうゆうかん》 253
樹徳《じゅとく》 193
首里《しゅり》 127
城西《じょうさい》大城西 199
尚志館《しょうしかん》 264
正智深谷《しょうちふかや》 195
常総《じょうそう》学院 48
城東《じょうとう》 200
小豆島《しょうどしま》 245
樟南《しょうなん》 60
湘南《しょうなん》 121
沼南《しょうなん》 197
湘南《しょうなん》学院 202
城南 247
城北 111
昭和 200
昭和第一学園 199
如水館《じょすいかん》 55
白樺《しらかば》学園 75
白河 187
白子《しろこ》 218
神港《しんこう》学園 229
神港橘《しんこうたちばな》 230
尽誠《じんせい》学園 244
新湊《しんみなと》 219
水城《すいじょう》 189
須賀川《すかがわ》 187
須坂《すざか》商 147
鈴鹿《すずか》 218
洲本《すもと》 231
諏訪清陵《すわせいりょう》 209
駿台《すんだい》学園 199
駿台《すんだい》甲府 205
清教《せいきょう》学園 228
聖光《せいこう》学院 73
生光《せいこう》学園 247
星槎《せいさ》国際湘南《しょうなん》 202
成章《せいしょう》 166
星城《せいじょう》 213
誠信《せいしん》 212
聖《せい》心ウルスラ 262
静清《せいせい》 210
済々黌《せいせいこう》 126
正則《せいそく》学園 199
聖パウロ学園 199
西武台千葉 197
清峰《せいほう》 165
聖望《せいぼう》学園 194
青藍泰斗《せいらんたいと》 190
成立学園 198
星稜《せいりょう》 70
聖隷《せいれい》クリストファー 211
関《せき》商工 155
関根学園 207
膳所《ぜぜ》 222
世田谷学園 199
瀬戸内 239
川内《せんだい》 265
仙台育英 40
仙台一 185
専大北上 36
仙台商 184
専大玉名《たまな》 258
仙台二 185
仙台西 184
専大付 200
専大松戸 36
創価 95
総合技術 239
総合工科 200
創志《そうし》学園 110
創成館《そうせいかん》 256
創造学園 209
早大学院 198
崇徳《そうとく》 238
相洋《そうよう》 202
袖ケ浦《そでがうら》 197

★た

大師 203
大社《たいしゃ》 241

★な

★は

最新版 甲子園を狙える! 高校完全ガイド

進学・観戦に役立つ872校情報!「本当」の実態データ

2016年7月25日 第1版第1刷

著　者　　手束 仁
発行者　　後藤高志
発行所　　株式会社 廣済堂出版
〒104-0061　東京都中央区銀座3-7-6
電話　03-6703-0964（編集）
　　　03-6703-0962（販売）
FAX　03-6703-0963（販売）
振替　00180-0-164137
URL　http://www.kosaido-pub.co.jp

印刷所
製本所　株式会社 廣済堂

ISBN978-4-331-52045-1　C0075